河南省高等学校哲学社会科学优秀著作资助项目

渐进式技术创新驱动产业升级研究

邹坦永 著

河南大学出版社
HENAN UNIVERSITY PRESS

·郑州·

图书在版编目（CIP）数据

渐进式技术创新驱动产业升级研究／邹坦永著. -- 郑州：河南大学出版社，2021.11
　　ISBN　978-7-5649-4923-5

　　Ⅰ．①渐… Ⅱ．①邹… Ⅲ．①技术创新-影响-产业结构升级-研究 Ⅳ．①F264

中国版本图书馆 CIP 数据核字（2021）第 254721 号

渐进式技术创新驱动产业升级研究
JIANJINSHI JISHU CHUANGXIN QUDONG CHANYE SHENGJI YANJIU

策划统筹	杨国安	谌洪波
责任编辑	张雪彩	刘利晓
责任校对	陈　巧	
封面设计	陈盛杰	

出　　版	河南大学出版社
地　　址	郑州市郑东新区商务外环中华大厦 2401 号　邮编：450046
电　　话	0371-86059715（高等教育与职业教育分公司）网址：hupress.henu.edu.cn 0371-86059701（营销部）
排　　版	郑州市今日文教印制有限公司
印　　刷	广东虎彩云印刷有限公司
版　　次	2021 年 11 月第 1 版　　　印　次　2021 年 11 月第 1 次印刷
开　　本	710 mm×1010 mm　1/16　　印　张　17.25
字　　数	282 千字　　　　　　　　　定　价　48.00 元

（本书如有印装质量问题，请与河南大学出版社营销部联系调换）

前　言

中国奇迹是如何创造的？

改革开放以来，中国经济发生了翻天覆地的变化，逐渐摆脱了贫穷落后的面貌，一跃而成为世界第二大经济体，成为世界制造工厂，创造了"中国奇迹"。国内生产总值从 1978 年的 3624.1 亿元、人均 226 美元，增长到 2020 年的 101.6 万亿元、人均 1.04 万美元。2020 年，中国实现了现行标准下农村人口脱贫。创新能力明显提升，天眼、悟空、蛟龙、天宫、大飞机、墨子等重大科技成果纷纷出现；高铁、公路、桥梁、港口、机场等基础设施建设快速推进。中国通过引进、消化、吸收先进技术，并以此进行模仿创新和再创新逐步缩小与发达经济体之间的差距。中国与发达经济体的差距正在全方位缩小，实现了从"跟跑""并跑"再到部分领域的"领跑"态势转变。以中国为代表的后发经济体之所以能够实现追赶，隐含着一个假定，即科技创新的渐进性。重大科技突破依赖于基础研究和应用研究的进展，绝不是一蹴而就、一夜而成。技术经济范式的转换也受制于旧范式的刚性、新型基建、制度和市场环境等因素的制约。技术创新成果产业化需要持续的渐进式创新方能实现；激进式、颠覆性创新亦需要循序渐进才能攻克。正是科技创新的渐进性为后发经济体提供了经济和技术的赶超空间和机遇。

经济为何增长乏力？

21 世纪以来，特别是 2008 年金融危机以来，全球经济增长陷入疲软状态，至今复苏缓慢。中国也进入了新常态，增长速度从高速转向中高速，发展方式从规模速度型转向质量效率型,经济结构调整从增量扩能为主转向调整存量和做优增量并举,发展动力从要素投入转向创新驱动。从科技创新层面看,上一轮科技革命的动力正在减弱,而新一轮科技革命尚未完全形成。缺少重大技术突破和重大发明是经济增长缓慢的重要原因之一。20世纪70年代初开始,以微电子技术进步为基础的信息化进程促进了一系列新兴产业的出现,推动了经济增长,并使社会再生产、人类生活方式以及军事形态都发生了深刻变化。进入21世纪以来,依靠信息技术革命带来的增长动力减弱。中国社会科学院学部委员吕政教授指出,发端于美国的国际金融危机以及世界经济增长乏力,其深层次原因是缺乏重大科技创新成果支撑的新的产业增长点。IT技术和产业没有出现20世纪80—90年代对经济全局有重大影响的新产品和新产业,使这一产业由爆发式的高增长转向低增长。新一代电子信息技术的发展方向和任务还在实践中进行探索。生物工程技术中的基因测序和转基因技术虽然有突破性进展,但运用生物工程技术研发新的药物并没有取得重大突破,大多数的研发还处在实验室阶段;传统的化学工艺制药仍占主导地位。运用生物工程技术培育农作物新品种,虽然已不存在技术上的障碍,但目前只是在局部农产品生产领域进行具有市场规模的商业化生产。新能源技术开发及其应用曾经被认为是走出金融危机、培育新的经济增长点的战略性领域,但是2010年以来,由于市场需求的变化,煤炭、石油和天然气等传统化石能源价格大幅度下跌,使新能源的开发和应用进程放缓。美国学者泰勒·考恩在《美国增长的起落》一书中认为,美国经济增长陷入停滞的原因就在于技术创新正处在一个高位停滞期(即"科技高原"),"低垂的果实"已被采摘完毕。人们期待下一次大的革命性成长。虽然人们对新兴技术、未来产业具有良好的预期,但是,目前这些技术尚未成熟,在关键技术环节领域没有出现重大突破,其社会经济效应的显著彰显还有很长的路要走。我们需要利用科技进步的渐进性这一特征,加强研发投入以缩小技术差距、攻克"卡脖子"技术,加强基础和应用研究以期在前沿领域获得突破,开发出具有颠覆潜力的技术,提前布局未来产业。

冷静认识当前科技革命

当全球经济陷入疲软之际,以互联网、物联网、人工智能、区块链、量子通信、生物工程为代表的新一代信息技术领域涌现出系列重要发明和创新成果。人们似乎找到了摆脱经济停滞不前、实现产业转型升级新方向的一根救命稻草。在国内,一个很流行的观点就是,普遍将产业升级寄希望于颠覆性创新、激进式创新。以颠覆性、激进式、原始创新、科技革命、产业革命等为代表的关键词颇受欢迎,相关文献汗牛充栋,似乎不谈颠覆、不谈革命就跟不上时代了。人们更倾向于在新兴技术产业领域进行创业,而传统产业发展陷入前途迷茫、被冷落的境地。中国产业转型升级、经济发展难道真的需要完全依靠颠覆性、激进式创新吗?颠覆性创新真的是唯一救命稻草吗?的确,科技领域涌现出了部分有代表性的科技创新成果,这一点不容置喙。但是,这些所谓的创新是否具备颠覆性、激进性还值得商榷。正如上文所言,新兴技术的经济效应还未充分彰显。

从目前来看,这次变革还难以与前两次产业革命(蒸汽机、电力)相提并论。同样需要指出的是,这些所谓的突破性创新仍然不甚完善,缺少科技簇群的支撑,"索洛悖论"依然存在。以互联网为例,互联网+并不是颠覆性技术,也不是万能工具。互联网+与物质产品生产的关系是毛与皮的关系,皮之不存,毛将焉附?互联网的发展将从过去以视听的虚拟世界为主转向互联网与实体经济相融合,促进实体经济的信息化、自动化和智能化。在工业领域,IT技术的应用重点是智能制造,通过人与智能机器的协同,扩大、延伸和部分地替代人工在制造过程中的脑力劳动和体力劳动,实现制造过程的柔性化、智能化和高度集成化;互联网+物流运输业,促进物流产业的信息化,解决物流业的信息不对称问题,优化物流过程,减少不合理运输,降低物流成本。在生产性服务业领域,互联网+工业设计、设备安装与维修、节能与环境保护工程服务和互联网+市场调查、企业经营管理诊断与咨询、财务会计服务、法律服务、商贸服务以及互联网+城市交通体系与安全服务,互联网+远程教学、远程诊断服务,互联网+城乡社区服务等也显著地推动了互联网与实体经济的深度融合,极大提升了实体经济生产经营效率,既改变、拓展了服务的空间和范围,也提升了服务的精准度。总之,互联网+应当有助于提高工农业生产与流通的效率,服务于人们的衣食住用行,服务于学习与办公、健康与医疗、文化与休闲等社会再生产活动。

21世纪的科技创新尚未突破20世纪所构建的产业框架范式

19世纪被认为是科学革命取得重大进展的世纪,电磁学、热力学、生物学、化学、光学和天文学等领域的重大科学创新成就,为20世纪的技术革命奠定了理论基础。20世纪一系列技术创新成果,如青霉素、小儿麻痹疫苗、流水线生产方式、化学合成材料、飞机、雷达、核能、电视、空调、晶体管、集成电路、运载火箭、人造卫星、计算机、编程、基因测序、激光、互联网、手机、杂交水稻、机器人等产品和技术,仍然主导着当代的生产与消费。技术进步的渐进性,决定了无论是发达国家还是后发的新兴工业化国家的经济增长,都不可能离开现有产业的生产而另起炉灶。

渐进式创新是驱动产业升级的重要途径

科技创新的渐进性为中国创新驱动产业升级提供了空间和机遇,也为中国产业转型升级指明了方向。科学技术发展史表明,技术创新具有激进式创新和渐进式创新两种基本类型。激进式技术创新因其对产业升级具有根本性的作用而备受青睐。人们倾向于追求革命性创新、原始性创新等,而鲜有人问津渐进式创新。激进式技术创新虽然为渐进式技术创新开辟了道路,但也只是渐进式技术创新的结果。激进式技术创新具有偶发性、不确定性,而渐进式技术创新更具有普遍性,而且其在提高经济绩效、获取竞争优势方面更加重要。一方面,技术创新的渐进性为后发经济体缩小与发达经济体之间的技术差距提供了追赶机会和空间,并最终接近、走向世界技术前沿;另一方面,后发经济体在技术前沿领域,再通过渐进式技术创新最终实现量变到质变的跳跃。激进式技术创新转化为生产力、产业化依赖于渐进式技术创新的强力推动。从时间维度看,激进式技术创新具有短周期特征,即新技术、新产品一旦出现就进入了渐进式技术创新过程。总体看,技术进步与创新的渐进性是普遍规律。真正属于激进式创新的只有三次,即蒸汽机的发明、电气化技术和信息化技术创新,每次技术革命都经历了100多年的消化吸收过程。技术创新的渐进性为后发经济体提供了追赶的可能。20世纪中后期,亚洲少数国家或地区如日本、韩国、新加坡,中国台湾和香港跻身进入了发达经济体行列。这些地区的产业升级并不是依靠技术革命、原始性创新,而是通过引进、消化、吸收、再创新不断缩短与发达国家的技术差距而实现的。

产业增长点选择面临的难点

当前,如何培育新的经济增长点是企业现阶段面临的普遍难题。

依靠扩大固定资产投资规模重新拉动重化工业的增长吗?我国以基础设施建设为主导的固定资产投资增速从2010年的24.5%逐步回落到2015年的12%、2019年的5.4%、2020年的2.9%,导致能源原材料工业从高增长转向低增长和产能过剩。必须看到,固定资产投资增速回落具有客观必然性,因为经济发展具有阶段性。我国以高速公路、港口、机场为主导的大规模基础设施建设的高速增长已基本结束,城市的空间扩张由于受到土地供给、地方政府债务约束以及二、三线城市商品房过剩等因素的影响,增速也已放缓。城乡民生工程建设还有广阔的需求,但作为非营利性的公共服务基础设施建设,取决于政府能够用于投资的财政支出能力和社会资本的投资意愿,需要量力而行和循序渐进。客观趋势的变化,要求我们必须把固定资产投资从外延式的扩大再生产转向以提高生产要素利用效率为主导的内涵式扩大再生产。

将投资重点再转向城镇房地产业吗?城镇房地产发展的约束条件,一是二、三线城镇待售商品房的库存需要消化;二是城镇居民购房的经济承受能力;三是农民转换为市民的购房支付能力以及进城后能否有稳定的就业机会并纳入城镇社会保障体系。城镇房地产在去库存的同时保持健康发展,最有效的办法是降价,使各地房地产价格回归到与当地城镇居民家庭年收入相适应的水平,优先保证刚性需求和改善性需求,限制投机性需求。高房价抬高了工商业成本和创业成本,削弱了企业依靠自我积累的创新能力,削弱了制造业的国际竞争力,抑制了工薪阶层的消费能力,加剧了收入和财富的两极分化,阻碍了城镇化进程。

未来我国经济发展将转向服务业为主导吗?现阶段我国服务业增长快于第一、二产业是必然趋势,需要加快服务业的发展。但服务业的发展也有约束条件,首先取决于第一、二产业生产要素的利用效率。因为第一、二产业的发展是第三产业发展的物质技术基础,只有在第一、二产业效率不断提高的前提下,这两大产业就业的员工才能在收入增长的基础上增强对服务业的购买力;企业效率高,上缴的利税才能不断增长,才能增强政府兴办社会公共服务和民生事业的能力。其次,服务业的发展取决于城镇化程度及其相应的人口集中度,改革开放以来我国服务业和城镇化的比重,分别从 1980 年的 18%上升到 2015 年的 55%左右,二者的增长基本是同步的。再次,服务业的发展取决于生产社会化分工水平,社会分工的深化和商品化程度的不断提高,是服务业发展的前提。社会分工的深化,将改变"大而全"和"小而全"的产业组织体系,不断促进新企业的出现。最后,服务业的发展取决于政府政策,即政府通过合理的市场准入政策、税收政策,降低服务业的交易成本,为服务业的发展创造更好的市场环境。

提高传统产业效率与发展新兴技术产业并重

中国用 40 年时间完成了西方国家用 200 年才走完的三次工业革命。这种"压缩式"工业化缩小了中外技术差距,但是产业发展依然存在诸多短板,很多功课并没有做好。事实上,前两次工业革命的动能在国内并未全部释放,而新一轮科技革命和产业变革已经到来。我们需要进一步补齐传统产业和新兴技术产业发展中的短板,应当实行提高传统产业效率与发展战略性新兴产业并重的方针,高度重视对现有产品及其生产技术的改进和革新。传统产业的发展应当从以产品产量赶超为主转向以生产要素配置和利用效率赶超为主的新阶段,从主要依靠劳动力成本低的比较优势转向提高产业竞争优势为主导。从行业、企业,到产业横向和纵向分工体系,全面揭示我国工业与发达国家在规模经济、生产技术水平、产品成本和性能、创新能力和关键技术、核心元器件和零部件等方面的差距,明确缩小差距的目标和途径。通过强化优胜劣汰的市场竞争机制,推进企业兼并重组,优化产业组织结构,形成生产要素配置的集中化、规模化、专业化和集群化的产业组织体系;不断降低生产过程中的物化劳动消耗,努力使单位产品和产值的能源原材料消耗达到工业发达国家的先进水平。通过改进产业组织方式,提高员工素质,提高自动化、信息化和智能化水平,在劳动生产率方面缩小与发达国家的差距,降低单位产品的工资成本,化解劳动力成本上升的压力。培育与现代化大工业相适应的工业文明,树立持之以恒、锲而不舍、精益求精的工匠精神。发展战略性新兴技术产业的途径是:对科技进步的方向做出准确的判断;依靠自主研发获得关键的技术;增强将科技创新成果工程化、产业化和市场化的动力和能力;培育具有先进制造业的配套能力和核心龙头企业的集成能力;形成以企业为主导的产学研相结合的机制和组织方式;增强高科技人才的凝聚力;企业家应树立追求创新发展的价值理念。

本书的结构

本书以科技创新的渐进性这一假设为前提,解释了中国取得举世瞩目成就的原因,并以渐进式创新推导出了中国产业转型升级的路径,从技术进步演化史和全球视角来阐述技术创新的渐进性及其推动产业升级的机制。中国产业发展离不开技术创新,但更需要遵循技术创新循序渐进的规律不断推动技术创新,缩小中外技术差距,实现产业有序升级。本书围绕技术创新的渐进性推动产业升级这一主题进行论述,一共分为七章。第一章主要分析选题背景、意义、研究方法和框架。第二章主要进行文献梳理。第三章界定了技术创新的相关概念和量化指标。第四章考察并描绘了技术创新推动中国产业升级的过程与路径,重点考察了渐进式技术创新推动中国产业升级的机制以及中外产业技术差距与制约因素。第五章为渐进式技术创新推动产业升级的机制。渐进式技术创新推动产业升级遵循LASIS周期过程,即从导入阶段(leading-in)先后经过架构(architecture)、标准化(standardization)、融合创新(integration)再到范式转换阶段(shift),由此实现产业不断升级。本章分析了渐进式技术创新推动产业升级的过程机制、绩效机制和环境影响因素;特别考察分析了技术创新的渐进性在范式转换过程中推动产业升级的作用机制。第六章为技术创新的渐进性与产业升级实证分析。量化实证主要以全球产业价值链地位指数(GVCP)为自变量、技术创新指标为因变量,选取传统和新兴制造业分析了内在影响机制。案例分析实证主要选择集成电路、汽车、计算机等行业技术进步和产品升级换代的过程,论证渐进式创新对产业转型升级的作用;论证并回答了当前技术创新到底是激进式还是渐进式的争论,指出了当前和未来科技进步的态势。第七章为结论与展望,结合中国实际情况提出相应的政策建议。

本书的创新点主要有以下几个方面。第一,研究视角的创新。学术界注重激进式技术创新推动产业升级,而技术创新的渐进性更加符合中国产业升级。本书将渐进式技术创新概念纳入到产业发展整个过程,拓宽了其应用空间。第二,构建了渐进式技术创新推动产业升级的理论和经验分析框架,提出LASIS周期模型,对渐进式技术创新对产业升级的影响机制进行深入分析。

该模型为产业转型升级指明了具体方向和路径。第三,严格区分并界定了激进式和渐进式技术创新,将现有技术创新的诸多概念进行了澄清和统一。只有在宏观和微观层面同时满足技术不连续、产业不连续、市场不连续、产品不连续的条件才是激进式技术创新,其他类型都属于渐进式技术创新范畴。第四,分析了渐进式创新在范式转换过程中的作用。第五,指出中国产业升级的路径。准确定位传统产业发展的短板与差距,推动产业高质量发展;准确判断新兴科技发展方向,加大研发投入以实现重大突破。一方面,我们不可能另起炉灶,采用全新的产业替代现有传统产业,而是在推动新兴技术发展的基础上,加快新兴技术产业对传统产业的改造;改造也是产业升级。另一方面,针对中国制造业与发达国家之间的技术差距,通过渐进式技术创新,利用后发优势和比较优势缩小技术差距;缩小技术差距也可以推动产业升级。

邹坦永

2021 年 9 月于郑州

目 录

第一章 绪论 …………………………………………………………（1）
  第一节 研究背景和意义 …………………………………………（1）
    一、研究背景 …………………………………………………（1）
    二、研究意义 …………………………………………………（8）
  第二节 相关概念界定及说明 ……………………………………（9）
    一、渐进式和激进式技术创新 ………………………………（9）
    二、技术创新的渐进性 ………………………………………（10）
    三、产业升级 …………………………………………………（11）
  第三节 研究内容、方法与创新点 ………………………………（11）
    一、研究思路框架 ……………………………………………（11）
    二、研究内容 …………………………………………………（12）
    三、研究方法 …………………………………………………（14）
    四、创新点 ……………………………………………………（15）
第二章 相关理论与文献综述 ……………………………………（17）
  第一节 技术创新的渐进性内涵 …………………………………（17）
    一、激进式技术创新内涵 ……………………………………（17）
    二、技术创新的渐进性内涵 …………………………………（20）
  第二节 技术创新的渐进性与产业升级的相关理论 ……………（25）
    一、技术创新范式理论 ………………………………………（26）
    二、新结构经济学和胚胎发育理论 …………………………（26）

		三、A-U 动态产业升级模型 …………………………………（27）
		四、TRIZ 技术系统进化理论与 S 曲线产业升级模型 …………（28）
		五、技术连续、非连续理论与产业升级模型 …………………（28）
		六、熊彼特创新和增长理论与产业升级 ………………………（29）
	第三节　渐进式技术创新推动产业升级的渠道与可行性…………（30）
		一、渐进式技术创新推动产业升级的渠道 ……………………（30）
		二、渐进式技术创新者实现产业升级和竞争优势的可行性………（33）
	第四节　研究述评……………………………………………………（35）
第三章　技术创新的渐进性与产业升级：内涵、测度方法……………（37）
	第一节　技术创新的渐进性演化……………………………………（37）
		一、技术创新类型及不一致性表现 ……………………………（37）
		二、渐进式技术创新的演化逻辑 ………………………………（40）
	第二节　技术创新的渐进性界定……………………………………（45）
		一、激进式技术创新的缺陷及内涵 ……………………………（45）
		二、渐进式技术创新的缺陷及内涵界定 ………………………（47）
		三、技术创新的渐进性内涵界定 ………………………………（48）
	第三节　技术创新的渐进性相关概念辨析…………………………（49）
		一、技术创新的渐进性与渐进式技术创新 ……………………（49）
		二、技术创新的渐进性与激进式技术创新 ……………………（49）
		三、技术创新的渐进性与其他创新类型的联系与区别 ………（50）
	第四节　技术创新的渐进性测度方法………………………………（51）
		一、技术创新的渐进性量化依据 ………………………………（51）
		二、技术创新的渐进性测度指标 ………………………………（51）
	本章小结………………………………………………………………（54）
第四章　技术创新渐进性视角下的中国产业升级………………………（56）
	第一节　技术创新的渐进性与中国产业升级演变…………………（56）
		一、技术创新与中国农业社会结构的形成 ……………………（56）
		二、农业社会的解体及工业化的缺失：两次工业革命失之交臂 …（58）
		三、产业结构的调整与工业体系的形成（1949—1978）………（58）
		四、改革开放与产业结构升级（1979—2012）…………………（59）

五、新常态下的产业结构调整和供给侧改革(2013年至今)……(60)
　第二节　渐进式技术创新推动中国产业升级路径……………………(60)
　　一、技术创新推动产业结构合理化……………………………………(60)
　　二、技术创新推动产业结构高级化……………………………………(61)
　第三节　渐进式技术创新推动中国产业升级的一般考察……………(63)
　　一、中国技术创新的渐进性考察………………………………………(63)
　　二、渐进式技术创新与中国产业升级的考察…………………………(74)
　第四节　技术创新的渐进性与中国产业升级:差距、制约因素………(86)
　　一、中外技术创新差距及制约因素……………………………………(86)
　　二、中外产业发展差距及制约因素……………………………………(90)
　本章小结……………………………………………………………………(95)

第五章　渐进式技术创新推动产业升级的机制………………………(97)
　第一节　渐进式技术创新推动产业升级机制的总体分析……………(97)
　　一、渐进式技术创新推动产业升级的过程机制:LASIS 周期 ……(97)
　　二、渐进式技术创新推动产业升级的切入点…………………………(100)
　　三、渐进式技术创新推动产业升级的影响因素………………………(101)
　　四、渐进式技术创新提升产业绩效机制………………………………(104)
　第二节　激进式技术创新与产业升级:导入期…………………………(107)
　　一、激进式技术创新的来源及其影响因素:多要素协同演化 ……(107)
　　二、激进式技术创新与产业升级………………………………………(109)
　　三、渐进式技术创新在导入期的作用…………………………………(110)
　第三节　设计竞争、主导设计与产业升级:架构期……………………(111)
　　一、设计竞争与主导设计形成…………………………………………(112)
　　二、主导设计引致进入壁垒优势………………………………………(112)
　　三、产品创新、工艺创新推动产业升级………………………………(113)
　第四节　技术标准化与产业升级:标准期………………………………(114)
　　一、技术标准与价值创造………………………………………………(114)
　　二、标准化推动产业升级的形式和渠道………………………………(116)
　　三、标准化与创新形式…………………………………………………(118)
　第五节　范式转换、渐进式创新与产业升级路径:转换期……………(120)

一、范式转换与构成体系……………………………………（121）
　　二、范式转换动力机制及影响因素…………………………（125）
　　三、范式竞争、转换与产业升级……………………………（130）
　第六节　技术创新渐进性的影响因素……………………………（139）
　　一、市场竞争压力……………………………………………（139）
　　二、技术多元化………………………………………………（139）
　　三、技术研发及动态能力……………………………………（140）
　　四、组织结构…………………………………………………（140）
　　五、其他因素…………………………………………………（140）
　本章小结……………………………………………………………（141）

第六章　技术创新的渐进性与产业升级实证分析……………………（143）
　第一节　渐进式技术创新与产业升级计量分析…………………（143）
　　一、理论模型假设与构建……………………………………（143）
　　二、数据与变量处理…………………………………………（148）
　　三、实证检验…………………………………………………（149）
　第二节　技术创新的渐进性与集成电路产业升级案例分析……（152）
　　一、集成电路技术创新的渐进性演进………………………（153）
　　二、技术创新的渐进性与集成电路产业链演变……………（159）
　　三、技术创新的渐进性推动新产业的出现与传统产业升级……（162）
　　四、渐进式技术创新嵌入与集成电路产业转移升级………（165）
　第三节　技术创新的渐进性与计算机产业升级案例分析………（170）
　　一、计算技术创新的三次跳跃：技术范式转换……………（171）
　　二、存储计算技术创新、设计竞争与主导产品……………（173）
　　三、计算机技术标准化………………………………………（175）
　　四、渐进式技术创新、技术融合与计算机产品换代升级…（175）
　第四节　技术创新的渐进性与汽车产业升级案例分析…………（179）
　　一、技术创新与汽车新旧技术范式转换……………………（180）
　　二、汽车产业技术创新、设计竞争与主导设计形成………（182）
　　三、汽车产业渐进式技术创新：改进与迭代升级…………（188）
　　四、汽车产业技术标准化：美国汽车产业对欧洲的赶超升级……（196）

五、规模化与多样化困境突破:市场创新与范围经济 …………（197）
　　六、汽车产业产品解构、模块化创新:产业链的延伸 ……………（198）
　　七、技术、资源约束下的精益生产:渐进式创新的胜利 …………（198）
　　八、产业技术融合:汽车产业迭代升级 …………………………（199）
第五节　从技术模仿到自主创新:华为公司发展案例分析 …………（203）
　　一、从模仿创新到自主创新 ……………………………………（203）
　　二、持续的创新投入 ……………………………………………（204）
　　三、华为发展经验的启示 ………………………………………（208）
第六节　激进还是渐进:美国难题与中国机遇的技术创新视角 ……（208）
　　一、当前技术创新态势的争论 …………………………………（209）
　　二、技术创新尚未突破20世纪形成的产业框架范式 …………（210）
　　三、美国的难题:低垂的果实与科技高原 ………………………（212）
　　四、中国的机遇:收紧的第一窗口与开启的第二窗口 …………（214）
　　五、工业4.0视角下的产业升级:渐进式技术创新的具体应用 …（216）
本章小结 ……………………………………………………………（220）

第七章　主要结论与研究展望 …………………………………（222）
第一节　主要结论及政策建议 ………………………………………（222）
　　一、主要结论 ……………………………………………………（222）
　　二、政策建议 ……………………………………………………（225）
第二节　研究展望 ……………………………………………………（228）

参考文献 ……………………………………………………………（230）
后记 …………………………………………………………………（256）

第一章
绪　论

第一节　研究背景和意义

一、研究背景

（一）国内背景

1. 技术创新是产业升级的推动力已成共识

习近平在十九大报告中指出："我国经济已由高速增长阶段转向高质量发展阶段，正处在转变发展方式、优化经济结构、转换增长动力的攻关期，建设现代化经济体系是跨越关口的迫切要求和我国发展的战略目标。"提质增效是当前和未来产业发展的重要方向和战略任务。迄今为止，世界上任何一个经济体由弱变强、由贫穷到富裕，产业升级是唯一发展路径。而技术进步和创新是产业升级、提质增效的内在决定性因素，市场需求是外在推动因素。回顾世界经济发展过程，凡是经济发展较快、富裕的时期，都是技术进步较快的时期，凡是经济发展缓慢的时期，都是技术进步较慢的时期。从 200 年来的世界经济发展史可知，每一次革命性的科学技术突破都导致了产业革命的出现和产业结构的调整，并推动区域经济体的跨越式发展；每一次产业革命和重大技术创新的兴起都为后进经济体赶超先发经济体提供了绝佳时机，使落后地区和国家通过发展新的主导产业实现经济和技术跨越式发展成为可能（程恩富 等，2004）。历史上，先后发生了五次技术浪潮并催生了三次产业革命，形成了不同的发达经济体。第一次产业革命发生于18世纪60年代至19世纪中叶,人类进入蒸汽时代。引发第一次产业革命的动力源于第一次技术革命(1771年)和第二次革命浪潮(1829年)。第一次技术革命实现了纺织业的机械化,推动了轻工业生产力的提升,而到了第二次技术革命即蒸汽机出现后进一步提升了生产力。第一次产业革命引发了机械生产方式的革命和轻工业体系出现,运河、轮船和公路等基础设施得到发展;由此,英国率先完成工业化,成为工业化强国,然后扩散到欧洲大陆和美国。1834年根据电磁学理论发明的第一台实用电动机引发了以电力为主要标志的技术革命。19世纪末,美国工厂掀起了用电动机替代蒸汽机的热潮。在此基础上,又爆发了以石油、汽车和大批量生产为特征的第四次技术革命浪潮,并最终发生了第二次产业革命,"石油密集型"工业体系取代了"煤炭密集型"工业体系。这次产业革命形成了以钢和石油为主要动力产品,以重型机械、重化工、电气设备、汽车、石油化工、合成材料、内燃机、家用电器为主导的产业体系,以电话、钢轨、高速公路、无线电为主要特征的基础设施得到发展;美国和德国迅速崛起并成功超越英国,之后又进一步影响到了欧洲。第五次技术革命始于1971年,信息革命由此发生,低廉的微电子产品、计算机、元器件、远程通信、控制设备、计算机辅助的生物技术和新材料等成为新技术、新产业;基础设施表现为世界数字远程通信、因特网/电子邮件和其他E化服务、电力网络、(水陆空)高速物流运输系统。每次重大技术和产业变革不单单是由革命性的技术与产品所引发,更多的是由新旧范式动能互动催生的变革潜力所致。事实上,许多共同组成集群的产品和产业已经存在一段时间了,它们或是发挥着相对较小的经济作用,或是主流产业的重要补充。比如,煤与铁,在工业革命之前两者的使用历史绵长悠久,却因为蒸汽机转而成为铁路时代的动力工业。再比如,电子工业早已存在,甚至在20世纪20年代的部分领域扮演了重要角色;半导体、晶体管、计算机在20世纪50—60年代业已成为重要技术创新成果。但是,直到1971年微处理器的发明才极大地降低了电子产品的价格并显示出巨大的发展潜力。

在国内,技术创新成为经济发展、产业升级的动力基本已经形成共识。邓小平指出:科学技术是第一生产力。江泽民也指出:创新是兴旺发达的不竭动力。2016年,中共中央、国务院颁发的《国家创新驱动发展战略纲要》中明确指出,创新驱动就是让创新成为引领发展的第一动力。科技创新(科学创新、技术创新)和非科技创新(制度、管理、商业模式、业态、文化创新等)的有机结合共同推动劳动力素质提升、知识积累与技术进步,不断推动产业分工朝着产业高级化、合理化方向演进。

2. 中国产业发展亟须转型

改革开放40年,中国经济发生了翻天覆地的变化,逐渐摆脱了贫穷落后的面貌,一跃而成为世界第二大经济体,成为世界制造工厂,创造了"中国奇迹"。国民生产总值从1978年的3624.1亿元,人均381元、226美元,增长到2017年的82.7亿元,人均59 660元、8836美元(2017年国民经济和社会发展统计公报);2020年,中国GDP高达101.6万亿元(折合14.73亿美元),人均GDP为1.04万美元(连续两年突破1万美元)。产业结构逐步得以改善,呈现出二、三、一型的结构比例,数字经济等新兴产业蓬勃发展;产业体系相对完整。创新能力明显提升,天眼、悟空、蛟龙、天宫、大飞机、墨子等重大科技成果纷纷出现;高铁、公路、桥梁、港口、机场等基础设施建设快速推进。经济的快速发展也带来了诸如环境污染、资源短缺、技术创新转化不足等社会经济问题。传统经济增长方式已不可持续维持经济产业发展,中国进入了经济"新常态"。产业发展需要由数量扩张向提升质量转变,由要素、投资驱动向创新驱动转换。当前,中国产业发展面临的条件有两个:一是与发达经济体存在"技术势差",需要利用后发优势缩短技术差距;二是在世界科技前沿有待进一步探索,取得重大突破。

3. 技术创新认识偏差

改革开放40年来,中国通过技术引进取得了举世瞩目的成就。这在很大程度上归功于对创新成果的引进与应用以及后发优势和比较优势的运用。然而,国内对技术创新的认识还存在偏差,即普遍认为产业升级依赖于原始性、革命性、激进式、颠覆性的技术创新;人们普遍将产业升级寄希望于技术革命,希望通过技术创新的革命性突破形成全新的技术和产业。这种观点至少忽略了技术创新的渐进性特征和国内外依然存在一定技术差距这一事实。虽然技术革命和产业革命能够重塑产业结构,提升产业竞争力,但是,技术和产业革命却不是经常发生的,而是需要较长的周期过程。以蒸汽机、电力和电子信息技术为标志的重大技术和产业革命,每一次技术与产业革命之间都经历了上百年的消化、吸收、推广、完善和改进的过程。人类仍然在分享前两次产业革命的成果,第三次技术与产业革命还在进行中。前两次技术革命和产业革命虽然产生于欧洲和美洲,但是到了20世纪中后期,亚洲少数国家或地区如韩国、新加坡,中国台湾、香港也跻身进入了发达经济体行列。这些地区依靠的并不是技术革命、原始性创新,而是通过引进、消化、吸收、再创新不断缩短与发达国家的技术差距而实现的。技术创新的渐进性是后发国家成功的主要特征和原因。技术革命的重大突破也是建立在技术进步的渐进性积累基础上的。习近平总书记在2016年G20峰会上的致辞中指出:"上一轮技术进步带来的增长动能逐渐衰减,新一轮技术和产业革命尚未形成势头。"基于这种认识,创新驱动既要重视对前沿重大技术创新的探索,也应重视对现有产业技术的改进,实现内涵式扩大再生产。发达国家是技术创新的领跑者,已经处于世界技术前沿,而中国还处于追赶的过程中。如果一味地强调激进式创新,而忽视这种差距和技术扩散,将会阻碍中国产业升级进程。缩小产业技术差距也是产业升级的重要内容。

(二) 国际背景

1. 技术进步与创新步伐放缓

(1) 科技高原与创新饥渴

2008年以来,世界经济陷入缓慢发展状态。有观点认为,技术进步与创新陷入了停滞。

Michael Mandel(2009)、David Brooks(2011)、David Leonhardt(2011)、Neil Stephenson(2011)、Peter Thiel(2011)等学者将当前创新形势描述为"创新饥渴""未来的终结"。T. Devezas(2012)指出,我们和半个世纪以前一样,仍然在地面上和空中以相同的速度旅行,拥有少得可怜的新型药品。2014年10月,IMF总裁拉加德使用"新平庸"来描述当时的全球经济。泰勒·考恩(2015)认为美国经济增长之所以陷入停滞就在于技术创新正处在一个高位停滞期(即"科技高原"),"低垂的果实"已被采摘完毕,需要等待下一次大的革命性成长。缺乏技术创新成果和新产品是当前世界经济发展、产业升级缓慢的重要原因。

(2) 创新产出投入比在下降

三次工业革命时期,创新投入产出效果显著,涌现出了大量新技术和技术簇群比如蒸汽机、电力、ICT、新能源、新材料等。但是,进入21世纪以来,技术创新变得越来越困难,同样的创新产出需要更多的人力、物力投入才能实现。尼古拉斯·布鲁姆、查尔斯·琼斯、约翰·范里宁和迈克尔·韦伯通过对大量产业、产品和企业的研究表明,随着研究投入的不断增大而研究生产率则不断下降(图1-1),也证实了罗伯特·戈登(Robert Gordon)和泰勒·考恩的观点。今后的科技创新人员将会面临更高的创新门槛,需要更专业化的学习培训才能获得技术进展。目前来看,虽然科技研发人员数量越来越多,但是人均专利数量却不断减少。有学者甚至认为科学已经终结(Horgan,2004;约翰·霍根,2018)。

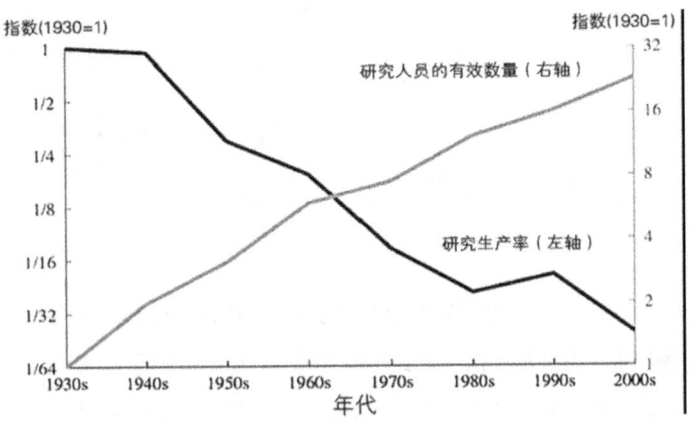

图1-1 1930—2000年代研究人员有效数量和研究生产率

资料来源:Webb M,Reenen J V,Jones C,et al. "Are Ideas Getting Harder to Find?", Lse Research Online Documents on Economics,2017.

首先,新药品研发越来越难。Bloom等(2017)发现,对癌症和其他疾病的研究日益增加,但拯救的生命却越来越少。根据塔夫茨药品研发中心的调查显示,2003年一项新药的平均研发成本为8.02亿美元,但是到了2010年已经上升到了25.58亿美元;而在1970—1980年间研发成本还不足2亿美元(图1-2)。自1950年以来,美国每10亿美元科研经费产出的药物数量每9年减少50%(Scannell et al.,2012)。而且,新药品的研发成功率也在下降。2002—2007年间,新药品的临床实验成功率为25%,而到了2008—2013年间,临床实验成功率已经下降到了12%,新药申报的成功率下降到60%以下的水平(图1-3)。

其次,集成电路研发投入越来越大,而成果越来越少,制造工艺不断逼近物理极限。尼古拉斯·布鲁姆等(2017)指出,目前如果计算机芯片密度每两年保持100%的增长速度,那么所需要投入的研发人员将是20世纪70年代研发人员投入量的18倍。据估计,集成电路工艺研发与设计的成本也不断攀升:32/28纳米、22/20纳米工艺的研发费用将分别达到12亿美元、21亿美元;32纳米、22纳米集成电路产品的设计费用将分别达到0.5亿~0.9亿美元、1.2亿~1.5亿美元。当工艺尺寸达到22/20纳米时,通用的成本下降理论已不再适用。

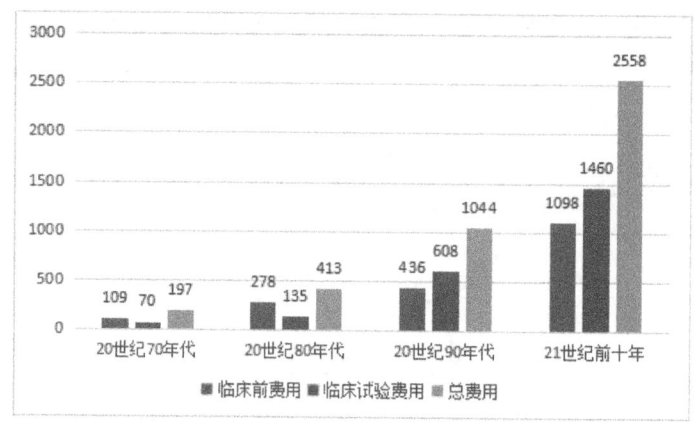

图1-2 一项新药品平均研发费用(单位:百万美元)

注:图中每组中三个柱形依次代表临床前费用、临床试验费用、总费用。

资料来源:前瞻产业研究院《2017—2022年中国生物医药外包行业市场前瞻与投资战略规划分析报告》。

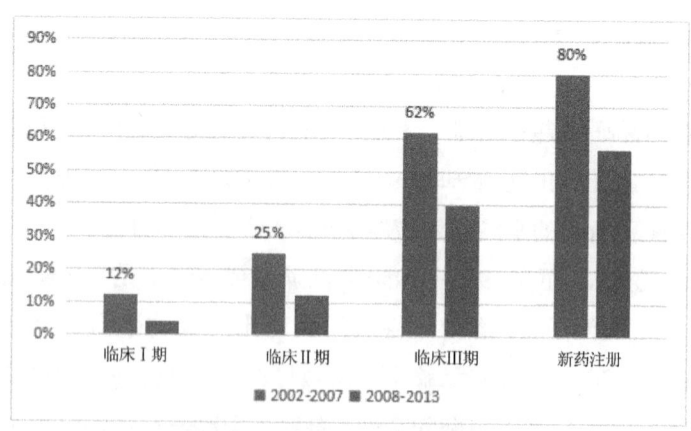

图1-3 新药品的研发成功率

注:图中每组中两个柱形依次代表2002—2007年,2008—2013年。

资料来源:前瞻产业研究院《2017—2022年中国生物医药外包行业市场前瞻与投资战略规划分析报告》。

2. 产业格局的再布局

为了在新一轮科技和产业革命中占据有利位置,世界发达国家纷纷出台相应政策加以应对,以期摆脱发展低迷的状态,如美国出台工业互联网战略,日本推行机器人战略,德国推行工业4.0战略,中国制定了《中国制造2025》。纵观这些应对策略,本质上都是将现有技术创新成果不断商业化,对现有产业进行技术上的武装。

(三)技术创新背景:产业技术创新的渐进性是普遍规律

1. 激进式技术创新源于技术创新的积累

近代资本主义工业革命以来,真正革命性、激进性的重大技术创新只有三次,即19世纪中叶蒸汽机的发明,并引发机器大工业的出现,人们普遍称之为蒸汽和铁路时代;然后,19世纪电力技术的突破,引发了大规模、专业化生产方式的出现,被称为电气化时代;最近一次是从20世纪60年代开始的以电子信息技术为先导的信息化革命。每次技术创新的重大突破后,创新往往以蜂聚的形式出现,为新产品簇群打开了创新之门,生物技术或是分子化学就是明显的例子。诸如伴随石油、电力等迅速增长而带来系列新能源或原材料来源也具有类似效果。这三次重大技术突破都是经过了长期、多领域、多人的贡献,都是建立在众多小创新、微创新的基础上而形成。新技术产品簇群的出现与扩散往往主宰工业社会长达几十年,甚至上百年,最终又被下一个重大突破、簇群所代替。通常而言,一种技术系统的整个生命周期远远超过100年。起源于19世纪中期的机器大生产、铁路系统,在现今社会仍然扮演着重要角色。电力技术是电子系统的根本基础,汽车仍然是主要的交通工具。这些重大技术创新仍然处于渐进式技术创新的进程之中,主要是现有技术的扩散来推动产业升级。技术创新扩散的速度常常取决于相关技术系统的成熟程度(Perez,2000)。信息技术和互联网技术的起源可以追溯到半个多世纪之前,而其扩散的宏观经济效应直到20世纪最后25年才得以显著体现。

2. 产业升级是技术迭代、产品换代的过程

从产业发展的长视角来看,真正新技术引发新产业的技术创新相对稀少,多表现为技术和产品的升级换代。蒸汽机的发明只是一种取代了水力、畜力为主要动力的机械化生产技术;围绕蒸汽机的创新也只是技术子系统的不断更新换代,比如燃料由燃煤到燃油、电、核动力的不断替换,并没有从根本上改

变机器的原理。到目前为止，汽车、飞机、轮船无一不是技术子系统的更新换代。计算机也只是集成度不断提升进而推动其性能、尺寸、价格、外观更加优越，"摩尔定律"依然在发挥作用，只是速度越来越慢，遇到了"天花板"。苹果公司被认为是具有颠覆性的企业，其推出的 iPhone 受到市场热捧。从技术角度看，苹果公司从 2007 年推出第一代 iPhone 到第七代 iPhone 5s，再到 2017 年推出的 iPhone 8、iPhone 8 Plus 和 iPhone X Plus，这些系列产品并不是颠覆性的技术创新，而只是现有技术重新架构与整合，并在现有产品基础上进行的改进与提升，但其性能表现更加显著。

二、研究意义

技术创新推动产业升级的思想早已有之，但是，中国理论界注重激进式技术创新的宏观作用，这并不适合中国产业国情，缺少较为全面的理论基础。从技术史和经济史的发展历程以及发达经济体产业升级的实践来看，技术创新的渐进性是普遍特征，因此，构建技术创新的渐进性与产业升级的理论分析框架，是有效推动产业全面升级的重要理论基础。技术革命、原始性创新属于激进式创新，具有偶发性、不确定性的特征，且时间间隔较长。渐进式技术创新是在现有技术和市场基础上循序渐进的改善与提升，这是经济发展、产业升级的常态。技术引进、消化、吸收以及渐进式技术创新是后发经济体产业升级的主要形式。

（一）理论意义

1. 有助于对技术进步和创新认识的再深化

技术创新由激进式和渐进式两种类型构成，是渐进—激进—渐进—再激进—再渐进的循环过程。激进式技术创新对产业升级具有根本性作用，渐进式技术创新对产业升级具有微调而显著的作用。理论界对技术创新、创新驱动的研究多集中在对技术革命、产业革命、原始性创新等激进式技术创新推动产业升级方面，而忽视了技术创新的渐进性在实现产业升级中的重要作用和途径，没有看到技术创新渐进性特征的常态性和连续性。技术创新并不是总处于激进式、革命式的过程中。很多企业既不愿意投资传统产业又不知道新技术、新产业在哪里。事实上，技术革命的重大突破也是建立在技术创新的渐进性积累基础上的。

2. 有助于明确激进式与渐进式技术创新的适用边界

技术创新不但表现出激进式和渐进式两种模式,而且还表现出产业差异特征。有些产业适合于激进式技术创新策略(短周期的产业),而有些产业适合于渐进式技术创新策略(周期长的产业)。研究两者的适用边界,可以提升产业政策的针对性。现有文献主要从宏观和微观视角研究技术创新与产业升级的内在机理。从产业层次实证研究渐进式技术创新与产业升级的内在机理和规律,是对现有主要从宏观和微观视角研究的有益补充。本书通过选取典型产业案例实证分析研究技术创新推动产业升级的内在规律,以弥补从产业层次研究的不足。

（二）实践意义

第一,技术创新是产业发展和转型升级的重要力量,而从理论上和实践上研究技术创新的客观规律和实施途径,可以避免创新过程的盲目性,提高创新驱动的投入产出效益。第二,有助于正确把握技术进步和产业发展的趋势,为国民经济增长提供针对性的指导。第三,中国产业发展面临"高不成低不就"危险、双重挤压、低端锁定陷阱等多重压力。新兴产业需要发展,传统产业需要升级,而正确认识到技术创新的渐进性和渐进式技术创新可有效推动两种类型产业转型升级。第四,技术创新的渐进性能够较好地解释中国产业升级的规律机制。第五,为政府机构、企业决策提供指导。

第二节 相关概念界定及说明

一、渐进式和激进式技术创新

现有文献基于不同视角对技术创新的类型进行了各种划分,如激进式创新、渐进式创新、真正新颖性创新、连续与非连续创新、利基创新、架构创新、颠覆式创新等。由于研究视角差异,现有技术创新术语之间存在较大的模糊性,到现在为止依然没有明确、一致的定义。在很多分类中,有些只是称呼不同,而内容相同,其中有些被称为"激进式创新"、不连续的创新,其实都属于渐进式创新范畴;也有些称谓既有区别又有交叉,给研究和实证带来极大困惑与不便。这就有必要对技术创新的类型进行统一,澄清其内涵,这样才便于在统一口径下开展研究。Rosanna Garcia 和 Roger Calantone(2003)分别从宏观、微观和市场、技术等四维度对创新进行了重新分类,并分别归为激进式创新、真正新颖性创新和渐进式创新三大类。但该划分仍然没有涵盖全部的创新类型,缺少产业、产品维度的考虑。

在 Rosanna Garcia 和 Roger Calantone 四维度的基础上,笔者增加了产业、产品维度,与宏观维度、微观维度、技术维度、市场维度构成了六维度分类法,从而存在宏观技术不连续、宏观产业不连续、宏观市场不连续、微观技术不连续、微观产品不连续和微观市场不连续等六种情况。其中,微观层面企业技术不连续还包括两种情况:一是在激进式技术创新、现有技术范式内的进一步创新即再创新,创造了新知识,是一种边际上的增量,增加了知识存量,但还不足以产生宏观技术上的非连续;二是引入了其他领域的科学技术进行技术融合再创新。这两类创新都不能改变现有技术范式,即都不属于宏观技术不连续,但可以通过创造新知识增加现有知识存量,推动着产业结构升级。

本书严格区分了激进式和渐进式技术创新。①激进式技术创新是指在宏观技术、宏观产业、宏观市场、微观技术、微观产品和微观市场等方面同时满足不连续条件的技术创新。②渐进式技术创新是指除激进式技术创新以外的所有其他创新。这样就将现有技术创新在内涵上进行了统一,消除了分歧。技术创新的渐进性是相对于技术创新的革命性突破而言的,即在研发和生产过程中,通过对材料、工艺、元器件或零部件、产品设计以及生产设备的逐步改进,实现提高生产效率、降低生产成本、改进产品性能和市场竞争力的目标。工业革命以来的历史表明,从轻纺工业,机械设备制造业,汽车、轮船和机车等交通运输设备制造业到化学工业、电子信息产品制造业、航空航天工业等产业的技术进步和产品更新换代,大多是在渐进性的技术改进和创新的基础上实现的,即使是革命性突破,也是由量的积累到质的飞跃的过程。当前的重大科技创新还不足以对现有科学技术理论构成威胁和颠覆。因此,技术创新的渐进性对后发经济体具有重要意义,也为其推动产业升级提供了战略和路径上的指导。

二、技术创新的渐进性

技术创新的渐进性是指技术创新是循序渐进的过程,遵循渐进式创新到激进式创新再到渐进式创新等内在演化的逻辑。技术创新的渐进性包含着渐进式技术创新,而又比渐进式技术创新内涵更丰富。技术创新的渐进性体现为两个方面的内涵。一是技术创新的渐进性为后发经济体提供了追赶空间。后发经济体从发达经济体引进技术并加以消化、吸收、模仿等不断进行产品、技术升级换代和改进,不断缩小技术差距,并最终达到世界技术前沿。二是在世界技术前沿领域,通过渐进式技术创新实现技术突破即激进式技术创新,从而推动技术进步和产业升级。

三、产业升级

产业升级包含产业间和产业内升级两个方面,前者是产业结构升级,后者是产业技术价值链升级。本书中产业升级主要是指产业内升级,即产业由低技术、低附加值水平、环节向高新技术、高附加值水平、环节的发展演变,重点包括科技研发、技术创新和品牌管理;产业结构升级是产业内升级的结果。技术价值链升级具有全球性,无论是企业、产业还是地区、国家都是在国际竞争与对比中体现的相对变化。技术价值链升级强调技术创新的内生性,通过产业企业技术和管理创新实现价值创造程度的升级,属于技术进步的"内生"型经济增长。

第三节 研究内容、方法与创新点

一、研究思路框架

本书按照分析研究背景和文献梳理、问题界定、分析框架构建并提出相关命题、实践验证、总结结论的研究思路开展研究(如图1-4所示)。

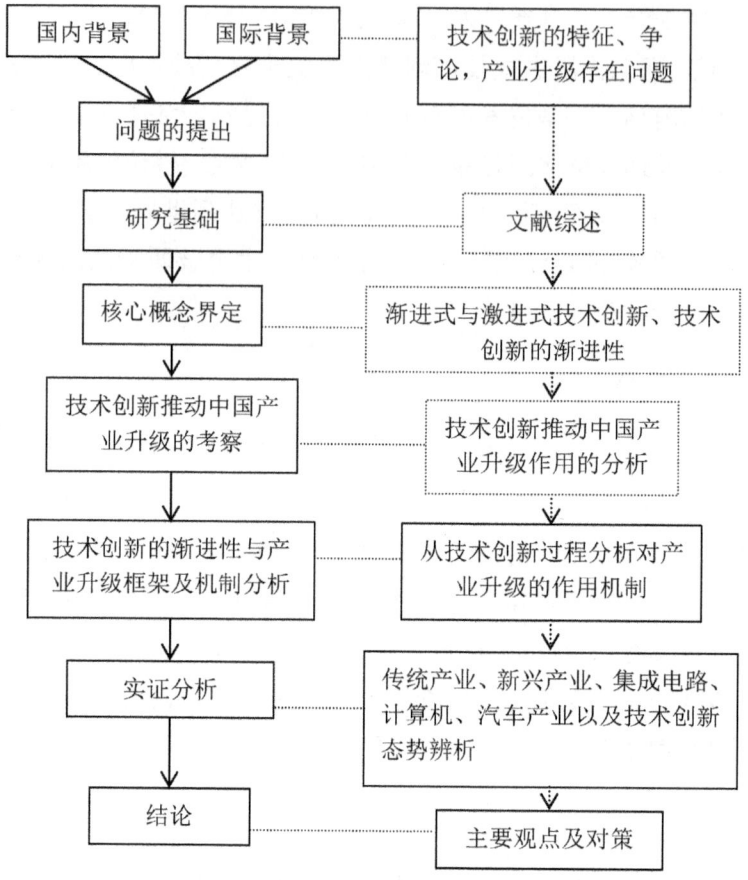

图1-4 论文研究框架

资料来源:作者制作。

本书在分析激进式技术创新概念的基础上,界定了渐进式技术创新的内涵。对渐进式技术创新推动产业升级的研究主要从两个方面进行:一是渐进式技术创新与产业升级的内在过程机制,技术创新过程就是产业升级的过程;二是渐进式技术创新在LASIS周期中特别是技术范式转换过程中的作用机制。

二、研究内容

本书共分为七章,主要内容如下。第一章为绪论,阐述研究背景和研究意义,引出技术创新的渐进性与产业升级这一主题,提出研究思路和研究方法,确定主体结构和框架,并给出可能的创新点。第二章为相关理论与文献综述,围绕技术创新的渐进性从渐进式、激进式技术创新的概念与过程,渐进式技术创新与产业升级的作用机制等方面进行综述。第三章为技术创新的渐进性相关概念界定与测度。基于现有文献的研究成果,对技术创新的渐进性进行概念界定,并解释了其与激进式技术创新、渐进式技术创新、开放式创新等相关概念的区别与联系。从宏观、微观、技术、市场、产业、产品等六维度对技术创新演化进行了分析。根据技术创新的渐进性特点选取了量化考核指标,包括专利申请量、研发投入、研发产出、创新产出与投入比等。第四章为技术创新渐进性视角下的中国产业升级。总体上考察了技术创新推动中国产业升级的过程与路径,并重点考察了渐进式技术创新推动中国产业升级的机制以及中外产业技术差距与制约因素。第五章为渐进式技术创新推动产业升级的机制。首先分析了渐进式技术创新推动产业升级的 LASIS 周期过程机制、绩效机制和环境影响因素;其次,按照 LASIS 模型重点分析了渐进式技术创新推动产业升级的管道、过程和机制,包括产品和工艺创新与产业升级、标准化和规模化与产业升级、组织创新与产业升级、范式转换与产业升级等。特别考察了范式转换、渐进式创新与产业升级路径。技术-经济范式体系由主导范式、非主导范式、组织范式和制度环境范式构成;范式转换的动力来源于社会福利与利润预期、产业差异化和环境适应。从范式转换视角看,产业升级有既定范式下的和范式转换中的产业升级两种渠道。不论是既定轨道上的产业升级还是范式转换时期的产业升级,渐进式技术创新都发挥着重要作用。第六章为技术创新的渐进性与产业升级实证分析。量化实证主要通过模型建构并运用计量软件进行分析;案例分析实证主要选择集成电路、汽车、计算机等行业技术进步和产品升级换代的过程,论证渐进式创新与改进对产业转型升级的作用。笔者论证并回答了当前技术创新到底是激进式还是渐进式的争论,对泰勒·考恩在《大停滞》一书中提出的"大停滞:美国的难题,中国的机遇"这一判断做出论证,指出了当前和未来科技进步的态势、格局以及工业 4.0 的逻辑,中国需要努力缩小与发达经济体的技术差距,运用新技术改造和提升现有产业,实现从数量赶超向技术赶超的转变。第七章为结论与展望,归纳整理本研究得出的主要结论,结合中国的实际情况提出相应的政策建议,并在此基础上提出研究存在的不足及今后需要进一步研究的方向。

三、研究方法

(一)归纳法

技术创新和产业升级是一个持续的过程。世界各国技术创新和产业升级都遵循共同的规律。由于时代背景的不同,后发国家技术创新与产业升级表现出不一样的规律。技术革命和重大技术创新最先发生在发达国家,从而发达国家实现了产业持续升级,在世界产业分工格局中占据了有利位置。后发国家与发达国家则存在巨大的技术差距,处于产业分工的中间部分。本书对技术创新过程的一般规律进行了系统阐述和归纳,总结了技术创新推动产业升级的主要特征,构建了渐进式技术创新推动产业升级的理论分析框架。

(二)演绎法

文献综述一章,首先从理论上对各种渐进式技术创新模式的内涵、表现、实现途径及其对产业升级的影响机制进行分析;借鉴内生增长理论中的中间产品模型,在理论上阐述了发达经济体和后发经济体技术进步和创新的不同机制。假定发达经济体是技术进步和创新的主要来源,主要采用激进式技术创新的模式,而后发经济体则主要采用渐进式技术创新模式即技术引进、消化、吸收、再创新来实现产业升级。

(三)统计分析法

由于技术创新在激进式和渐进式判定上存在困难,所以本书大量采用数据、图表等统计方法进行描述,来反映技术创新的渐进性特征以及产业升级的过程。第四章以及第六章的实证部分主要通过技术创新与产业升级的各种衡量指标运用具体数据、图表进行考察分析,解释技术创新的规律、产业升级的表现,进一步论证技术创新的渐进性不断推动产业升级。

(四)案例分析法

第六章中,为了验证渐进式技术创新与产业升级的关系,选取了15个中国制造业(包括传统产业和新兴产业)进行了计量分析,并选取集成电路、汽车、计算机等产业进行案例分析,证明渐进式技术创新推动产业升级的过程符合本书构建的理论模型框架。具体产业的发展都是通过渐进式技术升级推动产品换代升级而实现。

四、创新点

(一) 研究视角的创新

第一，目前，学术界注重激进式技术创新推动产业升级，但是激进式技术创新模式的适用范围更多地局限于发达经济体，或者适用于技术革命和产业革命的发生等少数时期；而本书将技术创新的渐进性这一概念纳入到产业发展整个过程和技术发展的世界范围。技术创新的渐进性为后发经济体提供了产业升级的最优路径。一方面，技术创新的渐进性为后发经济体缩小与发达经济体之间的技术差距提供了追赶机会和空间，并最终接近、走进世界技术前沿；另一方面，后发经济体在技术前沿领域，再通过渐进式技术创新最终实现量变到质变的跳跃，即激进式技术创新的出现。无论是发达经济体还是后发经济体，技术创新的渐进性模式都具有广泛的通用性。发达经济体因处于技术前沿，所以激进式技术创新更为普遍，但仍然以渐进式技术创新为基础；后发经济体因与发达经济体存在技术和产业"势差"，所以技术引进、渐进式技术创新模式更为普遍，并可以通过后发优势缩小差距，逐渐走向激进式技术创新模式的道路。

第二，关于中国产业升级的研究视角普遍从技术引进、市场开放、有效产业政策运用等着手。而本书主要通过技术创新的渐进性与产业升级机制这一理论框架阐述中国产业升级。中国经过40年的改革开放，在部分产业领域已经达到或者接近世界技术发展水平，但是在大部分产业和技术领域与世界发达经济体还存在巨大差距。在新一轮技术和产业革命正在形成的过程中，中国理论界普遍希望通过激进式技术创新来推动产业升级，而把渐进式技术创新这一发挥主要作用的模式给忽略了。最符合中国产业升级实际的发展模式是以渐进式技术创新模式为主。一方面，通过渐进式技术创新缩短差距，尽快达到世界技术前沿；一方面，通过在科技前沿领域进行渐进式技术探索、积累保持领先优势，并最终实现重大突破。还需要保持新兴技术产业与传统产业的良性互动，以推动中国产业全面升级。

第三，在世界各国纷纷出台技术创新政策，意欲通过激进式技术创新占据新一轮技术革命的制高点的现实背景下，选择从技术创新的渐进性视角研究产业升级的路径，可谓是独树一帜，但更加符合中国等发展中国家的现实。

（二）研究内容的创新

部分经济学家一般用渐进式技术创新这一概念来描述产业发展中的技术特征和现象，但至今也没有弄清楚其内涵、特征。本书提出技术创新的渐进性这一概念来说明产业升级的过程和机制。技术创新的渐进性这一概念国内学者研究得还很少，比较新颖。首先，本书将这一概念纳入技术史和经济发展史范畴内来研究，并认为产业技术创新的渐进性是发达经济体和后发经济体产业升级所遵循的普遍规律；对渐进式技术创新对产业升级的影响机制进行深入分析，构建了技术创新的渐进性与产业升级的理论和经验分析框架，并提出LASIS周期。其次，因渐进式技术创新与激进式技术创新性质不同，所以，其各自产业适用性存在差异，并基于此初步探讨了二者的产业适用边界。再次，现有文献一般将渐进式技术创新纳入到特定技术轨道、技术路径的框架内来研究产业升级，但是对渐进式技术创新在轨道转换、范式转换过程中如何发挥作用还缺少深入探讨。本书将深入探讨渐进式技术创新推动轨道转换、范式转换的机制，并从技术创新的渐进性视角研究产业升级的过程机制。从现有研究成果看，本书在这三个方面的研究具有一定的创新性。

第二章
相关理论与文献综述

第一节 技术创新的渐进性内涵

一、激进式技术创新内涵

(一) 激进式技术创新

激进式(radical)技术创新思想起源于熊彼特(Schumpeter,1934)。熊彼特认为激进式技术创新削弱了原有企业竞争优势的基础,从而致使现有技术过时。Abernathy 和 Utterback(1978)认为激进式创新直接体现为新产品的出现,形成新产业、新市场,其优势在于出众的功能绩效而不是低廉的初创成本,具有较高利润空间。现有激进式技术创新的文献主要从技术维度、市场维度和识别方法维度对其加以定义。

从技术维度来看,激进式技术创新是基于新的科学和工程原理,而不是基于以前使用的那些科学和原理(Henderson et al.,1990),包含大量有差异的核心技术(Chandy et al.,2000)。相反,渐进式创新是对现有技术的改善与拓展。Foster 提出的 S 形技术曲线描述了激进式技术产生和发展的过程。当一项技术在 S 形曲线上移动遭遇瓶颈时,激进式技术就产生了。激进式创新作为许多随后技术发展的基础,代表了在技术前沿领域的重要跳跃。激进式技术创新是对既有技术演化路径的偏离,开辟了新的技术演化路径,并由此带来全新的技术发展空间。Greg A. Stevens 和 James Burley(2003)认为,激进式技术创新是指首次引入市场的新产品和新技术,是全新的、革命性的和不连续的创新,往往与重大科学发明联系密切(邹坦永,2017a)。

从市场维度来看,激进式技术创新表现为满足潜在顾客需要,为市场增加了显著的新价值。比如,Tushman 与 Anderson(1986)将"非连续"定义为能够获得产业最大数量级的价格-绩效比的改善。Leifer 等(2000)研究表明,颠覆性创新具有以下特征:一系列全新的性能特征、已知性能特征提高 5 倍或以上、产品成本大幅度削减。激进式技术创新也可以根据其对公司、产业和市场的深远影响加以描述。Nordhaus(1969)将"突变"(drastic)定义为一次技术创新,导致生产成本的降低;新的均衡价格低于创新前的均衡价格,从而导致那些没有采用此项创新的竞争者失去了竞争力甚至被淘汰。Utterback(1994)指出,激进式技术创新将清除掉企业在技能、知识、设计、生产技巧、工厂和设备方面大部分的投资。当然,一项激进式技术创新也可能带来一项全新的产业,并由此出现系列企业、新用户、基础设施以及其他相关主体。一般来说,激进式技术创新不但满足于已经发现的需求,而且也创造出了新需求,即以前尚未发现的需求得以发现。这种新的需求产生了新产业、新的竞争者与新的市场行为,从而重塑产业结构。

从识别方法维度看,激进式技术创新具有新颖性、唯一性以及对未来技术产生影响三个标准(Dahlin et al.,2005)。前两个标准界定了激进性,并且可以在市场引入前就鉴别出潜在的激进发明;第三个标准界定了成功,可以事后判断该发明是否是重要技术变迁的推动者。

(二)激进式技术创新的缺陷

从现有研究看,无论是事前的新颖性标准、唯一性标准还是事后的市场效果标准都难以准确界定激进式技术创新。而且,当前关于激进式技术创新的定义和描述存在以下问题。

第一,基于绩效优势假设来定义的难题。假设新技术比旧技术更具有绩效优势固然重要,但是也产生系列难题。比如,绩效标准是动态变化的,而且,应该在何时比较也不清楚。激进式技术的出现使得原先的绩效标准不再有效。激进式技术刚出现时,技术效果并没有既有技术表现好,但在随后的某一时点会超过既有技术(Christensen,1997;Dosi et al.,1982;Foster,1985)。企业引入激进式技术创新后的绩效大小与企业的异质性密切相关,比如,企业处理激进式技术变革的方式与效果是企业以往知识的函数,所以,根据结果来定义外部冲击是不正确的。

第二,基于企业同质性的假设与事实不符。根据是否增强或破坏已有知识来定义激进式创新暗含着同质性假定,即新技术对行业中所有企业的影响是相同的。然而,企业同质性假定仅仅对先验知识才有效,并不适用于其他企业特性(与先验知识高度相关的特性)。因此,使用能力破坏这个定义,就会面临内生性问题。

第三,选择偏差。Dahlin、Behrens(2005)提出的三个标准和具体的操作识别方法,也不能解决全部问题。第一种方法是将专利看作创新过程的重要投入,并考察专利引用数量、质量和时间分布的意义。例如,采用一项发明的后向引用量和平均引用时滞来测量新技术对旧技术的影响程度。第二种方法是测量一项专利引用不同领域知识的程度(Henderson et al.,1990)。然而,该方法选择的专利仅仅局限于获得授权的专利,而没有包含那些尚未获得授权的激进式发明。另外,平均引用滞后时间特别长,引用专利的分布也受多重因素的影响。这种方法仅适用于研究那些具有显著市场影响力的技术创新(Fischhoff,1982;Tellis et al.,1996;Poel,2003)。

(三)激进式技术创新的界定

激进式技术创新中的"激进"有两方面的含义。一是性质上体现为突破性、颠覆性、革命性、非连续性;内容上体现为新的科学技术、新产品、新市场、新行业;理论上是指坐标轴上一个时间"点"概念,而在这个"点"之前和之后都是渐进式、积累式创新。二是技术创新速度快、数量激增。激进式技术发明、关键技术突破后,往往会经历一个快速的技术创新过程,体现为技术数量增加、市场份额提升。从内容上看,激进式技术创新既包括激进的技术也包括激进的科学。激进的技术以激进的科学为基础;激进的科学为激进的技术开辟空间,指引方向。激进式科学提出与以往范式显著不同的新见解和新概念,体现在技术创新的"范式转换"。激进式技术创新是指打破现有规则的创新,有潜力创造全新的市场或者产品类别,或者产生现有产品的替代品(Colombo et al.,2015)。激进式创新通常具有较强的正外部性,有利于其他企业的发展。然而,激进式科学和技术创新难以清晰描述。一般而言,学者达成了这样的共识,即"激进式"贡献不同于"渐进式"贡献,其具有根本性的变革性质,使得以往知识大部分过时,不再具有影响力(Nelson et al.,2002)。

二、技术创新的渐进性内涵

技术创新的渐进性决定并包含着渐进式技术创新,而又比渐进式技术创新内涵更为丰富。技术创新的渐进性主要从演化的视角强调技术进步的循序渐进性特征,绝非一蹴而就的。由此,渐进性特征还具有两个方面的意义。一是指渐进性特征为技术和经济追赶提供了可能性空间。后发经济体从发达经济体引进技术并加以消化、吸收、模仿等不断进行产品、技术升级换代和改进,不断缩小技术差距,并最终达到世界技术前沿。二是指渐进性为技术和经济超越提供了可能。在世界技术前沿领域,后发经济体通过渐进式技术创新实现技术突破即激进式技术创新,从而推动技术进步和产业升级。本书主要从渐进式技术创新视角进行文献综述。

(一)渐进式技术创新

经济历史学家对渐进式技术创新(incremental)地位的研究至少可以追溯到 Usher 和 Gilfillan(邹坦永,2017b)。渐进式技术创新的作用通常在激进式技术创新之后才更加显著。现有文献一般将渐进式技术创新与激进式技术创新进行对比来研究。激进式技术创新为产业升级开辟了新的演进方向和路径,是根本、前提;而渐进式技术创新则是在已经开辟的技术范式、轨道、路径上不断完善、改良和发展。经过梳理,主要有四类代表性的观点(见表2-1)。

一是范式观,强调既定范式、轨道的技术演化特征。Sahal(1983)提出了"技术路标"理论,认为通过已经形成的范式能够为技术创新提供比较准确的方向;同时,范式又是已有知识的蓄水池,企业通过汲取技术知识"存量"或"蓄水池"来产生创新的机会,最终形成比较优势。Nelson 和 Winter(1982)认为技术轨道推动技术朝着某一个特定方向和轨迹前进。希林(2005)认为渐进性技术创新与原有技术脱离程度不大,它在应用之前就已为企业或产业所知晓。诺曼、韦尔甘蒂、辛向阳(2016)认为渐进性创新就是在既定解决方案、框架内的进一步提高,即"把我们已经做的做得更好";而激进性创新则是框架的变化,即"做我们之前没有做过的"。

二是改良观,强调技术、产品等的拓展、改良、改进,具有较强的积累性。Abernathy 和 Utterback(1978)认为渐进式创新是大量微小的产品与系统改进,对生产率具有渐进式、积累性的促进效应,可以促进专业化分工。渐进性创新是扩展现有的产品和工艺(March,1991),会逐渐产生累积性的经济效果(Tushman et al.,1990)。Chirstensen(1997)、O'Connor 和 Demartino(2006)认为渐进性创新是通过改良和拓展现有技术来提升主流市场产品性能的创新,会维持、强化现有市场规则和竞争态势。Song 和 Montoya-Weiss(1998)认为,渐进性技术创新包括改造、提升现有产品、生产和流通系统。Garcia 等(2003)指出渐进式技术创新是指长期持续不断的知识积累并在局部进行的改良式创新活动;以现有市场、现有消费群体需求为服务对象,对现有技术进行细微的改善或调整;体现为现有技术或生产能力的变化。Abrunhosa 和 Sá(2008)认为渐进式技术创新是在激进式技术创新产生以后的进一步完善与提升,技术进步程度相对微小,甚至感觉不到变化,具有演化性、渐进性、连续性。

三是市场和用户观,强调服务于现有市场和多数用户。Christensen(1997)认为,渐进性技术创新是基于对主要市场的多数用户来提高和改进产品与服务。但是,只要是以服务于主流用户的需求为目的,那么这种性能提高与改进就属于渐进式技术创新范畴,而不管该创新的难易程度和技术跨度。Forsman 和 Temel(2011)指出,渐进式技术创新是对现有产品、服务和工艺等的微小改善,而企业正是通过这些微小改善使得产品更加完善、工艺更加完美、操作更加有效、质量得以提升、成本得以下降。孙兆刚(2014)认为,渐进性创新是针对用户微小需求、需求微小变化的创新,是面向客户需求导向的创新,源于用户与生产者互动、以结果为导向的战术。

四是连续观,强调产业技术演化是连续和非连续的过程。技术演进过程虽然是渐进、积累的过程,但总会被一些技术突破所打断,形成不连续技术创新(Tushman et al.,1986)。秦辉和傅梅烂(2005)指出,渐进式创新是对原有技术开展的循序渐进的、连续的创新活动;当数量众多的微创新对企业绩效改善产生重大影响时,就会产生量变到质变的飞跃,进而出现重大技术创新成果。连续性创新是建立在现有的知识、市场和现有的技术基础设施之上的连续创新(柳卸林,2000),是技术基础或者竞争基础没有发生显著变化的创新(魏江 等,2010)。

综上所述,范式观认为,渐进式技术创新是在既定技术范式下的创新,与原有技术脱离不大,科学技术原理没有发生变化。改进观认为,渐进式技术创新是维持性创新,是建立在现有知识、市场和技术基础之上,在激进式技术创新基础上的局部创新或改良,并强调其积累性。市场和用户观认为,渐进式技术创新是针对主流市场、主要客户对主流产品性能的创新。连续观认为,渐进式技术创新具有连续性,其内涵主要包括以下几个方面。第一,在既定框架、范式、轨迹内进行连续演化,是对现有知识、技术、市场、工艺、产品与服务的拓展与改进。第二,由大量、微小的改善或者简单的调整构成,是对激进式技术创新的进一步完善与提升;虽然技术创新程度相对微小,甚至感觉不到变化,但可以提高生产率、降低生产成本,进而增强产品和产业竞争优势。第三,具有较强的积累效应,并具有重要的商业价值;大量的小创新达到一定程度就会导致重大创新的产生。本书作者认为,技术创新的渐进性是相对于技术创新的革命性突破而言的,即在研发和生产过程中,通过对材料、工艺、元器件或零部件、产品设计以及生产设备的逐步改进,实现提高生产效率、降低生产成本、改进产品性能和市场竞争力的目标。工业革命以来的历史表明,从轻纺工业,机械设备制造业,汽车、轮船和机车等交通运输设备制造业到化学工业、电子信息产品制造业、航空航天工业等产业的技术进步和产品更新换代,大多是在渐进性的技术改进和创新的基础上实现的,即使是革命性突破,也是一个由渐进性的量的积累到质的飞跃的过程。

表 2-1 渐进式技术创新的主要作者及观点

研究视角	主要观点	主要作者
范式观	既定技术范式下的创新;与原有技术脱离不大,科学技术原理没有发生变化	Sahal(1983);Nelson 和 Winter(1982);Foster(1986);Melissa(2005);Donald A. Norman 和 Roberto Verganti(2016)
改进观	维持性创新;建立在现有知识、市场和技术基础之上;在激进式技术创新基础上的局部创新或改良;强调积累性	Abernathy, Utterback(1978);Tushman 与 Anderson(1990);James March(1991);Christensen(1997);Song, Montoya-Weiss(1998);柳卸林(2000);Garcia, Calantone, Levine(2003);Abrunhosa, Sá(2008);秦辉,傅梅烂(2005)

续表

研究视角	主要观点	主要作者
技术连续和非连续	产业技术演化是技术连续和非连续的过程	Tushman, Anderson（1986，1990）；Olleros（1986）；魏江，冯军政（2010）
市场和用户	针对主流市场、主要客户，对主流产品性能的创新	Chirstensen（1997）；O'Connor, Demartino（2006）；赵明剑（2004）
技术来源开放性	技术进步来源逐渐由企业内部向外部延伸，是企业内外多因素的彼此交互，涵盖产业链、产业间、集群、区域、国家创新	Chesbrough（2003，2014）；梅亮，陈劲等（2014）；赵放，曾国屏（2013）；张永成等（2015）；盛济川等（2015）

资料来源：作者整理。

（二）渐进式技术创新特征

1. 长周期

从技术创新的应用时空看，激进式技术创新产生的时间较短，激进式技术创新一旦出现就很难再产生激进式创新；而在两项激进式技术创新之间都属于渐进式技术创新的范围。在激进式技术创新的前后，技术进步都表现为长时期的渐进式技术创新。康氏长波周期研究者、演化经济学家 Perez（2007，2010，2015）以及国内学者何传启（2011，2012，2014）、钱时惕（2007）等对技术长波、技术革命进行研究发现，激进式技术创新的时间间隔都相当漫长，无不是经过长时期的渐进式技术创新才取得革命性进展。第一次科学革命发生于16 世纪至 17 世纪，第二次科学革命发生于 20 世纪上半叶。历次工业革命都经历了 100 年左右时间。蒸汽机、电的发明以及 20 世纪 60 年代的电子信息技术算得上典型的激进式技术创新，而由电气化替代蒸汽机技术则经历了 100 多年的历史。19 世纪电力的发明也是在蒸汽技术应用的基础上实现的，电力的出现和广泛应用也已经有 100 多年的历史，但其基本原理和技术并没有发生革命性变化，仅仅是驱动力发生了变化，即燃料由燃煤转向燃气、燃油和核动力，功率不断提高。汽车从发明到现在也有 100 多年的时间，其技术和性能的改进也是渐进性的，基本原理也没有发生变化；汽车产业升级，主要是动力、技术性能、生产效率的不断提高。汽车产品本身性质没有发生变化，但驱动力则先后经历了马力、蒸汽机、内燃机、电力驱动，燃料先后经过了煤、燃气、汽油、核燃料等的转化。通过对计算机、汽车、飞机、医药、通信等产业的考察可以发现，产业升级主要表现为产品的升级换代，激进式技术创新则表现不甚明显。计算机产业从大型台式机到微型机，从286机型到586机型，从双核到四核、八核再到奔腾系列，都是渐进式技术创新发挥作用的结果，而且这种趋势依然在持续。事实上，渐进式技术创新时刻都在发生着，正如Robert E. Cole (2002)所言，在激进式技术创新产生之前、之后、之中都有大量连续性又微小的改进围绕着它。

2. 连续性、累加性和递进性

激进式创新往往开辟新的技术轨道，由于缺少历史数据和积累，技术发展方向难以确定，比如油灯—煤气灯—白炽灯—荧光灯，手工打字机—电动打字机—专业字处理器—个人电脑，平板玻璃—铸板玻璃—浮法玻璃等（图2-1）。渐进式技术创新虽然程度微小但是数量众多，通过长期的累加性可以产生显著的效果。科学技术不同于有形的生产要素可以被消费掉而减少，而是可以零边际成本进行复制、重复使用，而且可以进行代际传递（Romer, 1986）。科学技术可以通过教育培训得以继承并以此为基础再创造新的知识，这就是Arrow(1962)所说的累加性。渐进式的量变包含两方面：一是通过将已有知识运用于生产过程而提升产业生产率；二是通过"干中学"效应推动技术进步。渐进式的质变是指当知识、技术累加到一定程度时就会产生新技术，从而进一步推动整个产业技术体系发生重大变化，产业生产能力、产业结构也随之发生显著变化。Veryzer(1998)指出，尽管许多市场主体、新产品设计者以及各级政府部门都希望在本产业和区域领域能够出现"下一个大的东西"带来超级利润和产业升级，但实际上大多数新产品开发和发展还是聚集在渐进性技术创新的进化型产品上。正是技术创新的累加性和递进性推动着产业不断优化升级，推动着经济长期增长。

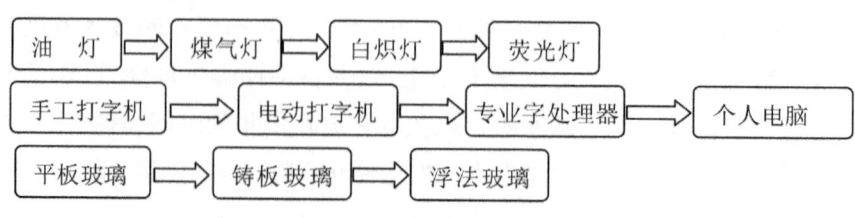

图2-1 技术创新与产品升级

3. 开放性

渐进式技术创新的来源日趋多元化,具有开放性。创新生态系统理论认为,渐进式技术创新来源于创新系统内部,核心特征是创新系统的共生演化(梅亮 等,2014),强调"主体之间相互依赖"和"主体与环境的相互作用"(赵放 等,2013)。开放式创新的实质是创新资源在组织内外部的自由流动、优化配置和有效利用(张永成 等,2015);内向开放式创新将外在知识技术内在化推动技术创新,外向开放式创新将内部知识技术外在化推动技术创新扩散(盛济川 等,2013)。

4. 风险较低且可控

由于激进式创新的目的是探索新的技术轨道和范式,因此就存在高度的不确定性和不可预测性。不确定性主要表现在技术、市场、组织和资源等方面。任何领域的激进性创新都比渐进性创新有更高的风险(付玉秀 等,1987)。很多新思想的产生具有一定程度的随机性,比如压力锅、糖精、电影等的发明。激进式技术创新通常需要高投入,风险较高且不易控制。而渐进式技术创新通常是在原有技术轨道上的微小改进与调整,相对容易掌控,且效果较好。Palmer 等(2002)研究表明,多数企业是保守型的风险规避者,只有在能够有效管理风险的条件下才愿意并且有机会开发新思想。但是,企业可以采用渐进式方法把握住核心技术、产品和服务,而且可以减少并管理创新中的风险,有效提高市场绩效。

第二节 技术创新的渐进性与产业升级的相关理论

在世界科技前沿,所有国家和产业处于同一起跑线上,在前沿领域进行渐进式技术创新是获得激进式技术创新的重要策略。激进式技术创新商业化、产业化的过程也需要渐进式创新使之与市场需求相适应。技术选择理论认为,技术选择内生地决定于既定要素禀赋条件下的经济结构,只有符合要素禀赋、经济结构等条件的技术创新才能推动产业发展。研究技术创新的渐进性与产业升级的相关理论主要有 A-U 创新模型、技术系统进化理论、技术范式理论、技术连续和非连续模型以及熊彼特创新理论等。

一、技术创新范式理论

"范式"(paradigm)概念一般是指库恩(1972)的科学范式思想。后来,多西(1982)等经济学家在此基础上提出技术范式理论。科学与技术密切相关。科学范式决定了技术范式,技术范式包含于科学范式。渐进式技术创新是在一定技术范式内的创新;激进式技术创新开辟了新的范式。但是技术范式不再是单一技术,而是一个技术体系、技术簇群;产业升级不是单一由技术创新驱动,而是技术创新与经济组织、制度等一起推动着产业升级。佩雷斯(2004)认为在经济实践系统中,技术演化不是以单向技术方式演化的,而是以技术簇群(constellation)或技术系统(system)的形式演化的。技术簇群或者技术系统的演化经历了技术的爆发到技术发展的瓶颈直到被替代或者转让的过程。佩蕾丝(2007)从技术-经济-制度范式的框架出发,分析了两百年间发生的五次技术革命,并发现历次技术革命都经历了爆发阶段、狂热阶段、协同阶段、成熟阶段等四个基本阶段。由于新技术的出现而进入技术革命爆发阶段,特点是技术创新速度逐渐加快且潜力巨大。由此,吸引金融资本的介入而进入狂热阶段。在成熟阶段,技术-经济范式逐渐成熟,新技术、新产品也就越来越少而且其生命周期也都很短。技术创新范式理论表明,产业根本性升级需要技术范式转变。但是,技术范式转换的过程一般相当漫长,依赖于技术革命和产业革命的出现,而革命性的变化具有鲜明的长周期性和不确定性。在既定技术范式下,产业升级只能遵循渐进式的升级,需要通过渐进式技术创新、经济系统驱动和制度环境变革来不断释放技术动力,渐进性地推动产业分工深化、组织变革和战略调整。最新研究理论如开放式创新(open innovation)、协同创新、学习型组织、创新生态系统等就是在技术-经济范式下对技术创新来源、应用、扩散的组织模式创新,属于渐进式技术创新范畴。该理论明确提出只有技术革命才属于激进式技术创新,才能推动经济转型和产业发生根本性优化升级;同时也暗含着渐进式技术创新具有显著作用。

二、新结构经济学和胚胎发育理论

新结构经济学和胚胎发育理论从实践和理论两方面证明了后发经济体通过技术创新的渐进性升级推动产业升级的可行性。发展中国家运用比较优势和后发优势逐渐实现要素禀赋和技术升级进而实现产业升级,且非常迅速;而发达经济体一直在技术前沿进行探索,通过持续的大量研发投资才能实现技术创新(林毅夫,2014)。因此,发展中国家的技术创新率显著高于发达经济国家。这样,发展中国家利用后发优势和渐进式技术创新就可以较快的技术创新速度推动产业升级,缩小与发达经济体的差距;当站在世界技术前沿后,通过渐进式技术创新实现重大技术突破的可能性就会越来越大。新结构经济学从供给侧提出了产业升级的路径,而文一(2016)从需求侧提出了市场胚胎发育理论。该理论认为技术进步和工业化的程度与速度受制于市场规模,而市场本身是个公共品,不会自动存在和自动有效运作。因此,后发经济体的发展必须在某些关键点上重复发达经济国家当年产业升级的一些基本阶段。但是,科学技术的引入需要与市场发育程度相一致,技术的适用性受到市场、人力资本、文化、组织等因素的制约,不能盲目采纳发达国家的生产技术和制度框架,需要利用技术创新的渐进性特征来推动产业升级。

三、A-U 动态产业升级模型

A-U 动态产业升级模型(Abernathy et al.,1978)通常用来描述产品创新的过程和规律,但是,同时也揭示出技术创新仍然遵循渐进式创新的特征。该模型主要从企业创新层面分析了技术与产品创新、工艺及产业组织创新的动态演化过程,揭示了技术创新与产业升级的规律和关系。该模型将产业升级分为流动、转换与专业化三阶段。在产品生命周期的早期阶段,因为产品主导设计尚未成型,所以产品创新率较高,且呈现出多样性,主要围绕产品性能展开产品设计竞争,处于技术和商业上的"尝试—纠错—尝试"阶段。随着竞争的深入和市场反馈,产品主导设计逐渐趋于明朗,重大产品创新率下降,重大工艺创新率上升;产品多样性开始让位于主导设计;产品性能与价格成为竞争焦点,日益加快的工艺创新成为重要创新渠道。主导设计为产品发展提供参照基准,降低了研发风险和不确定性。此时,产品创新开始让位于工艺创新。主导设计一旦成熟、定型,整个生产链、产业链便开始朝着标准化方向迈进,并使得规模经济和范围经济效应得以彰显,生产效率逐渐提高。刘友金、黄鲁成(2001)对 A-U 模型进行了改进。A-U 模型仅仅刻画了某一特定产业技术路径上产品与工艺创新在产业升级不同阶段的演化、消长特征。产品生命周期理论表明,某一产业通过引进新技术不断改进或替代旧技术从而实现持续的优化升级过程。当原有技术轨道动能减弱甚至消失后,通过引入新技术改进或者跳跃到另一技术轨道就可以继续实现某一产业的升级。改进的 A-U 模型指出,产业升级体现为产品的升级换代,产业升级是连续性和非连续性相统一的过程。然而,该模型对技术路径的界定非常模糊,混淆了产品技术系统创新和产品子系统创新。虽然部分技术创新是激进式的,但大部分属于渐进式技术创新范畴。

四、TRIZ 技术系统进化理论与 S 曲线产业升级模型

TRIZ 理论阐述了技术创新的渐进式演化与产业演进具有内在一致性的关系,前者驱动着后者渐进式变化。与 A-U 模型不同,该理论认为产品就是由众多子技术系统构成的一个总技术系统。技术系统演化是 A-U 动态产业升级的内在驱动力。Altshuller 认为技术系统是渐进式演进的,具有明显的阶段性特征,可以分为萌芽期、成长期、成熟期以及衰退期(黄庆 等,2009),即技术系统生命周期的"S"曲线。当一个技术系统的进化完成四阶段以后,就会有激进式创新的出现并产生一个新技术系统来替代它,经过不断地替代、被替代就形成了 S 形曲线族。范·杜因(1993)认为一般的产业生命周期演化模式都呈现 S 形。各类产业的 S 形成长模式并不是由唯一的函数表达,但是该曲线还是比较真实地描述了一般产业的成长过程(向吉英,2007)。总体上,TRIZ 技术系统进化的 S 曲线与产业成长的 S 曲线存在内在一致性联系,产业成长的路径、过程内生地决定于技术系统的进化。该理论的贡献在于区分了总技术系统和子技术系统概念,暗含着存在激进式总技术系统创新和激进式子技术系统创新。前者的创新程度明显要高于后者。从技术系统理论观点看,激进式子技术系统创新仍然属于渐进式技术创新范畴,并不是真正意义上的激进式创新。

五、技术连续、非连续理论与产业升级模型

Anderson 和 Tushman(1986,1990)提出技术连续、非连续(discontinuity)理论来解释技术创新与产业升级的互动机制。通过对计算机、水泥、玻璃制造和航空等产业技术演化过程的研究,他们发现产业技术进步是由连续和非连续

技术构成的;产业升级就是由系列非连续技术创新打断的渐进式变革过程。技术进步的过程表现为技术非连续—技术连续—技术非连续……循环往复。技术非连续推动产业跳跃式升级,而技术连续推动产业渐进式升级。通过循环往复的技术进步推动产业技术水平提升和多样化,由此实现产业结构优化升级。技术非连续即中断和主导设计是与技术连续的分界线。技术非连续通常以市场绩效为判断标准;如果技术非连续能够极大地降低产品成本、提升性能和质量,那么就认为是技术间断。魏江、冯军政(2010)认为技术连续和非连续是通过影响企业的技术基础或者竞争基础或者两个方面同时发生变化的创新。技术连续意味着技术基础和竞争基础不发生重大变化,技术非连续意味着至少其中一个方面发生重大变化。但是,技术非连续的内涵很不一致,且与激进式创新相混淆。Ehrenberg(1995)认为技术进步包括主导技术连续和非连续以及子技术连续和非连续。根据主导技术非连续和子技术非连续的经济效果分为三种情况:一是产生了新产业,二是现有产业内出现了新产品对现有产品形成了替代,三是推动了现有产品或工艺的完善与改进。本质上看,技术非连续中绝大多数仍然属于渐进式技术创新范畴,例如计算机行业中,由真空管到电子管再到晶体管等,虽然从子技术系统视角看属于技术非连续或者激进式技术创新,但从计算机的主导技术系统视角看则属于渐进式技术创新的范畴。

六、熊彼特创新和增长理论与产业升级

熊彼特创新理论下的创新包括采用新产品、新生产方法、开辟新市场、拥有某种生产要素的供应来源、新组织等五个方面,后来学者将之分别对应于产品、技术、市场、资源配置和组织(制度)创新。该理论的核心观点是:第一,强调创新的内生性;第二,强调创新的革命性、创造性毁灭,不断淘汰旧有产品。20世纪90年代初中期,熊彼特增长理论将创新内生化,并分析了创新与产业发展的内在机制;强调创新、研发、知识积累(knowledge)和思想(idea)在推动技术创新和产业升级中的显著作用,因而也被称为以研发、知识、创新为基础的增长理论。严成樑、龚六堂(2009)在Dinopoulos与Sener研究基础上提出熊彼特增长理论的两个核心特征:一是内生的研发和创新是技术创新和产业增长的决定性因素,研发投入量以及创新速度是由市场主体的最优化行为决定

的;二是企业研发投入和创新的目的在于获取垄断利润。经济增长、产业升级主要通过水平和垂直创新两种模式来实现。水平创新(研发投入、中间产品数量与种类)模式下,新旧产品共存于市场。垂直创新(研发投入、产品升级换代)一般被认为具有"毁灭性",表现为新技术取代旧技术、新产品取代旧产品、新企业取代现有企业。创新与产业升级、经济增长的作用机制是:厂商为攫取垄断利润而不断增加研发投入,从而创造出新知识、增加知识存量即推动技术创新,进而推动新产品、新方法出现,最终传导到整个产业促进经济增长。

值得注意的是,这里的创造性毁灭并不是由全新的技术创新导致,只是由于产品质量的提升对原有质量低下的产品的淘汰。熊彼特认为,创新的确能够摧毁旧产业、发展新产业。但同时,他还强调旧有产业要按照一定的秩序进行撤退。这一点具有重要实践意义。那种一味地将产业升级寄望于"新经济"而认为传统产业毫无希望、实现"跳跃式"发展的观点是极其错误的。"新经济"与"旧经济"融合发展,以新经济改造旧经济,产业升级才能顺利进行,而不是抛弃传统产业一味追求新兴产业。

第三节 渐进式技术创新推动产业升级的渠道与可行性

一、渐进式技术创新推动产业升级的渠道

(一)渐进式技术创新通过促进激进式技术创新的成果转化推动产业升级

激进式技术创新虽然对产业升级具有根本性作用,但是其在出现的初期阶段并不完善,市场影响也不大。许多案例中,激进式创新的创造性破坏效应短期内并未显现,甚至对企业绩效具有负面影响(Freel et al.,2004)。激进式技术创新的影响需要通过渐进式技术创新才能逐步实现。钱德勒、冯·图泽尔曼、佩蕾丝以及钱时惕(2007)、贾根良(2014)、何传启(2011,2012,2014)等的研究表明,历次工业革命都是百年周期,并且由奇数长波和偶数长波构成。仅靠奇数长波(激进式技术创新)并不能够引发产业革命,只有通过偶数长波才可能引发产业革命。而偶数长波是以上次奇数长波为基础,且具有连续性。20世纪60年代,亚洲四小龙(韩国、中国台湾、新加坡和中国香港)实现了30多年的经济腾飞,于20世纪90年代末步入高收入国家或地区行列;中国改革

开放以来创造了"中国奇迹";历史上,美国、德国先后于19世纪末、20世纪初实现对英国的赶超。在第二次工业革命开始时,美国并不是新技术的最初发明者,巨大的国内市场规模是美国抓住第二次工业革命"机会窗口"的决定性因素(贾根良,2013)。有学者将日本崛起的原因也归纳为渐进式技术创新,而不是激进式技术创新。总体上看,这些经济体的发展归因于后发优势和渐进式技术创新策略的运用。越来越多的案例表明,渐进式技术创新成为经济增长、产业结构调整的重要原因。Puga等(2005)指出越来越多的低收入国家不是通过所谓"大创意",而是通过能够保持领先的持续的渐进式创新推动经济增长、产业结构升级。多数北欧经济体属于发达行列,在产业分工中处于有利位置,比如德国工业制造世界有名。但是,研究表明德国等经济体产业竞争优势不是通过激进式技术创新获得,而更多来源于渐进式技术创新。比如,Casper等(2005)通过分析德国和美国1983—1984与1993—1994年的产业专业化的专利数据表明,德国倾向于专攻成熟但相对复杂的产品,包括错综复杂的生产工艺和售后服务,与密切的长期客户联系,其中包括大多数工程和工艺导向的工业(机床、工程元件、发动机、材料加工等)。

(二)渐进式技术创新通过促进知识积累、吸收和独占能力提升产业绩效

渐进式技术创新既可以通过量变质变规律实现激进式技术创新进而重塑产业结构,也可以通过知识积累、吸收,独占能力,模仿性创新形成核心能力并提升产业绩效。连续改进不断促进组织革新,防止组织僵化。Robert E. Cole(2002)认为连续改进通过以下几方面直接或间接地影响着产业组织、结构的变迁。第一,连续性改进通常为了组织改进而动员大量员工,这与大规模创新常常仅仅包含少数专家正好相反。广泛地动员员工的潜在贡献是巨大的。第二,大系统中的一些"小胜利"(small wins)可以并行地、连续地出现,从而产生大量的变化,进而导致巨大的效果。第三,一系列小胜利往往先于大的变化,小胜利使得大规模变化成为可能。对炼钢中引入转炉技术的研究很好地说明了这一过程(Lynn,1982)。第四,革命性的变化往往以系列的小胜利为基础。率先在丰田公司出现的机器安装时间和换模时间的逐渐减少对改变轿车产业小批量生产经济学产生了革命性的影响。第五,小胜利能够促进立足于日常工作的学习,正是这种学习方式最有可能转化为有效的工作实践。第六,小胜利具有随机性,分布广泛。这些探索的异质特性意味着它们更容易发现意想

不到的环境特性,促进有益的学习。第七,微小的工艺改进(wins)常常是以不易引起注意、不易被对手模仿的隐性知识为基础。大规模变化和产品创新则不同,主要以显性知识为基础,并通过逆向工程提供给竞争对手。如果拥有的知识是隐形的工艺知识,就易于维持竞争优势。总体而言,正是小改进的长期积累才构成大部分技术进步的原因,从而推动产业渐进式升级。

知识吸收、占有能力以及模仿性创新也是提升企业、产业绩效的重要途径。企业潜在吸收能力(即从外部渠道获取知识的能力)和知识独占能力(appropriability)即保护创新、核心知识不被模仿的能力对渐进式技术创新具有正向推动作用(Ritala et al.,2013)。实证研究表明,知识积累能力和组织规模对渐进式创新绩效均有正向影响(Forés et al.,2016)。Veronica Scuotto 与 Sunil Shukla(2015)从模仿创新视角分析了渐进式技术创新推动竞争优势形成的两大驱动力和四个维度,即创新网络系统(NIS)和知识利用方法(knowledge exploiting approach),以及 NIS 中环境和制度两个维度,知识利用方法中能力培养和熟练人力资源两个维度。开放式创新型企业利用外部资源和自身网络系统能力,通过技术改进和更低的生产成本创造类似产品以提高企业绩效和技术能力。在高度竞争的环境中,通过知识利用方法建立无形资产以及与创新网络系统保持较强联系是渐进式技术创新战略成功的两个关键要素。模仿创新战略通过构建学习型组织收集市场、竞争者和技术信息并将这些知识资源转化为学习和战略性的行动以获得立即回报。企业可以通过适当执行模仿创新战略获得创造性的新产品;而与之相反,Jirjahn 和 Kraft(2006)则认为公司运用外部知识能够赶上技术领导者,但是不能够超越技术前沿。

(三)渐进式技术创新通过创造差异化获取产业竞争优势

Varadarajan(2009)指出企业的差异化竞争优势很容易被竞争对手行为反应和消费者偏好变化侵蚀,需要通过渐进式创新持续探索获得差异化竞争优势的新途径。渐进式创新从以下六个方面获得竞争优势:第一,延长、拓展激进式创新收入流的时间范围,即可以通过改进、升级换代等获得新维度上的竞争优势;第二,进入新市场拓展技术应用范围,包括进入新类型市场、新的细分市场和新的地理市场;第三,进入新产品市场,包括进入那些新的、零散的(fragmented)产品市场(主要是企业数量多而市场份额小的产业),进入监管环境发生变化的产品市场,拓宽产品线进入拥有地位稳固竞争者的相关产品市场;第四,通过创造产品差异和目标市场定位、多品牌战略实现和维护产品类别领导地位;第五,制定更高的价格或者溢价;第六,适应产业生态系统的结构特征。王晟、陈松(2010)研究表明温州模式属于典型的渐进式技术创新获取产业竞争优势的模式,即通过创新开发新产品、提高产品质量、节约原材料、节约能源、降低成本等获得优势。

二、渐进式技术创新者实现产业升级和竞争优势的可行性

(一)实证研究的可行性

大量实证研究文献表明,通过渐进式技术创新,企业可以占据产业有利位置并获得竞争优势。企业 MySQL AB 并没有引入主要的技术创新,而只是对基本技术进行微小的渐进式改进,却获得了竞争优势(Holck et al.,2008)。其经验做法可以归纳为七个方面:依靠现有标准以减少转换成本、区分有则更好(nice-to-have)与必有特征(must-have-features)、通过开发商业和非商业产品版本寻求供给侧规模经济、培育和协同用户社区、利用社区降低产品测试和营销成本、执行双重许可策略、链接市场和社区的力量。笔者还认为破坏性创新(Christensen,2003)和架构创新(Henderson et al.,1990)属于渐进式创新的范畴。Geroski 和 Markides(2004)指出,Lotus1-2-2 比 Visicale(扩展表格软件)、JVC 公司的 VHS 系统比 Philips(录像机)、Internet Explorer 比 Netscape(互联网浏览器)更加成功,证明了最先采用新技术进入市场的企业被后来者所超越,即"第二最优"是存在的。Junior(2014)研究巴西汽车产业后认为,产业发展中形式化(formalization)和标准化是推动渐进式技术创新和产业升级的必要条件。Lin 与 Chen(2013)通过对台湾地区中小型企业的研究发现,渐进式技术创新是中国台湾省中小型企业市场绩效上升的重要原因;渐进式创新占了 41.3%,激进式创新占了 41.5%,表明渐进式创新至少与激进式创新具有同等重要的作用。毛蕴诗、温思雅(2014)通过案例研究得出三个结论:第一,通过产品改进、换代升级和拓展、嵌入产业价值链以及比较优势可以获得竞争优势;第二,渐进式技术升级可实现传统产业转型升级;第三,渐进式产业技术升级是持续、多次、交叉和循序渐进的升级活动。渐进式技术创新是占据产业制高点、进行产业升级的普遍而效果较好的策略。中国高铁产业升级具有显著的代表性。依靠巨大的内需市场规模,中国分别引进德国、法国、日本、

加拿大等国家的高铁技术,然后开展渐进式技术创新,并不断取得突破,掌握了高铁产业的核心技术,从而获得竞争优势,走在了世界前沿(程鹏等,2011;李政,2015)。而失败的案例也很多,以汽车产业最具代表性。当时,中国汽车产业采取以"市场换技术"策略,结果既失去了市场,也没有换来核心技术。目前,汽车产业核心技术仍依赖国外;航空产业如此,光伏产业(柳卸林,2012)、计算机产业亦如此(吴绍波 等,2014)。原因就在于将产业升级寄希望于引进国外科学技术,而忽略了渐进式技术创新。

(二) 理论研究的可行性

激进式技术创新者可以率先进入渐进式技术创新过程,并不断自我强化竞争优势。在同样条件下,后进入者无论在激进式创新还是渐进式创新方面都处于相对不利的位置。但是,这并不意味着后进入者就没有机会与之竞争,关键是找准产业进入的切入点。总体来看,在激进式技术创新的前端切入获得成功的概率相对较大。

首先,激进式技术创新。第一,在世界技术前沿,所有国家和产业处于同一起跑线上,在前沿领域进行渐进式创新是获得激进式技术创新的重要策略。第二,技术创新商业化、产业化的过程需要渐进式技术创新使之与市场需求相适应。技术选择理论假说(Lin,1994,1996)认为技术选择内生地决定于既定要素禀赋条件下的经济结构。只有技术选择符合要素禀赋、经济结构等才能推动产业发展。第三,激进式技术创新需要以一定的市场规模作为基础和支撑。没有市场规模就无法开展渐进式技术创新,激进式技术创新的经济绩效也就无法得以体现。

其次,渐进式技术创新。后来者通过渐进式技术创新同样可以获得产业竞争优势。第一,在主导设计阶段,进入者可以通过参与主导设计竞争,在某一设计方向形成突破和核心技术。第二,主导设计产品确定后,企业进入技术与市场适应、匹配过程,通过渐进式创新进行再创新,并与本地市场、产业相结合发挥学习曲线效应。第三,技术创新的互补性。技术创新往往是技术系统、技术集群的创新,可以通过技术、资源互补性嵌入产业。熊胜绪、方晓波(2010)指出在原有技术领域,渐进性创新能更好地利用其互补技术与互补资产,获得更好的创新效益:一是可以形成自己的核心技术体系,并在保留原有产品和市场的基础上,实施多元化战略,以规避不确定性和风险;二是可以在现有技术路径上进行产品线拓展、产品持续改进并升级换代,延长产品生命周期,实现创新价值链延伸;三是依托互补资产进行渐进性创新还有利于企业节省创新成本。第四,技术标准化阶段,可以充分发挥范围经济、规模经济效应,然后再通过渐进式技术创新策略形成竞争优势。

第四节 研究述评

现有文献对技术创新渐进性的内涵、特征、作用以及与产业升级的关系进行了初步研究,但是还存在许多问题需要进一步研究。

第一,渐进式技术创新的定义不统一。现有文献对激进式技术创新的界定不统一,直接造成了渐进式技术创新定义的不统一,比如有些本质上相同的创新在不同的研究中既可以是激进式也可以是渐进式创新。现有文献主要从渐进式技术创新、技术连续与非连续、连续改进、产品创新和工艺创新等角度进行研究,多强调对现有产品或工艺、知识、市场、服务的改进;强调激进式和渐进式技术,而很少注意到激进式科学和渐进式科学;激进式与渐进式是按照创新程度来划分的,但是创新程度本身具有极大模糊性。实践中,某一具体产品是一个技术系统,包含多个子系统。总系统和子系统都可能发生激进式和渐进式创新,而从不同角度来看,既可以是渐进式也可以是激进式创新。

第二,以定性研究、个案研究为主,不具有代表性。在产业升级中,没有明确区分技术创新的类型,侧重于宏观和微观的一般描述;产业层面的研究也多以案例研究为主,代表性不够;缺乏定量分析。

第三,渐进式技术创新与产业升级之间的内在机理仍不明朗。渐进式技术创新向激进式技术创新的转化过程、转换途径是什么?渐进式技术创新推动产业升级的途径是什么?激进式和渐进式技术创新是否兼容?如何充分利用渐进式和激进式技术创新共同推进产业升级?这些问题还需要进一步探讨。产业升级既需要科学理论的重大突破、关键技术的突破,又依赖于新产品对传统产品的改进,新产品的产业化、规模化和市场化;既需要技术的重大进步又需要重视新技术的创新与产业化。

第四,渐进式和激进式技术创新适用边界模糊。渐进式和激进式具有不同的特征,其在不同产业中的作用存在差异。现有文献零星地提到了这一点,但是没有深入探讨其适用的产业条件。

从技术创新和产业发展史可以看出，技术创新是渐进—激进—渐进—再激进—再渐进的循环往复的演化过程，并以此方式不断推动着产业升级；激进式技术创新具有偶发性、不确定性，不经常发生且发生时间周期较短，而渐进式技术创新具有长周期性，是常态。激进式技术创新的经济效应依赖于渐进式技术创新才能得以体现；激进式技术创新并不是最终目的，关键是其产业化，并对传统产业加以改造、升级。基于这种认识，创新驱动既要重视对前沿性的重大技术创新的渐进式探索，也应重视对现有产业技术的改进，推动现有产业技术进步和内涵式扩大再生产是创新驱动的立足点。

第三章
技术创新的渐进性与产业升级：
内涵、测度方法

第一节 技术创新的渐进性演化

通过对现有文献的回顾与梳理发现，现有研究普遍采用宏观和微观视角、市场与技术维度作为技术创新分类的依据标准。这些视角或维度并不能涵盖全部创新类型。在识别创新时，不应单一从宏观和微观、技术与市场视角来考察，有必要引入产业、产品等维度，并且将这六个维度放在同一框架下加以审视才更加全面、合理。

一、技术创新类型及不一致性表现

（一）创新类型

通过梳理现有文献，创新类型主要有四种分类法。第一，五分类法，包括系统创新、大创新、小创新、渐进创新和隐性创新（Freeman，1994）。第二，四分类法，包括渐进式创新、模块化（modular）创新、架构（architecture）创新和激进式创新（Henderson et al.，1990）；利基（niche）创新、架构创新、常规（regular）创新和革命性（revolutionary）创新（Abernathy et al.，1985）；渐进式创新、演化市场创新、演化技术创新和激进式创新（Moriarty et al.，1990）；渐进式创新、市场突破创新、技术突破创新和激进式创新（Chandy et al.，2000）；渐进式创新、架构创新、融合（integration）创新和突破式（breakthrough）创新（Tidd，1995）。

第三,三分类法,包括低度(low)创新、中度(middle)创新和高度(high)创新(Kleinschmidt et al.,1991);渐进式创新、新一代创新和全新(radically new)创新(Wheelwright et al.,1992);激进式创新、真正新颖创新(really new innovation)、渐进式创新(Garcia et al.,2003)。第四,二分分类法,包括不连续创新和连续创新(Robertson,1967;Anderson et al.,1990);工具创新和最终创新(Grossman,1970);变异创新和再定位(reorientation)创新(Normann,1971);真实创新和采纳创新(Maidique et al.,1984);原始创新(original)和改造创新(Yoon et al.,1984);创新与再创新(Rothwell et al.,1988);激进式创新和常规创新(Meyers,1989);演化(evlution)创新和革命性(revolutionary)创新(Utterback,1996);维持性(sustainable)创新与破坏性(destructive)创新(Christensen,1997);真正新颖(really new)创新与渐进式创新(Schmidt et al.,1998;Song et al.;1998);突破性创新和渐进式创新(Rice et al.,1998);激进式创新和渐进式创新(Balachandra et al.,1997;Atuahene - Gima,1995;Freeman,1994;Kessler et al.,1999;Lee et al.,1994;Schumpeter,1934)。根据技术创新来源分为封闭性(closed)创新和开放式(open)创新(梅亮 等,2014;赵放 等,2013;盛济川 等,2013;张振刚 等,2015;张永成 等,2015)。

(二)创新类型比较及不一致性表现

以上不同的分类存在概念上的模糊性和不一致性并为实证研究带来困难。要么相同的名称代表不同的创新分类,要么相同的创新在不同分类中被命名为不同的名称。现选取其中具有代表性的四类进行分析和比较。

1. 连续与不连续创新

Utterback(1996)认为不连续的变化或者激进式创新的定义为:"通过不连续变化或者激进式创新意味着改变,清除了企业在技术技能和知识、设计、生产技术、工程和设备方面的现有大部分投资。"他认为,企业或者产业层面的断层(dislocation)或不连续通常伴随着激进式创新的引入。连续(渐进式)创新则是趋向于企业或产业内的标准化并维持现状。

2. 创新与再创新

Rothwell 与 Gardiner(1988)关注技术不连续方面,强调对现有创新的再创新或改进。创新和再创新的二分法下面还包括几个二级分类。创新是指具有里程碑意义的全新发明,并因此创造出新产业。再创新是产业世界的主导部分。再创新促使现有技术不断改进现有产品设计(渐进式),新技术不断改进现有产品(代际,generational),现有技术创造新产品(新标志性产品),改进的材料改善现有产品(改进,improvements),新技术提高现有产品子系统(小细节,minor details)。

3. 高、中、低度创新

Kleinschmidt 与 Cooper(1991)提出的三分法包括高度创新、中度创新、低度创新。高度创新性产品包括世界新颖产品、企业新颖产品,也是市场新颖产品。中度创新性产品包括企业层面的较少创新性的新产品线和现有产品线的新产品。低度创新包括修正、成本削减和重新定位(repositioning)。

4. 利基创新、架构创新、常规创新和革命性创新

Abernathy 与 Clark(1985)的矩阵分类法,着重描绘技术能力与市场环境之间的竞争意义。创新可以分为利基创新、架构创新、常规(regular)创新和革命性创新。利基创新是指稳定且明确界定的现有技术经过进一步改良、改进或改变以维持新的市场地位。这些改进以已有技术能力为基础,提高了产品在新兴市场的适用性。架构创新是指通过新产业或者重新变革现有产业与新技术建立新的市场联系。它们设定了产业的未来架构。常规创新是指以现有市场和客户为目标、在既有技术和产品能力基础之上的创新,通常包含工艺技术的渐进式改进。革命性创新破坏现有技术和生产能力并使其变得过时,但是仍以现有市场和客户为目标。

以上四种分类方法对相同的创新给出了不同的术语称谓。比如,打字机在不同的分类中就存在不同的定位。Utterback 认为,打字机先后经过手工打字、电动打字、专用处理器和个人电脑的演变过程,具有显著的不连续现象。20世纪初期,在大型手动打字机企业中,没有任何一家企业能够成功地赶上电动打字机的潮流;只有作为局外人的 IBM 才开发出了电动打字机产品和市场。基于此,他将电动打字机归为激进式创新,因为新技术带来了产业不连续和新的竞争者。Rothwell 与 Gardiner 的分类法将"渐进式"设计看成是增加了激进式的新特征以提升现有创新。因此,他们将由手动到电动打字机的技术进步视为渐进式创新。Kleinschmidt 与 Cooper 则将打字机技术演化视为中度创新,而 Abernathy 和 Clark 则称之为革命性创新。

二、渐进式技术创新的演化逻辑

创新是一个连续集合。为了更加清晰地理解创新的连续性和渐进性,有必要重新对创新进行分类。

(一) 四维度分类法

Rosanna Garcia 和 Roger Calantone(2002) 分别从宏观、微观和市场、技术等四个维度对创新进行了重新分类(简称 R-R 分类法),一共有八个创新小类别,并分别归为激进式创新、真正新颖性创新和渐进式创新三大类(表 3-1)。

表 3-1 四维度分类法类型

宏观市场非连续	宏观技术非连续	微观市场非连续	微观技术非连续	类别
1	1	1	1	激进式创新
1	0	1	0	
0	1	0	1	真正新颖性创新
1	0	1	1	
0	1	1	1	
0	0	1	1	
0	0	1	0	渐进式创新
0	0	0	1	

注:"1"表示"非连续","0"表示"连续",下同;其他组合不可能存在,即如果一项创新在宏观层面不连续,那么其在微观层面也将是不连续的。

资料来源:根据 Rosanna Garcia 和 Roger Calantone(2002)的研究整理。

但是,这种分类方法依然存在诸多问题:第一,只考虑了技术和市场两个维度,而没有考虑到产品维度;第二,将产业等同于市场,而两者是不同的范畴;第三,将产业结构与产业内升级等同。技术创新可以产生全新的产业,从而拓展、丰富产业结构,也可以仅仅是产品升级换代,从而推动产业升级但并不怎么影响产业结构。基于此,有必要将产业和产品维度加进来,这样才能更真实地反映科技创新和产业变迁。

(二) 六维度分类法与技术创新演化

在 R-R 四维度分类法的基础上,增加了产业(industry)维度和产品(product)维度,并与宏观(macro)维度、微观(micro)维度、技术(techonlogy)维度、市场(market)维度一起构成了六维度分类法(简称 MM-IPTT),从而存在六种非连续的情况,即宏观技术不连续、宏观产业不连续、宏观市场不连续、微观技术不连续、微观产品不连续和微观市场不连续。宏观技术不连续是指技术创新属于世界新颖、产业新颖,这项科学技术是以前尚未出现的新生事物。宏观产业不连续是指由于新的科学技术发现、发明而创造了全新的产品和产业;这些产品和产业对现有产业世界而言是全新的事物,进而导致现有产业的不连续。宏观市场不连续是指,科技创新产业化的前提需要存在全新的市场给予支撑,从而也开辟了全新的市场,导致市场不连续。微观技术不连续是指对企业而言技术创新是新颖的,即企业以前尚未发现、运用的新技术;而这项新技术可能属于宏观技术不连续的范畴;但是,如果企业技术不连续是世界新颖或者产业新颖的,那么,这项技术就自然归为宏观技术不连续。微观产品不连续是指企业由于采用新技术(对企业而言)、改进新技术、融合(构造、架构)新技术而生产出新产品;这项新产品仍然属于现有产业内产品,或者增加了新功能或者采用了新的设计、外观。微观市场不连续是指企业开发出的新产品改变了现有市场格局,要么满足现有市场客户的新需求,要么发现、开拓了新的空白市场领域。

如果从宏观维度加以考察技术与产品、产业变迁,那么技术创新则可以被划分为四种基本类型(表 3-2)。

表 3-2 基于六维度分类法的基本类型

宏观技术不连续	宏观产业不连续	宏观市场不连续	微观技术不连续	微观产品不连续	微观市场不连续	类别
1	1	1	1	1	1	1
0	0	0	1	1	1(新市场)	2
0	0	0	1	1	0(原市场)	3
0	0	0	0	0	1(新市场)	4

注:"1"表示"不连续","0"表示"连续"。

资料来源:根据 Rosanna Garcia 和 Roger Calantone(2002)的研究整理。

以上反映的是四种一般情况:

第一种是激进式技术创新,指世界范围内首先出现了新科技创新,然后按照新科技创新—全新产品—全新市场—全新产业的逻辑进行演化。这种科技创新可以是单项科技创新,也可以是科技创新簇群,比如前三次科技革命以及正在发生的科技革命。

第二种是指企业首先采用了新的技术创新,然后按照新技术创新—新产品—新市场的逻辑演化。这种创新类型开辟了新市场。

第三种是指企业引入了新的技术创新,按照新技术创新—新产品—加强原市场势力的逻辑演化。这种创新虽然没有开辟新市场,但是通过技术创新加强了现有市场的地位。

第四种是市场创新。企业发现了新市场,然后将原有产品推向新市场。这种创新创造了新需求,开拓了新的市场空间。

但是,这样划分存在的一个明显问题是没有体现企业层次的创新。其中,微观层面企业技术不连续还应该包括两种情况。一是在激进式技术创新、现有科技范式内的进一步创新即再创新,创造了新知识,是一种边际上的增量,增加了知识存量,但还不足以产生宏观技术上的不连续。二是引入了其他领域的科学技术进行技术融合再创新。这两类创新都不能改变现有技术范式,即都不属于宏观技术不连续,但是可以通过创造新知识、增加现有知识存量以及扩大现有技术应用的广度与深度,推动着产业结构的变迁和升级。如果把这两种情况考虑进来,就会出现以下八种新情况。

如果企业技术不连续属于技术边际创新,那么有四种情况:

(1) 边际创新—产品不连续—市场不连续
(2) 边际创新—产品不连续—市场连续
(3) 边际创新—产品连续—市场不连续
(4) 边际创新—产品连续—市场连续

如果企业技术不连续是指技术融合创新,那么又有四种情况:

(1) 融合创新—产品不连续—市场不连续
(2) 融合创新—产品不连续—市场连续
(3) 融合创新—产品连续—市场不连续
(4) 融合创新—产品连续—市场连续

这样,就将创新分为十个类型(见表3-3):

第一类:激进式技术创新(一属于此类),是指世界范围内首先出现了科技创新,导致新技术范式对旧范式的替代,既可以是单项技术创新,也可以是技术创新簇群,比如前三次科技革命。激进式科技创新直接产生了全新的产品和产业,并通过技术扩散、融合推动着产业全面升级。二至十类创新虽然并不能够产生全新的产业,但是却能够推动产品升级换代进而实现产业不断优化升级。

第二类:边际技术创新(二至五属于此类)。企业在现有技术范式内对未知领域的进一步开拓,创造了新知识,增加了知识存量;但也可能是为下一个新技术范式的出现而进行的知识积累,还不足以产生激进式技术创新。我们暂且将第二至第五类创新分别称为探索性(exploring)原始创新、探索性产品创新、探索性市场创新、探索性知识创新。探索性原始创新既开发了新产品也开发了新市场;探索性产品创新仅仅开发了新产品但是依然保持在原有市场;探索性市场创新仅仅开拓了新市场,但是此时的产品因新知识的出现而得到了进一步改善,加强了现有市场地位;探索性知识创新没有形成新产品、新市场,但是增加了新知识。

第三类:融合技术创新(六至九)。融合创新是通过将不同领域的技术重新组合、架构的形式推动现有科技知识的新发现、新应用、新组合。从其作用来看,有时可能产生新的产品种类,具有较大的市场效应甚至是颠覆性效应;也可能创造新价值、新效用,开辟出新的需求和市场。我们暂且将六至九小类分别称为开发性(exploiting)融合创新、开发性产品创新、开发性市场创新、开发性技术创新。开发性融合创新通过技术融合创造了新产品或者是实现了产品迭代、产品升级换代,也开拓了新市场;开发性产品创新是通过技术融合创造了新的产品种类或者丰富了产品线,但是依然属于原有市场;开发性市场创新是通过技术手段开拓了市场空间,创造了新的市场需求;开发性技术创新没有创造新产品和新市场,但是在技术前沿领域积累了新知识和新构思,是一种技术知识积累。

第四类:市场创新。该类创新发现并创造了新的空白市场。

表3-3 六维度分类法的全部类型

序号	宏观技术不连续	宏观产业不连续	宏观市场不连续	微观技术不连续		微观产品不连续	微观市场不连续	类型
				边际	融合			
一	1	1	1	1		1	1	激进式技术创新

续表

序号	宏观技术不连续	宏观产业不连续	宏观市场不连续	微观技术不连续 边际	微观技术不连续 融合	微观产品不连续	微观市场不连续	类型
二	0	0	0	1	0	1	1	边际技术创新
三	0	0	0	1	0	1	0	边际技术创新
四	0	0	0	1	0	0	1	边际技术创新
五	0	0	0	1	0	0	0	边际技术创新
六	0	0	0	0	1	1	1	融合技术创新
七	0	0	0	0	1	1	0	融合技术创新
八	0	0	0	0	1	0	1	融合技术创新
九	0	0	0	0	1	0	0	融合技术创新
十	0	0	0	0	0	0	1	市场创新

注:"1"表示"不连续","0"表示"连续"。

资料来源:作者整理。

通过六维度分析法将技术创新进行系统分解后发现,技术创新显示出明显的创新谱系,即按照创新性,创新可以依次分为十个子创新类别(图3-1)。该图表明,按照创新程度,技术创新有一个从小到大的依次递进过程,直到出现激进式技术创新。知识、技术进步来源于市场需求和生产实践。在市场和实践中不断发现、积累知识包括显性和隐性知识,并为了满足市场而不断探索新知识、新技术,不断提升技术水平、改善产品质量和生产工艺。这里,激进式技术创新是终点。如果将该图反过来,激进式技术创新就成了起点,然后,通过渐进式技术创新不断完善、改进激进式技术创新,并且向该产业和其他产业扩散(图3-2)。

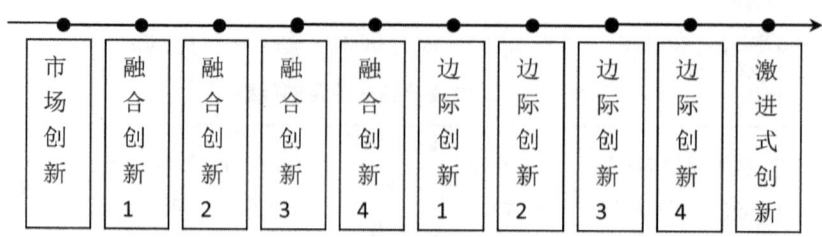

图3-1 激进式技术创新演进

注:创新性由左至右依次增强。

资料来源:作者整理。

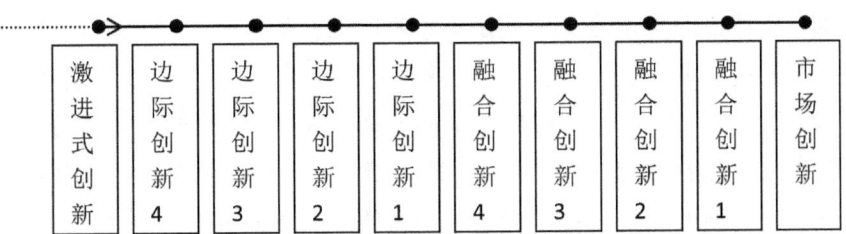

图 3-2 渐进式技术创新演进

注：创新性由左至右依次减小。

资料来源：作者整理。

第二节 技术创新的渐进性界定

一、激进式技术创新的缺陷及内涵

（一）激进式技术创新的技术标准不明确

熊彼特强调技术创新对原有企业竞争优势基础的削弱，致使现有技术过时；Abernathy 和 Utterback 则强调技术创新体现为新产品、新产业和新市场；Chandy 与 Tellis 认为激进式技术创新是一组差异化的核心技术；Greg 和 James 则认为激进式技术创新是首次引入市场的新产品和新技术，并且往往与重大科学发明联系密切。这些概念忽略了科学进步对激进式技术创新的影响。激进式技术创新首先要以科学进步、科学发明为基础，而不是基于以前使用的那些科学和原理。但是，科学进步、科学发明与技术创新还有一定的距离，很多科学发明并不能直接转化为技术创新。正是因为对"激进"概念的不同理解导致了激进式技术创新的不同内涵。基于此，本书假定激进式技术创新是在新的科学发现、科学发明和工程原理基础之上的技术创新；如果科学和工程原理没有发生变化，就不能称之为激进式技术创新；即使是一项前所未有的新产品，其依然是渐进式技术创新的范畴。

（二）激进式技术创新的判定标准不统一

现有研究一般采用事后的市场绩效优势检验，进行反向推导，具有一定的局限性。假设新技术比旧技术更具有绩效优势固然重要，但是这一假设也会导致系列难以克服的问题。首先，新技术与旧技术之间的关联性如何判断？

新技术是仍然以旧技术为基础还是根本不同的科学原理？苹果公司被认为是具有颠覆性的企业，其推出的 iPhone 系列受到市场追捧。但是，从技术创新角度看，苹果手机只不过是对现有技术的再架构和整合，并没有全新的技术创新。其次，市场绩效标准是一个动态概念，是不断变化的，而且，应该在何时比较也不清楚。新的激进式技术的出现使得原先的绩效标准不再有效。激进式技术刚出现时，往往没有既有技术表现好；也许在随后的某一时点才会超过既有技术（Christensen et al. ,1995；Dosi ,1982；Foster ,1985）。企业引入激进式技术创新的绩效大小与企业的异质性密切相关，比如企业处理激进式技术变革的方式与效果是企业以往知识的函数。所以，根据结果来定义外部冲击是不正确的。基于此，本书假定激进式技术创新，一方面能够带来新产品、新产业，拓展产业结构，丰富产业内容，也能够提升产业技术价值链地位，一方面能够增加人类福利，改善产品质量，提高劳动生产率。

（三）激进式技术创新的量化标准缺失

目前，激进式创新依然是"易于直觉判断而不容易定义或测算"的相当含糊不清的概念（Dewar et al. ,1986）。Dahlin、Behrens（2005）提出了三个标准和具体的操作识别方法。常用的有两种方法。一是将专利看作创新过程的重要投入，并考察专利引用数量、质量和时间分布的意义。例如，采用一项发明的后向引用量和平均引用时滞来测量新技术对旧技术的影响程度（Hall et al. ,2002）。二是测量一项专利引用不同领域知识的程度（Henderson et al. ,1997）。然而，运用专利作为指标则将观察范围局限于了那些被授予专利权（有专利权）的专利，而没有将那些不成功的激进式发明包含在内。此外，平均引用滞后时间特别长，并且引用专利的分布也受多重趋势的影响（Hall et al. ,2002）。多数研究结论只对于那些有显著市场影响力的成功技术才正确（Fischhoff ,1982；Tellis et al. ,1996；Poel ,2003）。在前两个假定的基础上，激进式技术创新的量化测量，需要同时采用科学发现发明和新产品两个指标，然后再加上福利提高、生产率提升的标准。

（四）激进式技术创新假定企业同质性不符合实际

激进式技术创新假定新技术对产业中所有企业的影响是相同的。然而，企业同质性假定仅仅对先验知识才有效，并不适用于其他企业特性（与先验知识高度相关的特性）。因此，如果使用能力破坏这个定义，那么，就会面临内生性问题。激进式技术创新对企业的影响程度受到企业技术基础、消化模仿、创新能力等相关因素的制约。激进式技术创新对产业升级的影响一般呈现出由点到线再到面的特征,并不会一开始就有全面而同质的影响。在现有研究的基础上,本书认为激进式技术创新是指在重大科学进步、科学发现、科学发明的基础上而进行的技术创新,并最终形成新产品、新产业,进而向其他产业进行扩散,导致产业全面升级。

二、渐进式技术创新的缺陷及内涵界定

现有文献从不同视角对渐进式技术创新进行了界定。经过梳理,代表性的观点主要有范式观、改进观、市场与用户观以及连续与非连续观四种。这四种观点代表了当前对渐进式技术创新的最新研究成果。然而,这四种观点仍然具有局限性。

首先,范式观强调技术创新按照既定范式和轨道进行连续演化,揭示了渐进式技术创新的一般特征及其与产业升级的一般规律。但是,范式观不能够解释范式转换的过程,也不能够解释渐进式技术创新推动激进式技术创新产生的过程。其次,改进观强调渐进式技术创新是对现有技术、产品等的拓展、改良、改进,具有较强的积累性。但是,该理论忽略了既定技术水平下技术扩散与应用的过程,不能够解释既定框架下对新技术、新产品的开发应用;也不能够解释技术架构、技术融合拓展产品范围的规律。再次,市场与用户观强调渐进式技术创新服务于现有市场和多数用户,而将满足于其他新市场、新用户的技术创新称为激进式技术创新,明显不符合实际。满足于其他新市场、新用户的新技术更多是以现有科学原理和工程原理进行的再创新、再架构,并不是激进式技术创新。最后,连续与非连续观强调产业技术演化是连续和非连续的过程。技术连续与非连续的判断标准存在较大的模糊性。比如该观点将平板玻璃到浮法玻璃的演化视为技术非连续。其实,浮法只是平板玻璃的新式成型方法,只不过浮法工艺更加先进,产品质量更加优秀而已,二者并没有根本上的科学和工程原理上的差别,仍然属于渐进式创新范畴。

基于以上的考察,本书将渐进式技术创新的内涵做以下概括。第一,渐进式技术创新以现有科学原理为基础发现新知识、新原理,根据材料、工艺、设备等条件进行技术创新、技术集成创新,进行新产品、新工艺的实验、试制、开发,

最终形成新产品、新工艺并投向市场；在此基础之上进行产品迭代创新，实现产品升级换代，比如通信技术由 2G、3G 逐渐向 4G、5G、6G 升级，计算机产业技术不断向更强、更快、更经济等功能式升级等。第二，在既定框架、范式、轨迹内进行连续演化，是对现有知识、技术、市场、工艺、产品与服务的拓展与改进。第三，由大量、微小的改善或者简单的调整构成，是对激进式技术创新的进一步完善与提升；虽然技术创新程度相对微小，甚至感觉不到变化，但可以提高生产率，降低生产成本，进而增强产品和产业竞争优势。第四，具有较强的积累效应，并具有重要的商业价值；大量的小创新达到一定程度就会导致重大创新的产生。

三、技术创新的渐进性内涵界定

技术创新的渐进性是相对于技术创新的革命性突破而言的，即在研发和生产过程中，通过对材料、工艺、元器件或零部件、产品设计以及生产设备的逐步改进，实现提高生产效率、降低生产成本、改进产品性能和提高市场竞争力的目标。工业革命以来的历史表明，从轻纺工业以及机械设备，汽车、轮船和机车等交通运输制造业到化学工业、电子信息产品制造业、航空航天工业等产业的技术进步和产品更新换代，大多是在渐进性的技术改进和创新的基础上实现的，即使是革命性突破，也是一个由渐进性的量的积累到质的飞跃的过程。无论是现有的激进式技术创新还是渐进式技术创新，其分析对象一般都局限于代表着最先进科学技术水平的发达经济体，用于分析它们的技术进步与产业升级问题，并不完全适合科学技术水平相对落后的后发经济体。这是因为后发经济体与发达经济体之间存在技术差距。技术创新是循序渐进的过程，受技术水平基础、创新能力、市场需求、资金供给、基础设施等多方面的制约。正是技术创新具有渐进性的特征决定了后发国家必须一方面不断缩短技术差距、提高创新能力，一方面在科技前沿领域进行渐进式技术创新寻求激进式技术创新的突破。所以，本书提出技术创新的渐进性概念用来解释后发经济体追赶发达经济体的路径和产业升级的规律。技术创新的渐进性是指科学进步和技术创新的渐进性，决定并包含着渐进式技术创新，而又比渐进式技术创新内涵更丰富。

第三节 技术创新的渐进性相关概念辨析

一、技术创新的渐进性与渐进式技术创新

从内涵上看,技术创新的渐进性反映了技术进步、创新循序渐进的一般规律,主要突出技术创新的连续性,不可能出现跳跃式的变迁,需要经历量变质变的过程。而渐进式技术创新主要描述在既定科学技术水平、技术范式、技术轨道条件下技术创新的演进规律,主要强调在既定科技范式下的进一步前进与深化,是对现有范式活力的开发。技术创新的渐进性具有更高层次的视野,而渐进式技术创新局限于既定技术层面上的分析研究。

从外延上看,技术创新的渐进性既包含技术引进、消化、模仿、吸收,从而缩短技术差距,是对现有技术存量的消化吸收,又包括在科技前沿领域的渐进式技术创新,从而推动、引领科学技术进步,是对新知识的进一步探索。前者包含后者。

从影响因素来看,技术创新的渐进性表明了技术创新具有累积性、阶梯式特征,受到市场需求、经济水平、基础设施、制度等多方因素的制约,很难实现跳跃式、跨越式发展;技术创新之间具有内在连续性、阶梯性,一般情况下,只有满足一定的技术水平之后才可能迈向更高层次的技术创新。渐进式技术创新是在同一技术梯度层次上的进一步创新,市场主体面临着相同的技术基础、市场基础。

从适用范围看,渐进式技术创新更加适合于发达经济体和科技强国,因为渐进式技术创新隐含一个假定,即研发主体是在技术前沿进行技术创新。由于科技强国处在世界科技前沿,这就决定了它们不必实现突变式的创新,只需在前沿领域进行探索式研发和积累即可。后发经济体与发达经济体存在较大的科技差距,很难与发达国家在同一起点进行竞争。

二、技术创新的渐进性与激进式技术创新

技术创新的渐进性包含渐进式技术创新而又具有更广泛的含义。激进式技术创新是指在科学原理和工程原理发生重大变化的基础上的技术创新。只

有当出现重大科学发现、科学发明之后,才有可能出现激进式技术创新。在当今科学技术发展的时代背景下,突然的、偶发性的激进式技术创新很难再像以前那样出现。技术创新的渐进性特征规律决定了激进式技术创新是量变到质变的结果。在激进式技术创新的前端和后端,技术创新的渐进性特征规律一直引导着技术进步。

在产业发展影响方面,激进式技术创新对产业升级具有根本性、革命性的影响。但是,一个无可争辩的事实是,在常规生产和产业化导入阶段,如果没有大量的渐进式技术创新,那么激进式技术创新不可能完全实现,还依赖于各个市场主体之间针对生产、商业化过程中出现的问题提供相应解决方案(Barbieri,2016)。渐进式改进常常创造出显著的商业和社会利益(Tidd,2006)。激进式技术创新在对产业升级产生重大变革之前依赖渐进式技术创新的连续改进。技术的完善、产品质量的改善、生产效率的提高离不开渐进式技术创新。暂且不谈激进式技术创新是否一定能够产业化,是否一定能够推动产业升级,单就其推出新产品来说,在新产品诞生之初,无论是质量、性能还是生产效率等方面都显得不够突出。

从产生时间来看,技术创新的渐进性具有普遍性,渐进式技术创新覆盖了技术创新的全部过程;而激进式技术创新只是渐进式技术创新的自然结果,在较短时间内即可完成。而且,在激进式技术创新之间周期较长,而渐进式技术创新几乎是连续发生的。从两者对产业发展的影响时间看,激进式技术创新的影响周期短,而渐进式技术创新的影响周期长。

三、技术创新的渐进性与其他创新类型的联系与区别

由于指标选取、研究视角的差异,创新具有不同的类型,比如根据表现形式可分为知识创新、技术创新、服务创新、制度创新、组织创新和管理创新,根据行为主体可分为政府、企业、团体、科研机构创新等。最近几年,国家创新体系、开放式创新等概念受到热捧。按照研发模式,创新可以分为封闭式创新和开放式创新。封闭式创新是仅限于企业内部利用自有资源进行的创新,而开放式创新是企业引入外部的创新资源,在开发技术和产品时借用外部的研究能力,将自身渠道和外部渠道结合起来共同进行研发创新。开放式创新受到热捧的背后是源于科技创新具有复杂性、长期性和艰巨性,单靠内部资源难以

获得重大技术进步。特别是在知识经济时代,企业仅靠内部资源进行高成本的创新活动已经难以适应快速发展的市场需求和日益激烈的企业竞争。这种模式的流行恰恰证明了技术创新具有渐进性的特征。不论是封闭还是开放式创新,目的都在于推动技术进步和创新,其只是渐进式技术创新的一种组织模式。国家创新体系是国家层面为了推动技术进步与创新而形成的宏观组织模式和制度安排,是集中全国资源力量缩短技术差距、在前沿领域实现突破的一种战略性安排。

第四节 技术创新的渐进性测度方法

一、技术创新的渐进性量化依据

技术创新渐进性的测度以激进式创新的测度为基础。现有文献关于激进式技术创新的测度方法主要有以下三种。一是技术性能指标。Leifer 等(2000)认为激进式创新的性能指标要达到现有性能的5倍以上,产品成本、生产效率大幅度提高,或者对现有产业具有重大影响。如果不满足此条件,就可视为渐进式创新。二是专利引用率指标(Hall et al., 2002; Henderson et al., 1997)。三是利润最大化垄断价格指标(Ghosh et al., 2017)。如果垄断价格能够使得创新者利润最大化,就是激进式创新;如果垄断价格不能实现利润最大化,就是渐进式创新,比如,非创新者能够强加限制创新者的定价策略。这种测量方法的重点在于创新规模大小,比如成本降低程度和质量提升程度。以上指标存在的缺陷前文已经阐述,它们并不能很好地描述渐进式创新,但也为技术创新的测量提供了思路。

现有文献主要通过产品、产业方面的优化升级来侧面反映渐进式技术创新,而几乎没有直接对渐进式技术创新进行具体量化描述。基于渐进式技术创新六维度的划分标准,可以对其做进一步的具体化描述。

二、技术创新的渐进性测度指标

(一)专利申请量(PA)

专利申请量(PA:patent application)虽然并不能包含全部技术进步和技

创新,但至少可以反映出技术进步的渐进性发展规律。专利本身就是对技术进步、技术创新的重要反映指标。按照技术的创新程度,专利被分为发明、实用新型和外观设计。从定义看,激进式技术创新属于重大发现发明。但是,发明并不一定是激进式技术创新,比如生产产品的新方法、新工艺等。发明专利有可能是激进式也可能是渐进式技术创新,这要看其是否在六个维度是非连续。实用新型和外观设计专利都是基于现有科学原理和工程原理而进行的发明或设计,所以两者都属于渐进式技术创新范畴。三种专利代表渐进式技术创新的一侧,而反映经济效果的另一侧则是主导设计、标准化、产业融合及市场创新。按照技术创新的内在逻辑,渐进式技术创新体现为对主导设计的改进、标准化、技术融合、市场扩散等环节。

（二）研发投入(RDI)

研发投入(RDI:R & D input)是技术进步和创新的重要推动力,也是技术创新的保障。研发投入分为财力和人力投入,可以分别从总量、结构和强度这三个方面来衡量。总量指标可选取 R&D 经费、研发人员数量来表示。结构指标反映研发投入在不同活动领域中的分配比例,可选取研发经费结构、研发人员结构来反映,也可选取用于研究开发、技术引进、消化吸收、技术扩散等活动的投入比例来衡量。强度指标主要是指研发投入要素与其他要素的构成比例,能够反映企业的创新能力,可选取研发投入强度来反映。

（三）固定资产投资(FAI)

固定资产投资(FAI:fixed assets investment)是指可用于固定资产建造和购置的各种资金,包括国家预算内资金、贷款、债券、外资等,并最终会以各种人力、物力形成生产力。本质上看,固定资产投资是各种技术创新成果的集合,是技术创新成果的运用、改进与扩散,反映出技术创新的渐进性特征并推动相应产业发展。

（四）新产品开发(NPD)

新产品开发(NPD:new product development)是技术创新成果的市场化运作,其市场投放数量反映了技术创新的开发程度与技术扩散水平。特别是中间产品的数量能较好地反映技术创新的复杂性和技术进步程度。而新产品销售收入、中间产品数量、利润指标则可说明技术创新的市场绩效。

（五）创新产出与研发投入总量比（OIR）

创新产出与研发投入比（OIR：output-input ratio）是技术创新产出（OTI：output of technological innovation）（用专利申请量表示）与研发投入的比值。两者的比率可以反映技术创新的快慢程度。该指标越大，表明较少的投入能够带来较大的产出，技术进步越快；反之，该指标越小，则表明一定的技术创新需要更多的研发投入才能保证。

公式如下：

产出投入总量比＝创新产出／研发投入

$OIR = OTI/RDI$

该指标还可以采用增长率比值的方法来衡量，即创新产出增长率与研发投入增长率之比（OIMGR：ratio of growth rate of output and input）。创新产出增长率（OGR）与研发投入增长率（IGR）之比大于1，表明较少的投入可以较快地推动产出增长；比值小于1，则表明要保持一定的创新增长率需要更高强度的研发投入。

公式如下：

产出投入增长率比＝产出增长率／投入增长率

$OIMGR = OGR/IGR$

（六）创新产出与研发投入边际比（OIMR）

边际比值（marginal ratio）是指创新产出边际增量与研发投入边际增量之比，表示每增加单位研发投入产生的技术创新量，能够反映技术创新产出对研发投入的敏感度。该比值越大则技术创新的效果越大，比值越小则效果越小。

公式如下：

产出投入边际比＝产出增量／投入增量

$OIMR = MO/MI$

如果技术创新是渐进性的，那么技术创新产出与研发投入之间的关系应该呈现出波浪式起伏的状态。在技术创新的爆发期，创新产出对创新投入极为敏感，表现为投入少、产出多的特征。随着技术演化进步，技术产出会随着研发投入的增加而不断下降。也就是说，技术创新越来越困难，要保证技术创新的一定速度的进步需要越来越多的研发投入。

（七）LASIS 定性描述指标

由于激进式创新难以准确事前界定,完全定量地分析技术创新的渐进性也不太现实,因此,还需要采用定性分析指标。LASIS 定性描述指标主要从理论和实践两个层面分析描述技术创新的渐进性特征以及推动产业升级的机制。从技术创新导入(leading-in)、架构创新(architecture)、标准化(standardization)、融合创新(integration)以及技术范式转换(shift)等几个方面进行定性分析能够更加清晰地阐明产业升级的过程和机制。

本章小结

本章从宏观和微观视角分别考察了产业、技术、市场、产品等四个维度,创新可分为激进式创新、边际技术创新、融合技术创新和市场创新等四个大类以及十种小类,且具有明显的连续性特征和完整的创新谱系,从而严格区分了激进式和渐进式技术创新,解决了概念不统一的问题。本章首先指出了现有文献关于激进式和渐进式技术创新概念界定的缺陷。前者存在技术标准不明确、判定标准不统一、缺少量化指标和假定企业同质性不符合实际等问题。后者存在以下问题:第一,范式观不能够解释范式转换的过程,也不能够解释渐进式技术创新推动激进式技术创新产生的过程;第二,改进观忽略了既定技术水平下技术扩散与应用的过程,不能够解释既定框架下对新技术、新产品的开发应用,也不能够解释技术架构、技术融合拓展产品范围的规律;第三,市场和用户观强调渐进式技术创新服务于现有市场和多数用户,而将满足于其他新市场、新用户的技术创新称为激进式技术创新,明显不符合实际,满足于其他新市场、新用户的新技术更多是对现有科学原理和工程原理进行的再创新、再架构,并不是激进式技术创新;第四,连续观强调产业技术演化是连续和非连续的过程。技术连续与非连续的判断标准存在较大的模糊性。在此基础上,本章界定了技术创新的渐进性内涵,指科学技术进步的渐进性和技术创新的渐进性,其决定并包含着渐进式技术创新,而又比渐进式技术创新内涵更丰富。技术创新的渐进性是相对于技术创新的革命性突破而言的,即在研发和生产过程中,通过对材料、工艺、元器件或零部件、产品设计以及生产设备的逐步改进,实现提高生产效率、降低生产成本、改进产品性能和提高市场竞争力的目标。即使是革命性突破,也是一个由渐进性的量的积累到质的飞跃的过程。技术创新的渐进性体现为两个方面的内涵。一是技术创新的渐进性特征为后发经济体提供了技术追赶的空间和路径。后发经济体要想不断实现技术进步和产业升级就需要从发达经济体引进技术并加以消化、吸收、模仿等不断进行产品、技术升级换代和改进,不断缩小技术差距,并最终达到世界技术前沿水平。二是指在世界技术前沿领域,渐进式技术创新帮助后发经济体获取竞争优势,并可能实现技术突破即激进式技术创新,从而推动技术进步和产业升级。随后,本章对激进式技术创新、渐进式技术创新、开放式创新等相关概念进行了比较和界定。最后,根据技术创新的历史考察和现有研究基础提出了量化指标,包括专利申请量、研发投入、固定资产投资和新产品开发、创新产出与投入比、LASIS 定性描述指标等。

第四章
技术创新渐进性视角下的中国产业升级

第一节 技术创新的渐进性与中国产业升级演变

近代以来,经济增长可以说是由科技革命引发的三次工业革命的结果。中国产业结构升级演变正是在这样的背景下而展开,是引进、消化、吸收现有科学技术成果的过程,一方面通过引进新技术、新产品和新产业来不断缩小技术差距和产业差距,另一方面通过干中学、学中干开展技术创新,并与国内廉价的生产要素相结合,依托巨大的内需市场来提升产业竞争力。从国内视角看,前者属于所谓的激进式技术创新方式推动产业升级,后者属于渐进式技术创新方式推动产业发展。总体上,渐进式技术创新推动了中国产业升级。

一、技术创新与中国农业社会结构的形成

(一)分散的激进式技术创新与长期的渐进式创新变革

到鸦片战争之前中国形成了以农业为主导的产业结构。该阶段科技进步与创新的明显特征是技术创新的分散化、零星化,没有形成系统的技术创新体制。技术创新呈现出自发性,很多技术发明依赖于单个人的兴趣与个人努力,没有明确的技术研发机构和组织。激进式技术创新的应用经历了长期的渐进式技术创新才发挥出较大的经济效果。

中国拥有上下五千年的文明历史,在数学、农学、天文学、医学等技术领域取得了举世瞩目的科技成就,为近现代科学技术创新奠定了基础。其中,四大

发明对经济产生了革命性的影响(表4-1)。从古代科学技术进步和技术创新成果产生的历程可以看出,这些重大科技创新横跨几百年,且技术之间的联系相对较小;在漫长的科技变迁中,科技进步和创新具有明显的突变性,与社会经济的发展保持一种松散的联系。这些技术发明当时并没有对经济产生明显效果。近现代以前,中国科技进步呈现出激进式技术创新与渐进式技术创新协同演进的状态。从四大发明的效果看,激进式技术创新在早期阶段对产业结构的影响并不显著,而渐进式技术创新推动了产业发展的缓慢变迁。

表4-1 四大发明及影响

项目	发明过程	传播	影响
造纸术	西汉:植物纤维纸张 东汉:蔡侯纸	向东:朝鲜、日本 向西:西亚、欧洲	改变了知识记录传播方式
指南针	战国:司南(天然) 北宋:指南鱼(人工) 南宋:指南龟、指南鱼	12世纪末、13世纪初传入阿拉伯,后传入欧洲	推动了军事、经济、航海业的发展及地理大发现
火药	唐末:应用于军事 宋朝:火药武器广泛应用	13世纪中期传至阿拉伯,后传至欧洲	火药武器、采矿、金属制造
印刷术	隋唐:雕版印刷术 北宋:活字印刷术(毕昇)	朝鲜、日本、埃及和欧洲	推动文艺复兴运动

资料来源:根据以下两篇文献整理而成。彭西斌:《我国古代四大发明对世界文明的深远影响》,《广西民族大学学报:哲学社会科学版》1984年第3期;王志功:《中国古代的四大发明及其世界影响》,《中央社会主义学院学报》1997年第2期,第31-32页。

(二)中国传统农业产业结构的形成

在以上科学技术进步的基础上,中国直到清朝才实现了发达的传统农业,几乎达到了顶峰。当时技术条件下的生产力水平能够养活众多的人口。由于人口增长速度高于耕地数量的增长速度且耕地数量刚性限制,提高单位面积产量和兼业就成为增加收入的重要出路,并由此形成了小规模家庭经营的农业生产组织模式,造就出了高度发达的农业文明。由于农业生产率的提高,手工业和商业具备了发展条件,推动着产业结构的变化和分工链条的延长。统一而巨大的国内市场和区域差异进一步推动了经济发展。劳动力和生产资料与同期的世界其他地区相比,已经高度商品化、市场化。1820年中国GDP总量占世界GDP总量的33%,居世界首位。

二、农业社会的解体及工业化的缺失：两次工业革命失之交臂

新中国成立时,西方发达国家和欧洲已经先后完成了前两次工业革命,产业结构经历了两次升级,世界经济格局发生了急剧变化。19世纪40年代,欧洲和美国已经完成了以蒸汽为动力、以轮船和铁路为产业代表的初步工业化;20世纪初,德国和美国先后完成了第二次工业革命并超越英国占据了世界产业格局中的有利位置。而此时的中国仍然是典型的农业大国,又由于深受鸦片战争、两次世界大战和外部侵略的影响,没能够从两次工业革命中受益。科学技术的落后导致中国重工业发展滞后,成为经济发展的瓶颈。该时期产业发展主要依靠国外资本,民族资本份额很小(表4-2)。中国重工业部门比如石油、汽油、钢铁等严重依赖外资。

表4-2　中国产业(工矿交通运输)资本占比估算

年份	产业资本额/万元	国外资本/%	官僚资本/%	民族资本/%
1913	154 095.6	80.3	9.7	10.0
1920	263 825.0	70.4	11.4	18.2
1936	461 900.0	61.6	9.5	28.9

资料来源:吴承明:《中国资本主义与国内市场》,中国社会科学出版社1985年版,第112-131页。

三、产业结构的调整与工业体系的形成(1949—1978)

1949年至1978年是新中国产业结构调整和工业体系初步形成的时期。中国虽然基本完成了第一次工业革命但其影响范围还相当狭小,而且第二次工业革命还没有完成,工业基础非常薄弱,特别是重工业严重限制了生产能力。工业生产线遭到战争的严重破坏,工业产值、重工业产值、轻工业产值比抗日战争前分别下降了50%、70%、30%。国民经济恢复时期,政府着重恢复和利用现有设备和生产能力,重点投资重工业和国防工业。1952年工业总产值343.3亿元,三次产业增加值比重分别为50%、20%、30%;1950年至1952年年均增长34.8%,依然是农业大国。中国经济发展的瓶颈在于物质、人力资本匮乏,市场发育不完全。由此造成的后果就是工业化水平低,重工业极不发达。1953年国家制定了优先发展重工业的发展战略,保持高速增长,重工业优

先,发展外延型经济,建立独立的工业体系。到改革开放时期,中国已经基本建立了独立的工业体系和比较先进的国防工业体系,为工业化奠定了基础。

四、改革开放与产业结构升级(1979—2012)

改革开放以来,中国技术创新主要侧重于缩短与世界发达国家之间的差距,实现由无到有、由有到优的发展道路。在国内看来,很多技术创新(表4-3)都属于激进式的创新,填补了国内空白,也推动了国内产业发展和产业结构优化。中国加快了与世界经济接轨的步伐,调整了产业结构战略。但是由于缺少先进技术和物资资本的支撑,优先发展重工业战略违背了产业发展规律,导致轻重工业严重失衡。到了80年代,产业发展战略被调整为轻重工业均衡发展。乡镇企业的异军突起,使得轻工业得到迅速发展,改变了轻重工业失衡的状态。

表4-3 中国重大科技成就

航空航天科技	第一枚火箭、东方红1号进入太空;"神舟"5号;首个月球探测器(2007);"嫦娥一号";2008年太空行走;2011年"天宫一号";首辆月球车"玉兔号";2012年"北斗"卫星导航系统试运行;2017年发射"墨子号""慧眼"
军事科技	近程导弹发射成功(1960);原子弹成功(1964);氢弹爆炸成功(1967);歼10战斗机;国产"空警-2000"预警机;航空母舰辽宁号入列(2012);第一代舰载战斗机-歼15、运20首飞
生物与医药领域	1965年人工合成结晶牛胰岛素;世界上第一个杂交水稻品种(1973);药理学家屠呦呦发现抗疟疾药青蒿素获得2011年度拉斯克临床医学奖
其他领域成就	可燃冰开采技术;大型客机C919成功起飞;世界上第一台量子计算机诞生;"天眼";"蛟龙"号载人潜水器;首艘国产航母下水;高铁"复兴号"

资料来源:根据新闻报道资料整理。

1979年至1997年中国产业呈现出均衡发展态势。经济的高速增长解决了短缺经济问题。但是由于又面临外需有限、内需不足的问题,中国亟须推动消费结构升级。2001年加入WTO后,出口和投资成为中国工业化的重要推动力。产业结构方面,1998年三产比重分别为17.6%、46.2%、36.2%;2012年第一、第二、第三产业比重分别为10.1%、45.3%、44.6%。人均GDP从1998年的817.1美元上升到2012年的6071.5美元。

五、新常态下的产业结构调整和供给侧改革(2013年至今)

经过连续的高速增长,中国成了工业大国,但仍然大而不强。中国很多产业缺乏核心技术、关键零部件,在国际产业分工中居于不利位置,更多地从事附加价值较低的产品生产或服务,比如数控机床及设备、大型飞机、石化设备等产品的进口比例高达70%以上。由于核心技术的缺失,经济发展极易被锁定在产业结构和价值链的低端,从而陷入"中等收入陷阱"。"十二五"期间,中国进入"经济新常态",增长速度放缓,结构调整紧迫,发展动力迫切转换。2016年后,经济发展的重要目标是经济保持中高速增长,产业结构向中高端调整优化。而加强供给侧改革就成为重中之重,是确保目标顺利实现的重要战略举措。这是因为长期实行的需求管理政策效应已经出现边际效用递减,对扭曲的产业结构调整和产能过剩消化作用已微乎其微,亟须从供给侧入手进行改革,让技术创新成为升级动力。

第二节 渐进式技术创新推动中国产业升级路径

从技术创新与产业升级演变看,中国遵循着两条路径:一是技术创新推动产业技术升级,这主要表现在产业结构的高级化方面;二是技术创新推动产业结构合理化。渐进式技术创新成为推动中国产业升级的主要动力,主要体现在技术引进、消化、吸收层面上,通过引进新技术、新产品、新生产线等来发展新产业,并没有真正激进式技术创新发生,而是在当前技术范式下的进一步拓展与深化。

一、技术创新推动产业结构合理化

产业结构合理化是指在产业发展过程中生产要素的合理配置、产业之间协调发展的过程,包括产业比例关系和关联程度。技术创新是推动产业结构合理化的内在动力,创新制度安排是产业结构合理化的外部动力,市场则是推动产业结构合理化的基础条件。合理化的标准有四个:一是生产资源的合理配置,能够获得本国资源及国际分工的好处;二是产业内部、产业之间各部门协调发展,没有明显的发展瓶颈;三是市场需求得到有效满足,并具有较高的经济效益;四是可持续发展,保证人口、资源、环境之间的良性循环。这就要求产业之间的素质相互协调匹配、产业之间的相对低位相协调、产业间的关联方式相协调以及供需数量与结构上相协调。

（一）技术创新推动产业就业结构合理化

技术创新促进就业结构合理化的逻辑是：技术创新的出现直接导致采用产业部门劳动生产率的提升，由此形成差异化的产业收益率；受利益驱使的人员从低效率、低收益产业部门流向高效率、高收益的产业部门，从而推动就业结构合理化。一般而言，由新技术引发的新兴技术产业部门具有较高的劳动生产率和收益回报率。市场按照价格信号引导生产要素的流动，从而实现生产资源的优化。

（二）技术创新推动需求结构优化

技术创新通过以下渠道机制推动需求结构优化。第一是技术进步与创新导致产品成本下降，市场份额扩大；第二是降低资源消耗，提升资源利用率和转换率，进而引起生产需求结构优化；第三是技术升级引起产品升级，从而提升产品质量、优化产品结构；第四，技术创新的生产率提升效应引发生产要素在产业间流动，优化资源配置；第五，技术创新催生新兴产业，从而创造和刺激了新的需求。

（三）技术创新通过新旧技术改造优化生产结构

技术创新产生的新兴产业代表了产业发展方向，具有较强的市场吸引力，通过前向、后向和旁侧效应带动现有产业的发展。新旧产业的竞争淘汰生产效率低的夕阳产业，从而改变生产结构。

（四）技术创新通过提高贸易竞争力优化产业结构

技术进步有利于提升生产要素的技术含量和产业素质；劳动效率提升效应以及核心技术的运用可以形成比较优势和竞争优势。进出口结构的变化引起国内产业结构的变化，产品竞争力的提升能够增强产业竞争力。

二、技术创新推动产业结构高级化

产业结构高级化主要表现为产业技术含量的提升和技术水平的更替，使得产业更具有生产效率，具体表现在：一是产业结构的演变，由第一产业向第二、第三产业演变；二是生产要素按照劳动密集、资本密集、技术密集、知识密集型的顺序演变；三是由低附加价值产业向高附加价值产业更替；四是生产加工程度由低向高演进;五是生产的产品类型依次按照初级品、中间品、最终品演化。从产业结构高级化的表现看,技术创新是高级化的内在动力并引起产业之间的消长变化。

(一) 技术创新推动新能源产业的出现与发展

机器大工业之前,生产主要基于人力、自然力、自然资源作为重要投入能源;蒸汽机的发明与运用,引起了对铁、煤炭、石油等能源的广泛需求;电气化技术引发了对钢、铜、合金、电力、石油、天然气及合成材料的开发利用;电子信息技术又进一步催生了信息、清洁能源、大数据等资源。在历次技术变革中,都有新能源资源的出现,也由此产生了一批新能源产业。这些产业代表了当时技术条件下的技术水平,属于当时条件下的新兴产业。

(二) 技术创新通过技术协作和投入产出关联推动原有产业升级

产业结构依赖技术升级、众多子技术系统与总技术系统协同实现内生型高级化,同时通过投入产出关联效应推动产业链延长、攀升而优化,具有层次性、渐进性特征。单一技术创新难以实现产业结构持续的升级,还需要其他相关技术系统的支撑。某一项技术创新既可以带来新产业,也可以向传统产业扩散。一般而言,经济发展总是从某一具有潜力的产业或者产业集群开始,然后通过技术扩散、产业技术关联推动产业整体发展。

(三) 技术创新通过物质技术基础的更替推动产业技术高级化

产业结构高级化表现为新技术替代旧技术并向其他产业扩散的过程。新旧技术相互作用、相互影响,从而改变着原有产业的技术基础并由此导致产业结构的高级化过程。中国产业升级也遵循了这样的规律。中国一方面不断引进新技术、新产品形成新产业,另一方面不断进行技术升级实现产业优化升级,从而沿着产业价值链向上爬升、向微笑曲线的两端移动。中国产业高级化基本上和发达国家相似,先后经历了以手工技术为基础的工场手工业(初级形态)、以机械装置技术为基础的工厂手工业(高级形态)、以机器制造技术为基础的现代产业结构、以机器制造机器技术的制造业的过程,并且前一阶段的技术基础引发了后一阶段的技术创新产生直至被后一阶段的技术基础所替代。目前,中国正在努力发展信息通信技术、人工智能等新兴技术产业,并对现有产业进行全方位的改造,技术结构不断优化。

第三节 渐进式技术创新推动中国产业升级的一般考察

无论产业结构升级还是产业内部升级都是市场内部分工的结果,来源于技术、产品、资本、劳动力等生产要素的变化。中国产业升级就是生产要素数量和质量不断提升的过程。

一、中国技术创新的渐进性考察

本节专利数据时间段是指1985年至2016年。

(一)三种专利申请受理量

1. 发明

1985—2016年间,中国发明专利申请受理数量不断上升,从1985年的4065件上升到2016年的120.50万件,平均每年18.95万件(图4-1,4-2)。1985—1999年,上升曲线较为平缓,年均1.31万件,平均增长率10.3%。这至少表明:一是发明专利申请量相对较少,二是研发主体发明专利保护意识不强。但是到了2000年,申请受理量有显著的上升,高达2.53万件,较1999年多近1万件。2000—2010年,发明专利申请量平缓上扬,年均11.85万件,平均增长率为31.27%,保持着较高的增长水平。由于加入WTO的原因,研发主体的知识产权保护意识开始增强。从2011年开始,发明专利申请受理量又有显著提升,达41.58万件,较2010年多出12万件。从此进入了第三个时期即2011年至今,无论是绝对量还是增长率都保持较高水平,平均增长率24.7%,年均77.17万件。

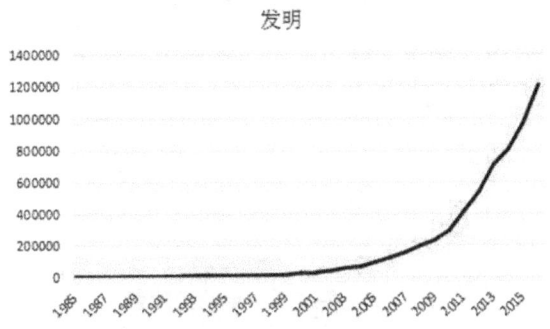

图4-1 发明年度数量

资料来源:根据历年《中国统计年鉴》整理而成。

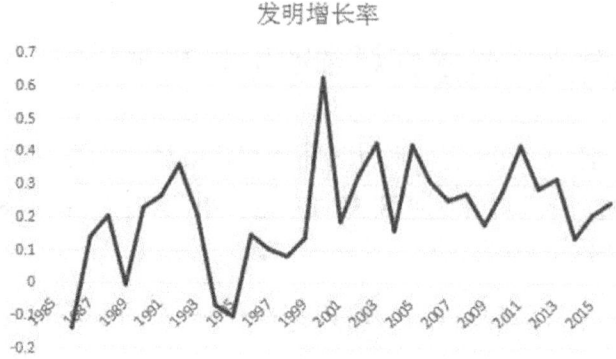

图 4-2　发明年度增长率

资料来源:根据历年《中国统计年鉴》整理而成。

2. 实用新型

1985—2016 年,实用新型申请受理量从 5077 件上升到 146.8295 万件,年均 25.16 万件,平均增长率 21.23%(图 4-3,4-4)。实用新型发展趋势与发明总体相同,但具体时期有所差别。1985—1999 年上升趋势比较平缓,年均 3.48 万件,平均增长 11.0%。2000—2010 年,实用新型专利申请量开始上扬,绝对数量开始增加,年均 17.07 万件,平均增长率为 19.86%。从 2011 年开始,实用新型专利申请受理量显著提升,2011 年达 41.58 万件,较 2010 年多出 17.41 万件。2011 年至今,无论是绝对量还是增长率都保持较高水平,平均增长率 24.67%,年均 94.17 万件。

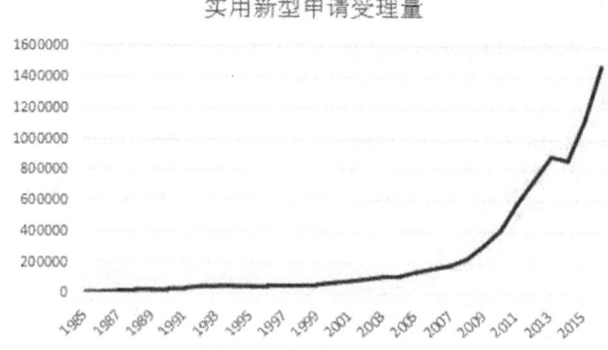

图 4-3　实用新型申请受理量

资料来源:根据历年《中国统计年鉴》整理而成。

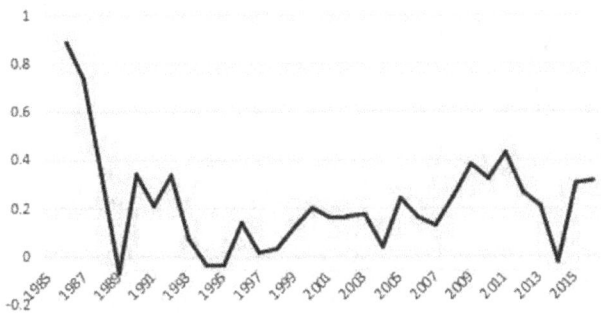

图 4-4 实用新型增长率

资料来源:根据历年《中国统计年鉴》整理而成。

3. 外观设计

1985—2016 年,外观设计从 269 件上升到 63.19 件,年均 17.84 万件,平均增长 3000.57%(图 4-5,4-6)。外观设计的发展趋势与发明总体相同,但具体时期有所差别。1985—1999 年上升趋势比较平缓,年均 1.17 万件,平均增长 4400.62%。2000—2010 年,外观设计专利申请量的绝对数量开始快速增加,年均 18.23 万件,平均增长 2400.72%,而增长速度有所下滑。从 2011 年开始,外观设计专利申请受理量显著提升,2011 年达 50.75 万件,较 2010 年多出 9.84 万件。2011 年至今,虽然绝对数量不断上升,但是增长率呈现总体下滑趋势,平均增长率 800.53%,年均 58.77 万件。

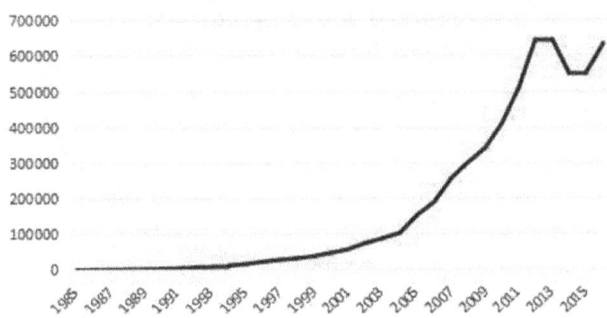

图 4-5 外观设计申请受理量

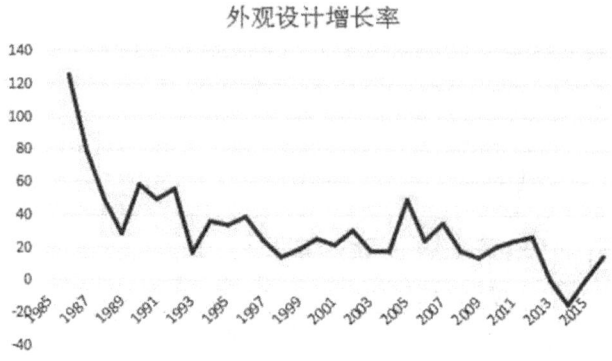

图 4-6　外观设计增长率

资料来源：根据历年《中国统计年鉴》整理而成。

4. 三种专利比较

从三者位置关系（图 4-7,4-8）可以看出以下特征：一是除 2006—2010 年低于外观设计曲线外，实用新型申请受理量曲线都在外观设计和发明曲线上方；二是 1985—1993 年以及 2013—2016 年间，发明曲线在外观设计曲线上方，而在 1994—2012 年间发明曲线在外观曲线下方；三是外观设计增长率整体比较稳定，但有缓慢下滑趋势，特别是在 2013—2015 年间增长率严重下滑甚至为负数（-1400.89%）；四是发明增长率曲线和实用新型增长率曲线两者差别不显著，没有发现明显规律性特征。由此可初步判断，发明是技术创新的基础，实用新型是技术创新的重要内容，而外观设计专利技术含量会更低一些，但却是产品质量、品牌价值提升的重要来源。

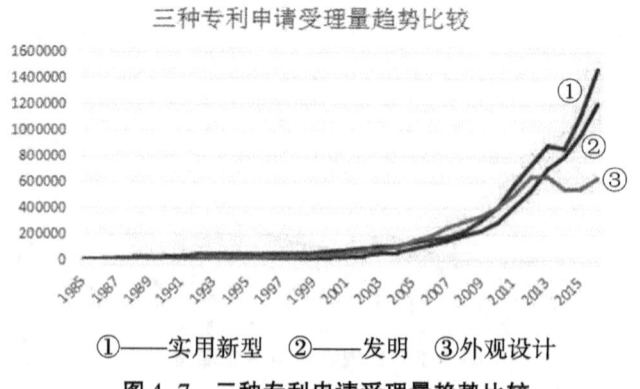

①——实用新型　②——发明　③外观设计

图 4-7　三种专利申请受理量趋势比较

资料来源：根据历年《中国统计年鉴》整理而成。

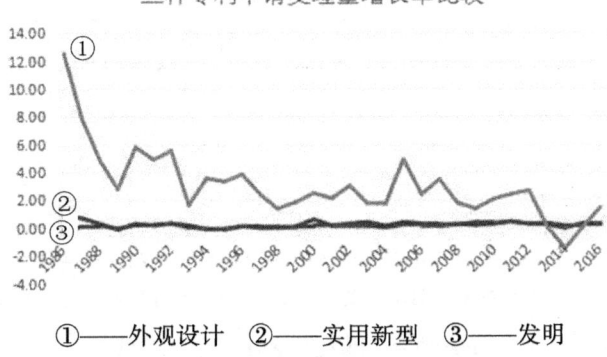

①——外观设计　②——实用新型　③——发明

图 4-8　三种专利申请受理量增长率比较

注：由于外观设计增长率保持了100%以上的速度，而发明和实用新型则呈现保持两位数的增长，所以，为方便在统一图表中显示比较，该图中外观设计曲线做了技术处理，即将外观设计增长率的原始数值同时缩小10倍，并不影响说明问题。

资料来源：根据历年《中国统计年鉴》整理而成。

从以上综合分析可以发现以下特征。一是技术创新的阶段性，即1985—1999年是技术创新的沉睡期，知识产权保护意识相对薄弱；2000—2010年是技术创新的觉醒期，由于加入WTO的原因，研发主体的知识产权保护意识开始增强；2011年至今是技术创新的爆发期，特别是发明和实用新型专利无论数量上还是速度上都有较快的发展。二是体现了技术创新的渐进性特征。中国技术创新是在发达国家早已完成前两次产业革命的背景下进行的，所以，中国的技术创新大都是在现有技术水平条件下开展的，大多是追赶式的渐进式创新，而激进式技术创新较少。2018年中美贸易战凸显出了我国核心关键技术的缺失恰好说明了这一点。

观察1：中国技术创新经历了由慢到快的发展历程，主要表现为追赶式的渐进式创新，而激进式技术创新相对较少。

（二）专利实施率和产业化率

1. 专利实施率

据调查，中国有效专利实施率达到50.3%（表4-4）。从专利权人类型来看，企业的专利实施率保持较高水平（59.2%），中国高等院校的实施率仅为12.7%。三种专利中，有效发明和外观设计专利的实施率分别达到52.6%、47.8%。

表 4-4　有效专利实施率　　　　　　　　　　　　　单位:%

	企业	高校	科研单位	个人	总体
有效发明专利	67.2	14.1	29.1	41.1	52.6
有效实用新型	57.8	11.2	38.2	29.7	50.9
有效外观设计	54.8	11.1	45.6	39.3	47.8
合计	59.2	12.7	32.5	33.5	50.3

数据来源:国家知识产权局 2018 年发布的《2017 年全国专利调查基础数据报告》。

不同规模企业的专利实施率有显著差异,大型企业专利实施率相对较高,为 66.2%(表 4-5)。

表 4-5　不同规模企业的各类专利实施率　　　　　　单位:%

	大型企业	中型企业	小型企业	微型企业	总体
有效发明专利	67.7	74.2	68.8	48.3	67.2
有效实用新型	65.1	65.1	52.8	40.2	57.8
有效外观设计	68.6	60.2	49.3	38.7	54.8
合计	66.2	65.6	54.0	40.4	59.2

数据来源:国家知识产权局 2018 年发布的《2017 年全国专利调查基础数据报告》。

2005—2016 年,有效发明专利实施率在 50.4% 至 60.6% 区间范围内波动。2008 年为 60.6%,达历史最高水平。2013 年发明专利实施率出现回落,降至 50.5%;2014—2016 年间实施率数据相对稳定。如图 4-9 所示。

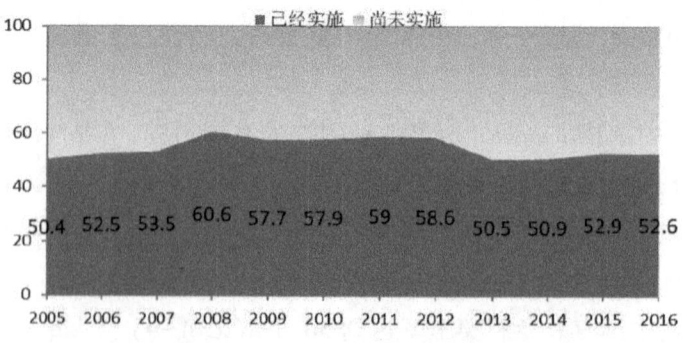

图 4-9　2005—2016 年有效发明专利实施率(单位:%)

数据来源:国家知识产权局 2018 年发布的《2017 年全国专利调查基础数据报告》。

2. 专利产业化率

《2017年全国专利调查基础数据报告》显示,该年度总体专业产业化率为34.6%;企业、高校的专业产业化率分别为44.5%、2.9%;发明、外观设计专利产业化率分别为36.2%、30.3%(表4-6)。从中可以看出,企业是产业化率的重要市场主体,发明专利更具有产业化的潜力。

表4-6　有效专利产业化率　　　　　　　　　　　　单位:%

	企业	高校	科研单位	个人	总体
有效发明专利	49.9	3.9	10.9	20.3	36.2
有效实用新型	43.0	1.8	17.8	10.6	35.6
有效外观设计	43.6	1.3	26.3	12.6	30.3
合计	44.5	2.9	13.6	12.5	34.6

数据来源:国家知识产权局2018年发布的《2017年全国专利调查基础数据报告》。

在不同规模企业中,中型企业专利产业化率最高,达51.0%;微型企业专利产业化率最低,为28.0%(表4-7)。

表4-7　不同规模企业专利产业化率　　　　　　　　单位:%

	大型企业	中型企业	小型企业	微型企业	总体
有效发明专利	50.7	56.6	50.9	30.2	49.9
有效实用新型	45.5	50.0	40.0	27.8	43.0
有效外观设计	55.3	49.1	39.2	28.0	43.6
合计	48.3	51.0	40.9	28.0	44.5

数据来源:国家知识产权局2018年发布的《2017年全国专利调查基础数据报告》。

2013—2016年,有效发明专利产业化率整体保持稳定。分年度看,2013年有效发明专利产业化率为33.8%,2014—2015年有所上升,2016年为36.2%,与2015年基本持平。如图4-10所示。

图 4-10 2013—2016 年有效发明专利产业化率(%)

数据来源:国家知识产权局 2018 年发布的《2017 年全国专利调查基础数据报告》。

从专利实施率和产业化率来看,技术创新并不一定能够及时得以实施和产业化。一项技术创新从成果到产业化,中间需要一系列渐进式技术创新。

观察 2:技术创新成果转化需要一个过程,不一定能够及时得以实施和产业化;企业的专利实施率和产业化率相对较高,其中有效发明专利实施率最高,中型企业产业化率最高。

(三) 技术研发经费支出

1. 研发经费规模及强度

入世以来,中国研发强度超过 1%并持续增加。2014 年中国研发经费投入强度首次突破 2%,达到 2.02%;2015 年、2016 年分别为 2.06%、2.11%。如图 4-11 和表 4-8 所示。虽然中国的研发强度不断攀升,已经超过欧盟 15 国 2.08%的平均水平,但是仍然低于美国(2.66%)、韩国(4.23%)、日本(3.49%)、德国(2.54%)和 OECD 国家的平均水平(2.40%)。

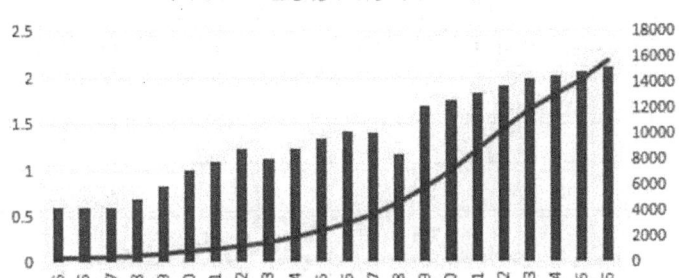

图 4-11 中国 R&D 经费支出趋势及占 GDP 之比

资料来源：作者根据《中国统计年鉴》数据整理。

表 4-8 中国 R&D 经费支出及占 GDP 之比

年份	R&D 占 GDP 之比/%	R&D 经费支出/亿元
1995	0.6	349
1996	0.6	404.7
1997	0.6	481.9
1998	0.7	551.1
1999	0.83	678.9
2000	1	895.7
2001	1.09	1042.5
2002	1.23	1287.6
2003	1.13	1539.6
2004	1.23	1966.3
2005	1.34	2450
2006	1.42	3003.1
2007	1.4	3710.2
2008	1.17	4616
2009	1.7	5802.1
2010	1.76	7062.6
2011	1.84	8687

续表

年份	R&D 占 GDP 之比/%	R&D 经费支出/亿元
2012	1.91	10 298.4
2013	1.99	11 846.6
2014	2.02	13 015.6
2015	2.06	14 169.9
2016	2.11	15 676.7

资料来源：作者根据《中国统计年鉴》数据整理。

2. 研发经费结构及主体

从研发投入方向上看，中国在试验开发费用上的投入比例最高，应用研究次之，基础研究最低。其中原因在于，中国依然注重技术引进与再创新，自主创新能力还比较薄弱。凡是自主创新能力比较强的国家，一般都重视基础研究的投入。以2006年为例，基础研究、应用研究和试验开发研究三者之间的投入比例，美国为1:1.24:3.39，日本为1:1.76:5.41，法国为1:1.62:1.58，英国为1:1.20:1.06，而中国这一比例为1:3.24:15.04。在研究开发总经费中基础研究的比重，美国为17.7%，日本为12.2%，法国为23.8%，而中国为5.2%。直到2016年这一比例仍为1:8.2:16.25，其中，基础研究仅为822.9亿元。就市场研发主体而言，2016年、2017年企业研发费用保持了双位数增长，2017年达到1.37万亿元；2017年，高校研发投入0.113万亿元，政府研究机构投入0.242万亿元。总体上看，中国越来越注重基础研究，企业成为研发主体，反映了创新体制的不断改善。

观察3：中国研发经费增长率高于同期发达国家和地区，研发规模和强度还有一定差距；试验开发、应用研究、基础研究投入依次降低，但越来越重视基础研究，企业成为主要研发主体。

3. 研发强度与专利增长率

研发强度平均为135%，三种专利之和增长率为19.66%，发明与实用新型专利之和增长率为19.71%，发明专利增长率平均为24.55%（最大值为62.5%，最小值为-10.4%）。总体上，研发强度与专利增长率的缺口在不断拉大，即研发强度提高得快，而专利增长相对较慢。除2007—2008年有所下降外,研发强度一直保持平稳上升的趋势。与此同时,发明专利增长率则波动较大,从 2006 年开始不断下降,然后从 2012 年开始又继续下降,处于低速增长状态;从发明与实用新型专利之和增长率看,曲线更加平稳,实用新型专利的加入润平了增长率曲线,从 2011 年开始持续下滑,直到 2015 年才有所抬头;从三种专利之和增长率看,增长率曲线更低,也就是平均增长率更低,也更加平缓。如图 4-12,4-13,4-14 所示。

观察 4:研发强度与专利增长率的缺口在不断拉大,即研发强度提高得快,而专利增长相对较慢,且有在低位徘徊的趋势;同样的创新率需要更大的投入来拉动。

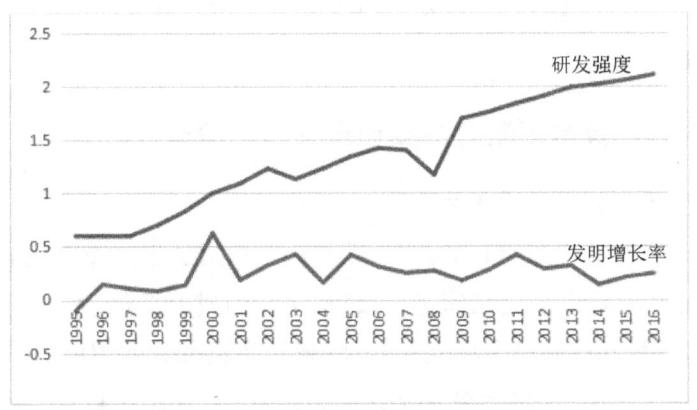

图 4-12　研发强度与发明专利增长率

资料来源:作者制图。

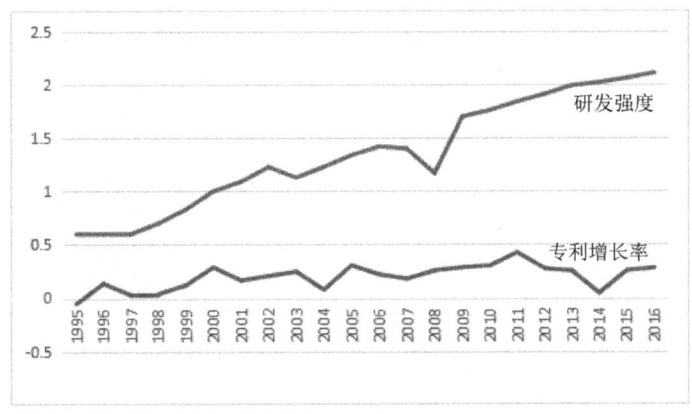

图 4-13　研发强度与专利增长率(发明与实用新型)

资料来源:作者制图。

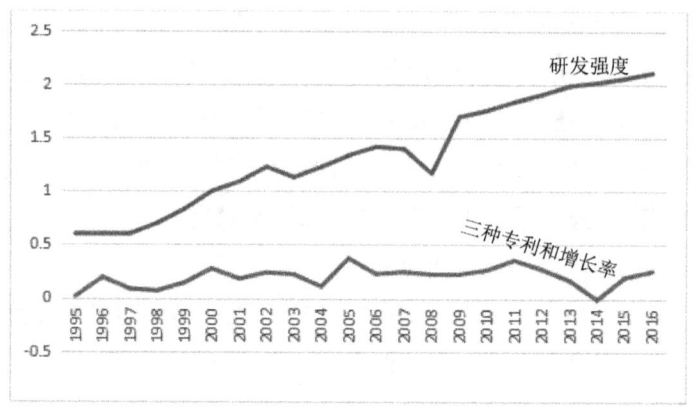

图 4-14　研发强度与三种专利之和增长率

资料来源:作者制图。

二、渐进式技术创新与中国产业升级的考察

(一)技术创新与经济增长

在较长时期内,中国因自我封闭而错失了前两次工业革命的机遇。改革开放以来,中国逐渐与发达国家进行接触,不断引进新产品、新产业,并与中国廉价的生产要素和广阔的市场相结合,取得了举世瞩目的成就。中国 GDP 总量连年攀升,从 3678.7 亿元到突破 82 万亿元;从增长趋势看,从 1978 年到 1999 年,GDP 增长相对缓慢,2000 年突破了 10 万亿元,之后有显著的连续上升(图 4-15)。

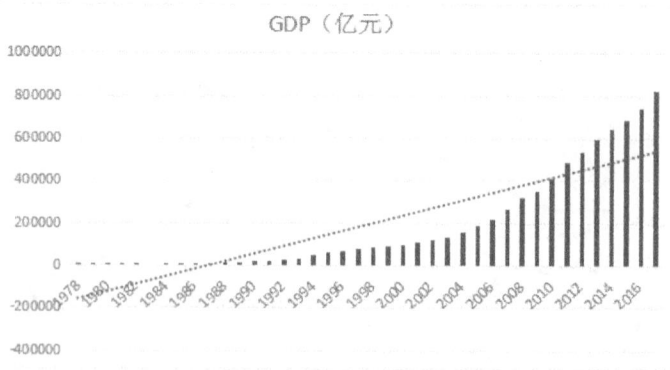

图 4-15　中国 GDP 总量柱状图

数据来源:作者整理制作。

从增长率来看,如果将视角向后延伸到 1950 年,则存在三个明显的阶段:第一阶段是 1949 年到 1977 年,增长率差异非常显著,最高达 32.2%(1958年),最低达-31.0%(1961 年),波动起伏较大;第二阶段是 1978 年至 1993年,增长率仍然有波动起伏,但相较第一阶段明显幅度降低;第三阶段是 1994年至 2017 年,增长率相对平稳,到了 2007—2008 年又明显降低,然后从 2011年开始至 2017 年增长率平稳下滑。如表 4-9 和图 4-16 所示。波动幅度显著的时段有:1961—1962 年,增长率分别为-31.0%和-10.1%;1967—1968 年,增长率分别为-9.6%和-4.2%;1974 年为 1.4%;1976 年 1.7%;1989—1990年分别为 4.1%和 3.84%。

表 4-9 中国 1950—2013 年 GDP 增长率一览表　　　　单位:%

年份	1950	1951	1952	1953	1954	1955	1956	1957	1958	1959
增长率	23.4	19	18.3	30.3	9.4	5.6	16.5	6.0	32.2	19.5
年份	1960	1961	1962	1963	1964	1965	1966	1967	1968	1969
增长率	5.4	-31.0	-10.1	9.5	17.6	20.4	17.3	-9.6	-4.2	23.8
年份	1970	1971	1972	1973	1974	1975	1976	1977	1978	1979
增长率	25.7	12.2	4.5	9.2	1.4	11.9	1.7	10.7	11.7	7.6
年份	1980	1981	1982	1983	1984	1985	1986	1987	1988	1989
增长率	7.8	5.2	9.1	10.9	15.2	13.5	8.8	11.6	11.3	4.1
增长率	3.84	9.18	14.24	13.96	13.08	10.92	10.01	9.30	7.83	7.62
年份	2000	2001	2002	2003	2004	2005	2006	2007	2008	2009
增长率	8.43	8.30	9.08	10.03	10.09	11.31	12.68	14.16	9.63	9.21
年份	2010	2011	2012	2013	2014	2015	2016	2017	2018	2019
增长率	10.4	9.30	7.65	7.7	7.4	6.9	6.7	6.9		

数据来源:中国经济网,http://intl.ce.cn/zhuanti/data/s/Chinadata。

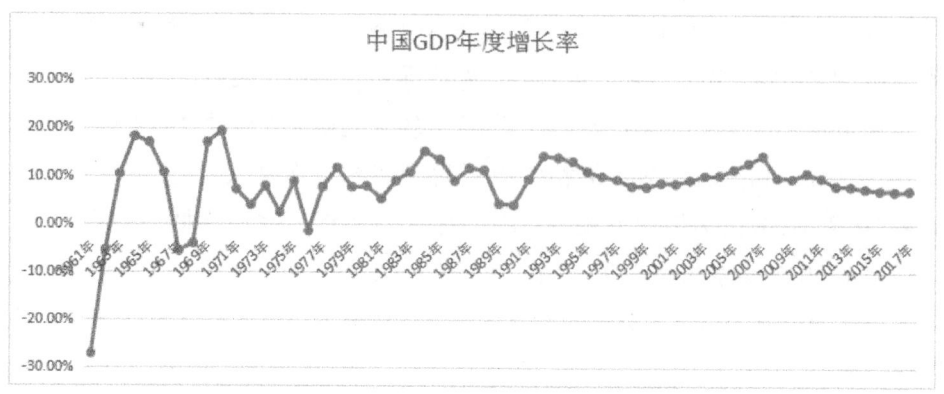

图 4-16　中国 GDP 年度增长率

资料来源：作者根据公开数据制作。

如果稍微对该时段的中国历史进行研究就会发现，经济增长波动较大的年份与政策失误、国内重大事件、国际环境变化有密切联系。不切实际的政策（"大跃进"和反"右倾"）导致 1961—1962 年增长率显著为负数，内忧外患导致 1967—1968 年经济增长率为负，社会主义阵营的瓦解导致 1989—1990 年增长率显著下滑。

改革开放后，中国采取以市场换技术战略，大力引进国外技术、产品、生产线、资本，极大地推动了经济发展，解决了物资产品短缺的问题。通过引进、消化、吸收，中国掌握了一定的技术；再加上干中学、学中干效应，逐渐缩短了与发达国家之间的技术差距。技术进步、生产要素质量改善、资本增加是经济增长的重要动力。

整体来看，改革开放 40 年来，中国是"补课"的过程，就是将前几次科技革命的成果运用到中国经济实践的过程。我们经过 32 年的时间成为世界第二大经济体，实现了工业化，创造了"中国奇迹"。有学者将该阶段称为"压缩式工业化"。中国的进步在于科学技术创新方面的努力。中国逐渐缩短了中外技术差距，虽然离高科技水平的第一梯队还有一定差距，但至少部分领域已经走在了世界前列。

观察 5：中国技术创新表现为追赶型、跨越式、引进式的技术创新，通过技术追赶实现了经济层面的追赶。

经过 40 年的发展，中外技术差距不断缩小，部分领域已经走在了世界前沿，呈现出跟跑、并跑、领跑并存现象。跟跑是中国科技水平、经济发展较快的重要原因,主要利用后发优势、比较优势实现技术和经济的追赶。并跑、领跑是未来中国经济增长的重要动力。但是,最关键、核心的技术是无法通过市场交换得来的,前沿科学技术也不可能短时间内实现突破。因此,我们只能坚持自主创新来推动技术渐进式进步。2012 年以来,中国经济连年下滑,动力转换困难,很大程度上是由于原来技术追赶的方式已经难以为继。中国经济的未来增长,需要采取自主创新战略,按照渐进式技术创新方式获得技术进步并推动经济增长。

观察 6:渐进式技术创新是中国新经济常态下增长的动力。

从 GDP 增长率和专利总申请量增长率趋势图看(见图 4-17、4-18),两者有较强的相似性,即波动起伏趋势相吻合;但是有一定的时间滞后性,即经济增长率滞后于专利增长率,专利增长率上升时期,经济增长率表现出滞后式的增长,而在专利增长率下降时期,经济增长率表现出滞后式的下降。直观来看,两者应该会有较强的趋势相关性。由此,可以初步表明技术创新是经济增长的推动力。

图 4-17　1985—2017 年中国 GDP 增长率

资料来源:作者根据公开数据制作。

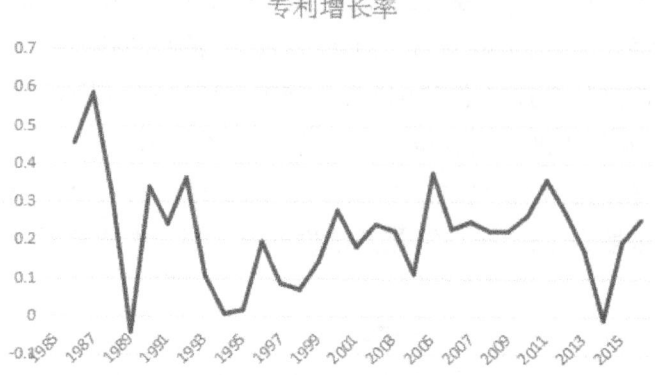

图 4-18　1985—2017 年中国专利申请增长率

资料来源:作者根据公开数据制作。

(二) 技术创新与产业结构变化

1. 三次产业增加值结构及贡献率

20 世纪 70 年代之前,中国第一产业总体上占据第一位,其中 1961—1962 年严重下滑;70 年代初,产业结构呈现二、一、三的特征;到了 80 年代中期第三产业超越第一产业,呈现出二、三、一的结构特征;2013 年,第三产业首次超越第二产业,呈现出三、二、一的结构特征,且二、三产业敞口逐渐加大,第三产业继续上扬,第二产业开始下滑(图 4-19)。

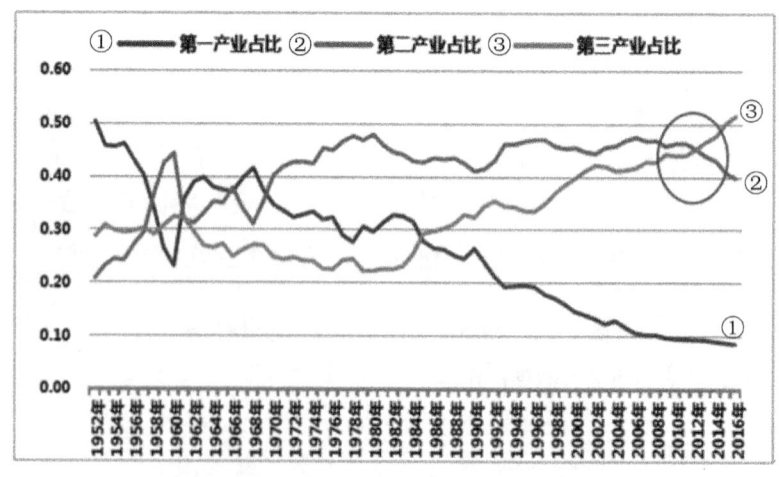

图 4-19　中国三次产业结构比例变化趋势

资料来源:中国产业信息网,http://www.chyxx.com/industry/201711/580814.html。

从产业对 GDP 增长的贡献率看,第二产业一直占据主导地位,直到 2015 年第三产业对 GDP 的贡献率首次超过了第二产业,超出 12.2 个百分点,并且这一差距在 2016 年继续增大(图 4-20)。

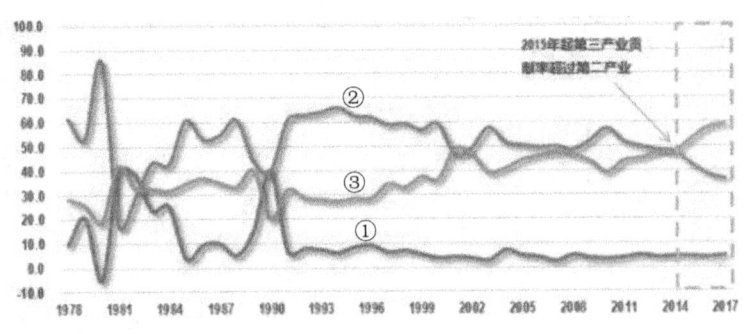

①——第一产业　②——第二产业　③——第三产业

图 4-20　三次产业对 GDP 实际增长的贡献率(单位:%)

资料来源:根据国家统计局公开数据制作。

2. 三次产业就业结构

从产业就业人数分布看(见图 4-21),第一产业就业人数从新中国成立后至 2010 年一直高于其他产业,且呈现倒"U"型结构;第三产业就业人数保持上升势头;第二产业就业人数总体上保持上升趋势,但自从 2012 年以来,第二产业就业人数连续下降;2011 年第三产业就业人数首次超越第一产业成为就业人数最多的产业;2014 年第二产业超过第一产业成为第二大就业产业。

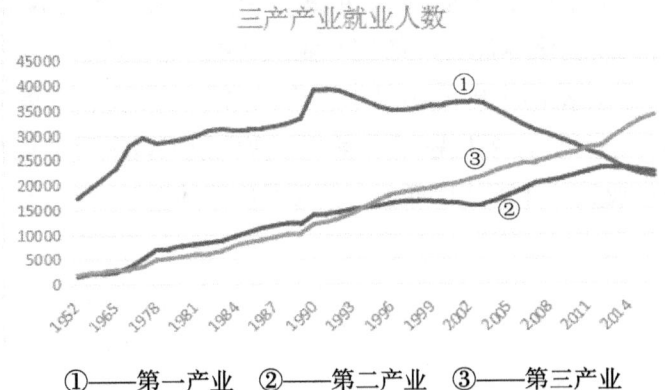

①——第一产业　②——第二产业　③——第三产业

图 4-21　1962—2014 年三次产业就业人数趋势图

资料来源:根据国家统计局公布数据制作。

从三次产业就业比例看(见图 4-22),呈现由收敛到发散的过程。1978—

2002年,第一产业就业比例保持在50%以上,但一直保持下降态势,并分别于2011年开始低于第三产业、2014年开始低于第二产业;第二产业就业比例虽有时会下降,但总体呈上升态势,并分别于1994年开始低于第三产业、2014年开始高于第一产业;第三产业就业比例一直保持平稳上升,并于1994年开始高于第二产业、2011年开始高于第一产业。

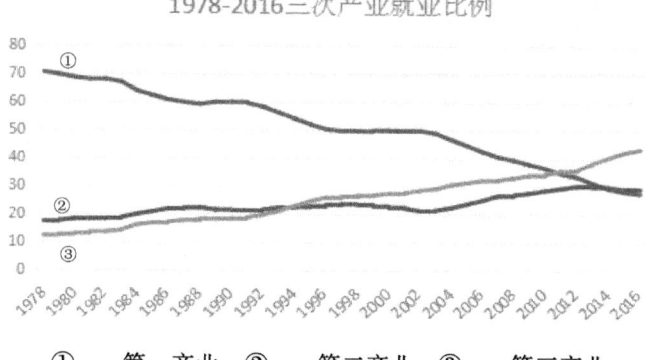

①——第一产业　②——第二产业　③——第三产业

图4-22　1978—2016年三次产业就业人数比例趋势(单位:%)

资料来源:根据国家统计局公布数据制作。

根据张月友、董启昌、倪敏(2017)的研究,从1978—2015年间三次产业就业比重较上一年的增减变化情况看(见图4-23),至少在2012年前中国就业结构一直表现出去农业化、持续工业化的过程。特别是2002—2012年期间,第二产业就业人数平均增长速度高达4.29%,第三产业则平均为2.80%,制造业表现出较强的就业吸纳能力。第三产业从2013年才开始了快速增长。虽然第三产业就业比重增加较快,但是第二产业向第三产业转移就业人数并不多。总体上,第一产业就业比重较高,第二产业就业人数和就业比重的下降还不明显,第三产业就业比重依然低于主要发达经济体。

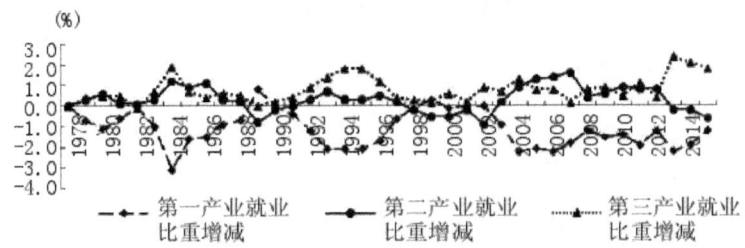

图 4-23　1978—2015 年三次产业就业比重增长率

资料来源:转引自张月友、董启昌、倪敏:《中国经济进入"结构性减速"阶段了吗》,《经济学家》2017 年第 5 期,第 44-49 页。数据来源于《中国统计年鉴 2016》。

3. 技术进步与产业增长

根据蔡跃洲、付一夫(2017)的研究证明,1978 年以来,技术效应是推动第二产业全要素生长率(TFP)增长的主导因素,结构效应则不明显。产业增长的 1/3 是由产业内部细分行业的技术进步贡献的。2005 年前,细分行业技术进步贡献率达 50%,之后则逐渐减弱,到了 2010 年则贡献度变为负数,让位于结构效应的贡献度(图 4-24)。

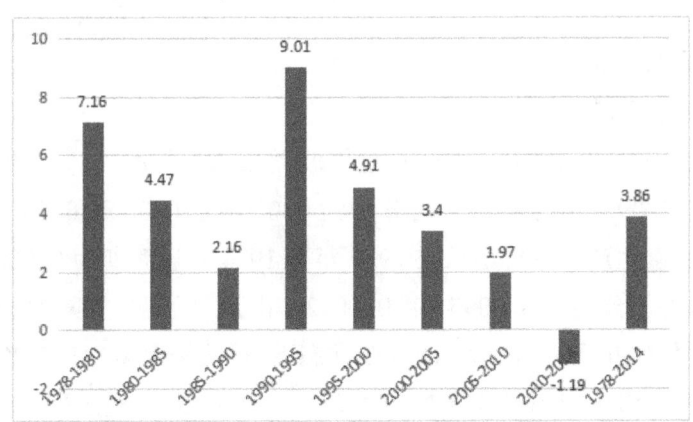

图 4-24　1978—2014 年第二产业的全要素增长率(单位:%)

资料来源:蔡跃洲、付一夫:《全要素生产率增长中的技术效应与结构效应》,《经济研究》2017 年第 1 期。

同样,技术效应推动第三产业 TFP 的增长也相当显著,细分行业技术进步的贡献率达 1/3,而结构效应不明显。第十个五年计划期间及以前,技术效应是第三产业 TFP 增长的主导因素;从第十一个五年计划开始结构效应取代技术效应成为 TFP 增长的主要因素(图 4-25)。

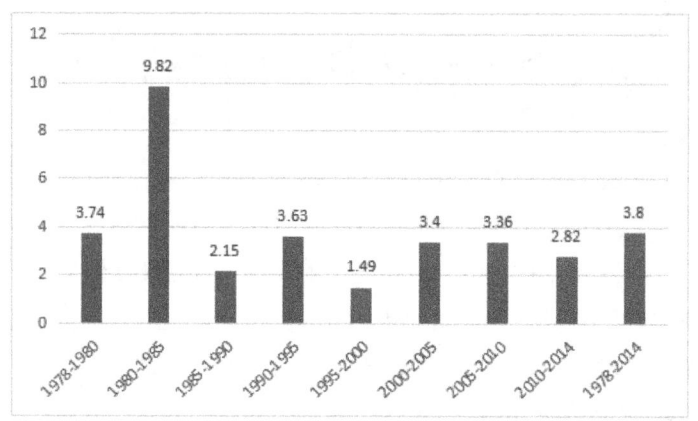

图 4-25 1978—2014 年第三产业的 TFP 增长率及相关贡献度(单位:%)

资料来源:蔡跃洲、付一夫:《全要素生产率增长中的技术效应与结构效应》,《经济研究》2017 年第 1 期。

观察 7:产业结构逐渐由一、二、三演变为二、三、一,已经呈现出三、二、一的结构特征;产业结构升级是技术与经济系统内生演化的结果,呈现渐进式演化特征。

(三) 技术创新与经济绩效变化

1. 全要素生产率

1979 年以来,中国 TFP 增长率起伏波动很大(图 4-26)。1979—1994、1995—2008、2009—2011 年间平均分别为 0.0567、0.0481 和 0.0258。从水平值来看,全要素生产率平均增长在 1979 年至 1994 年过渡期为 0.0052,而在旧常态和新常态下分别为 0.0095 和 -0.0042。由此可见,全要素生产率增长率在旧常态下最高并且波动不大,而在新常态下,虽然全要素生产率增长率波动较小,但是全要素生产率平均增长率为负值。新旧常态下全要素生产率增长率相差高达 1.37%。

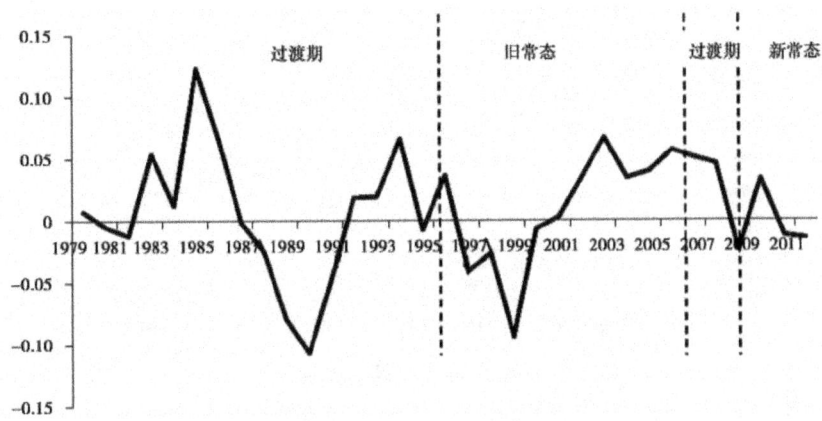

图 4-26　1979 年以来我国全要素生产率增长率

数据来源:转引自王少林:《中国经济新常态的量化识别与形成原因》,《南方经济》2017 年第 7 期,第 1—16 页。数据来自 http://www.rug.nl/research/ggdc/data/pwt/pwt-8.0。

产业就业数量与资本存量对经济增长的贡献呈现逐渐下降趋势(图 4-27、4-28),而长期以来各要素对经济增长的贡献变化并不明显。所以,总体来看,当前产业发展缓慢主要是就业数量和 TFP 增长率下降所导致。

观察 8:新常态下中国产业增长缓慢主要是由就业人口增长率和 TFP 增长率下降引起的;技术创新步伐放缓是产业发展进程放慢的主要原因。

图 4-27　α_t 的时变性

数据来源:王少林:《中国经济新常态的量化识别与形成原因》,《南方经济》2017 年第 7 期。

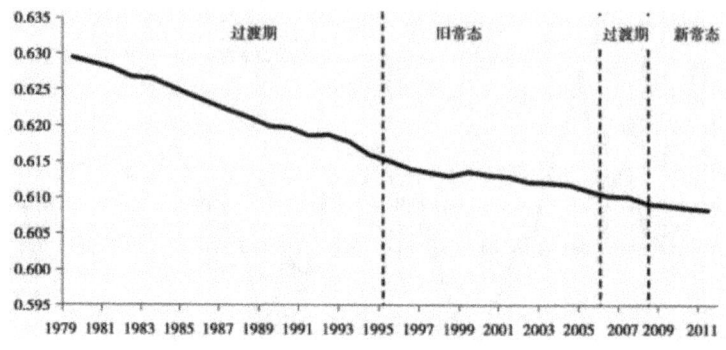

图 4-28 β_t 的时变性

数据来源:王少林:《中国经济新常态的量化识别与形成原因》,《南方经济》2017 年第 7 期。

2. 劳动要素生产率

国家统计局发布的国际比较报告显示,1996—2015 年,中国劳动生产率保持年均 8.6% 的增长速度,为世界之最,而同期的美国为 1.59%,欧元区为 0.71%,日本为 0.86%,印度为 5.32%,世界平均为 1.34%(图 4-29)。

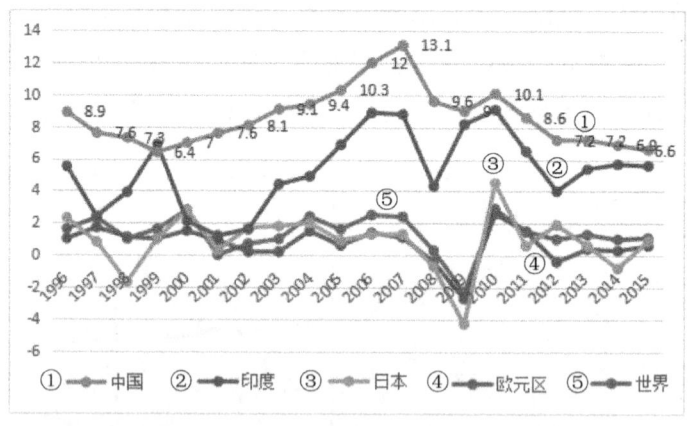

图 4-29 世界及部分经济体劳动生产率增长率(单位:%)

数据来源:欧元区数据来自欧洲央行,其他数据来自国际劳工组织。

然而,数据显示表明,从绝对量上看,中国劳动生产率依然较低(图 4-30)。1996 年,中国单位劳动产值为 1535 美元,一直稳步提升至 2016 年的 7318 美元,增长了 4 倍之多。而同期的美国为 98 990 美元(中国相当于美国的 7.4%),世界平均水平为 18 487 美元(中国相当于世界平均水平的 39.6%),还有很大的增长空间。

观察9：和主要经济体和世界平均水平相比，中国劳动生产率不断提升，而且保持了较高的增长率，只是其速率呈现下降趋势。

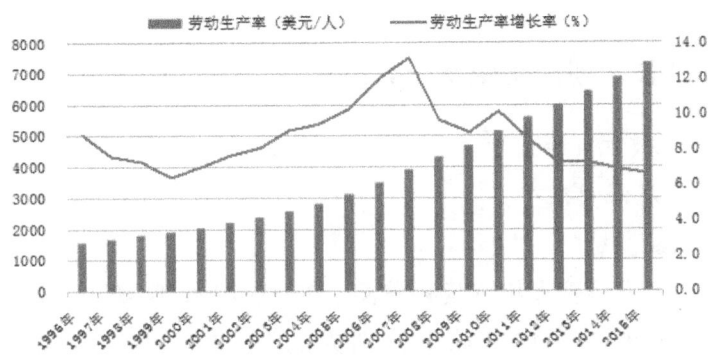

图4-30　中国1996—2016年劳动生产率及增长率

数据来源：根据国际劳工组织、国家统计年鉴数据整理，采用2005年不变价。

3. 产业利润

规模以上工业企业利润总额由1998年的1458.11亿元上升到2016年的71 921亿元（图4-31）。2015年平均利润率为3.3%，而2011年中国制造业平均利润率为6.2%。2015年度，25%的企业利润率接近于0，19.8%的企业亏损，50%的企业利润率还不到2.5%。

观察10：从绝对量上看，中国产业利润在增加，但平均利润率在下降且呈现出明显的分化现象，民营企业利润率好于国有企业，民营企业亏损面低于国企和外企。

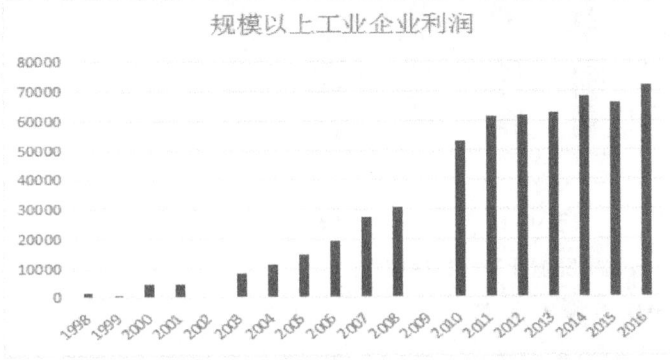

图4-31　中国规模以上工业企业利润（单位：亿元）

数据来源：根据中国统计年鉴数据制图。

第四节 技术创新的渐进性与中国产业升级:差距、制约因素

一、中外技术创新差距及制约因素

(一) 中外技术创新差距

1. 技术研发经费投入

(1) 研发经费量

中国研究开发经费多年持续高增长。1991—2006年,美国、日本、德国、法国、英国的研发经费年均增长率分别为5.27%、4.31%、3.60%、3.58%、4.13%,而中国则为17.70%,保持了较高的增长速度。从研发经费规模总量来看,中国、德国、英国、法国分别为710.63亿美元、667.16亿美元、355.9亿美元、415.09亿美元(2005年数据),中国具有一定领先优势;但是,同期的日本、美国经费规模则分别高达1387.82亿美元、3486.58亿美元,与之相比,中国仍然存在较大的进步空间。2013—2017年,中国R&D经费支出总量依然连续增加,但是增长速度连续两年下滑,之后有所提升(图4-32)。

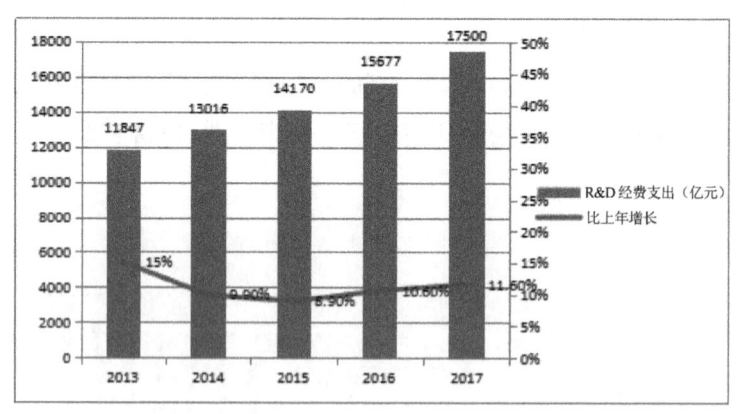

图4-32 中国R&D经费支出及其增长速度

资料来源:根据中国统计年鉴数据制图。

(2) 技术研发投入强度

2016年12月欧盟发布了"全球2500家企业R&D投入排行榜"。数据显示,研发投入最多的10家企业中,汽车产业2家,医药产业3家,IT相关产业5

家,主要集中在美国、德国、瑞士、韩国等发达经济体,中国仅有华为1家上榜(见表4-10)。在2500家企业中,中国有327家上榜,在企业数量和R&D投入金额(在排行榜中占全球投入金额的7.2%)上排名世界第四,紧随美国、欧盟和日本之后。其中,华为、中兴通讯、中国石油、中国中铁、百度、中国中车等6家企业进入全球前100名(表4-11)。中国企业研发增长率世界第一,但是整体研发强度偏低。按照欧盟标准,5%以上属于高研发强度,2%以下属于中低强度,不足1%则属于低强度。中国有38.8%的上榜企业属于高研发强度,而美国则达到了72.8%的高比例。总体看,中国部分企业研发强度已进入世界前列,但是上榜数量偏少,竞争力较为薄弱。

表4-10 2015/2016全球R&D投入最多的10家企业的情况

排名	公司	国家	行业分类	R&D投入/亿欧元	R&D增长率/%	销售额/亿欧元	R&D投入强度/%	利润率/%
1	大众汽车	德国	汽车及其零配件	136.1	12.7	2132.90	6.4	-0.6
2	三星电子	韩国	电子及电气设备	125.3	10.7	1571.90	8	13.2
3	英特尔	美国	IT硬件及设备	111.4	6.1	508.5	21.9	25.6
4	ALPHABET	美国	软件及计算机服务	110.5	22.2	688.8	16	25.8
5	微软	美国	软件及计算机服务	110.1	4.8	783.7	14.1	23.8
6	诺华	瑞士	制药及生物技术	90	1.8	462.8	19.4	17.8
7	罗氏	瑞士	制药及生物技术	86.4	3.3	445.7	19.4	28.7
8	华为	中国	IT硬件及设备	83.6	26.3	558.9	15	11.6
9	强生	美国	制药生物技术	83.1	5.7	643.6	12.9	28.7
10	丰田汽车	日本	汽车及其零配件	80.5	9.3	2165.10	3.7	10

数据来源:根据欧盟官网R&D ranking of the world top 2500 companies和The 2016 EU Industrial R&D Investment Scoreboard整理。

表 4-11　2015/2016 中国 R&D 投入最多的 10 家企业的情况

中国排名	世界排名	公司	行业分类	R&D 投入/亿欧元	R&D 三年增长率/%	销售收入/亿欧元	R&D 投入强度/%	利润率/%
1	8	华为	IT 硬件及设备	83.6	26.3	558.90	15	11.6
2	65	中兴通讯	IT 硬件及设备	19.5	12.4	141.80	13.8	6.7
3	79	中国石油	石油天然气	16.8	-6.4	2441.4	0.7	4.9
4	91	中国中铁	建筑及材料	14.5	17	848.9	1.7	3.4
5	93	百度	软件及计算机服务	14.4	63.3	93.9	15.4	17.6
6	96	中国中车	工业工程	14.1	48	336.5	4.2	7.8
7	106	联想	IT 硬件及设备	12.8	31.3	412.5	3.1	0
8	111	中国铁建	建筑及材料	12.4	10	821.6	1.5	4.1
9	116	上汽集团	汽车及其零件	11.8	13.3	912.3	1.3	2.2
10	117	腾讯	软件及计算机服务	11.8	25.8	145.5	8.1	39.3

数据来源：根据欧盟官网 R&D ranking of the world top 2500 companies 和 The 2016 EU Industrial R&D Investment Scoreboard 整理。

2. 技术人才投入

中国人才培养规模具有绝对优势。2016 年、2017 年研究生教育分别招生 66.7 万人、80.5 万人，位居世界之首；全时当量研发人员数量、高校入学人数、科学与工程博士人数位居世界第二位（美国第一）。随着中国经济的崛起和对创新人才的重视，越来越多的海外人才开始进入中国。《2017 海外人才就业分析报告》预测，2017 年中国留学生归国人数将突破 60 万，实现归国人数大于出国人数，由"逆差"向"顺差"转变。2016 年出国人数与归国人数比已下降到 1.26∶1。2011 年、2015 年中国从事基础研究的人员总量分别为 19.3 万人、25.3 万人，而且越来越多的研发人员在国际学术组织和知名技术期刊担任重要职务。

3. 科研论文

中国 SCI 论文发表数量连续多年位居世界第二，高水平论文位居世界第二,总被引用次数也名列前茅。2016—2018 年,SCI 论文数量分别达到 29 万、33 万、39 万余篇,保持了将近 20% 的增长速度。其中,值得一提的是,中国在新兴技术、学科(数学、生化、物理、新材料、IT 等)领域成就显著,与美国一起成为技术领跑者。但是,从被引用数量较高的科学家人数看,仍然集中在英国和美国(黄卫,2017)。

(二)中国技术创新制约因素

1. 渐进式技术创新认识偏差的制约

虽然渐进式技术创新具有客观性,但人们往往忽略它的存在,倾向于偏爱激进式技术创新。无论国家、政府、企业还是个人无不倾向于一鸣惊人,于是我们仅仅记住了那些有重大发明和贡献的人和物,比如瓦特、牛顿以及中国的四大发明等。中国虽然已经认识到技术创新的重大战略意义,但是,一直缺少对渐进式技术创新的深层认识,从政府、研发机构、企业方面的反应即可见端倪。第一,各级政府特别是地方政府倡导激进式技术创新,将资源集中在大项目、大工程;地方政府依然侧重于招龙引凤政策。第二,研发机构侧重于技术创新,多体现在发表论文、模型等方面,重数量而轻转化。第三,在举国上下谈论新一轮技术革命、产业转型的背景下,很多企业在新兴领域和传统产业选择中犹豫彷徨。中国很有必要进行一场渐进式技术创新的思想革命,将渐进式创新作为引领技术进步的首要战略,重塑工匠精神。

2. 技术体制的制约

一是技术体制固化与绩效考核主观化。现有技术体制形成并固化了一个稳定的技术官僚阶层,垄断了科研经费审批权,既当"运动员"又当"裁判员",压制了技术创新,造成严重浪费与内耗(黄莉,2012)。二是急功近利和运动式的技术政策并不能短期内实现真正的重大突破。三是技术与经济社会"两张皮"制约了科研成果转化机制。四是技术中介服务机构能力薄弱的制约。

3. 知识产权制度

美日欧等国家和地区在技术创新方面走在世界前沿,采取了高标准、严要求的保护战略,使得其技术创新贡献率达 70% 以上,对外技术依存度低于 30%,这符合自身发展利益。中国依然是发展中国家,技术和产业发展差距明显,大部分领域与发达经济体存在巨大差距,严厉的知识产权保护制度会严重阻碍技术创新的转移与扩散。而目前中国的主流舆论强调知识产权制度的极端重要性,忽视了国内发展实际。

二、中外产业发展差距及制约因素

(一) 中外产业发展差距

1. 经济发展水平

从经济规模来看,2016 年、2017 年中国的 GDP 分别为 11.22 万亿美元、12.24 万亿美元,而美国的 GDP 分别为 18.569 万亿美元、19.362 万亿美元。从人均产值来看,2016 年、2017 年中国、美国人均 GDP 分别为 0.69 万美元与 5.22 万美元、0.887 万美元与 5.976 万美元(图 4-33)。即使中国人均 GDP 在 2019 年已经首次突破 1 万美元,但是与美国、日本等发达国家还有较大差距。从发达国家人均 GDP 发展经验可知,从 0.8 万美元升至 4 万美元,美国和日本分别经历了 26 年和 30 年。所以,中国赶上发达国家需要一个艰苦奋斗的长期过程。

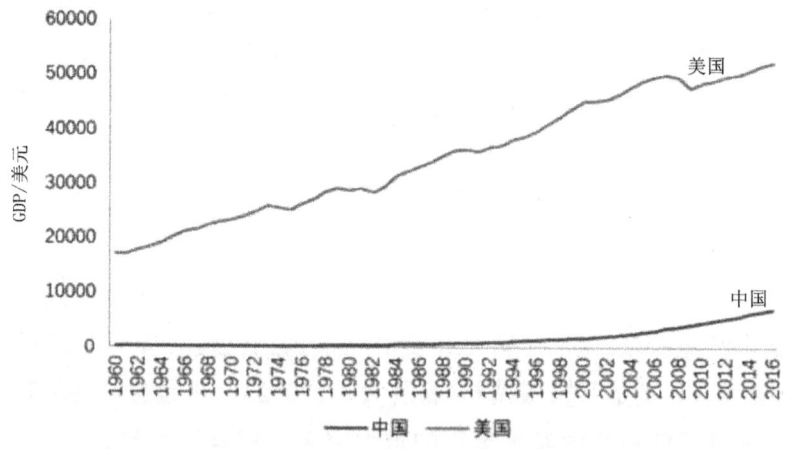

图 4-33　中国、美国历年人均 GDP 数据比较

数据来源:https://www.kuaiyilicai.com/stats/global/。

2. 经济效率

从 TFP 来看,全要素生产率增长较快,但与美国相比差距仍然较大,还不到美国的 50%(图 4-34)。

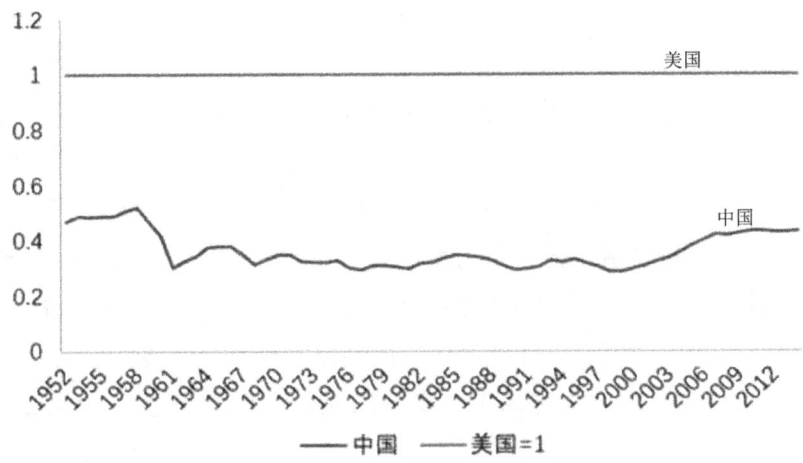

图 4-34 中国和美国全要素生产率(TFP)比较

资料来源：http://www.zgc-bigdata.org/nd.jsp? id=888。

2000 年、2017 年美国的劳动生产率分别为 8.13 万美元、10.11 万美元，一直保持着较高水平；而与此同时，中国的劳动生产率则分别为 0.20 万美元、0.83 万美元，与美国相比非常落后。与其他发达经济体和全球平均水平相比较，中国劳动生产率的增长速度位居首位。另外，中国能源消耗量一般是发达经济体的数倍，能源利用率、转化率低下。

3. 产业高级化水平

劳动力就业结构是反映产业高级化的重要指标之一。中国三次产业就业人数比例分别为 35.54%、28.48%、35.98%；美国三次产业就业人数平均占比分别为 1.53%、18.95%、79.52%。从三次产业产出占比来看，中国三次产业分别为 9.65%、45.34%、45.01%；美国分别为 1.65%、29.38%、68.97%。与美国相比，中国第三产业仍有很大的提升空间。

4. 产业发展环境及企业实力

世界银行每年都会对各个国家和地区进行营商环境调查。根据历年发布的《全球营商环境报告》表明，中国营商环境不断改进，综合排名也持续上升。中国综合排名已经由 2014 年的第 96 位上升到 2018 年的第 46 位，中国香港现已排名第四。美国一直处于全球前十位，营商环境相对稳定而优越。中美之间差距仍然较大。中国创办新企业的时长虽然不断缩短，但是与美国不到 6 天的时间相比依然存在诸多困难。

(二)中国制造业与发达国家的差距①

1. 中国工业物化劳动消耗的差距

一是工业增加值的差距。近年来中国制造业结构正在优化,沿着价值链缓慢爬升,增加值率已经达到平均26%。美日欧等国家和地区的增加值率则高达40%以上。二是能源消耗的差距。中国总产值已经稳居世界第二。但是产值增加的背后是以牺牲巨额的能源为代价的,而且能源消耗比重大、利用率低。据统计测算,中国工业产值中的70%以上来源于价值的产业转移,并不是新增加值。高投入、高能耗、低利用率的深层原因是劳动密集型与资源密集型产业比重高、资本技术密集与知识密集型制造业比重低等这一产业结构不合理。

2. 劳动生产率差距

从劳动生产率方面考察,在第二产业就业的劳动力,中国、美国、日本和德国分别为23 170万人、2322万人、1583万人和1100万人。中国第二产业的劳动力分别为美国、日本和德国的8.9、13.0和18.8倍。2012年中国城镇制造业的劳动力为5258万人,美国、日本和德国分别为1408万人、1100万人和774万人。中国城镇制造业增加值的人均产出分别为美国的32%、日本的38%和德国的45%。2010年中国制造业小时劳动生产率为10.5美元/小时,美国、德国和日本等工业发达国家制造业小时劳动生产率分别为62.5、42.3和49.3美元/小时(表4-12),韩国、新加坡、南非和墨西哥等新兴工业化国家制造业小时劳动生产率分别为31.5、33.4、12.3和11.5美元/小时。

表4-12 中国与发达国家制造业小时劳动生产率比较　　单位:美元/小时

年份	中国	美国	日本	德国	法国
2001	2.37	37.24	31.11	24.39	N
2003	4.85	43.33	33.47	32.32	31.75
2005	5.38	51.28	36.3	38.55	35.69
2008	9.68	53.8	39.14	46.09	43.78
2010	10.51	62.47	49.31	42.3	39.84

资料来源:吕政:《中国经济新常态与制造业升级》,《财经问题研究》2015年第10期。

---

① 吕政:《中国经济新常态与制造业升级》,《财经问题研究》2015年第10期,第3-8页。

3. 制造业在国际分工体系中地位的差距

中国制造业在参与全球价值链分工中基本上处于低附加值环节,处于"微笑曲线"的中段;生产的产品仍然集中在劳动密集型、资源密集型产品等方面。参与国际分工的企业主要作为跨国公司的加工基地和生产车间,"微笑曲线"中附加价值较高的环节则"两头在外"。跨国公司控制着核心技术和关键零部件并利用发展中国家廉价的生产要素来实现全球采购、优化资源配置。

4. 技术与知识密集型产品供给能力的差距

中国工业生产能力过剩与短缺并存,高附加值的知识、技术密集型产品紧缺,严重依赖进口。从进出口贸易看,中国大陆与日本、韩国及中国台湾等国家和地区每年有4000多亿美元的逆差。

5. 工业创新能力差距

2017年"今日美国"发布的50家最具创新能力的企业榜单中,中国仅有台积电(第10位)、华为(第20位)入围,美国、日本、韩国则分别有20家、16家、4家入围。《2018年全球创新指数报告》显示,创新能力最强的前5个国家都是发达国家(英国、荷兰、瑞士、瑞典、新加坡);瑞士专利人均拥有量世界第一(884件/百万人),美国专利申请量世界第一(5.66万项)。中国创新指数排名第17位,其中专利申请量世界第二位、研发人员投入第一位。近年来中国工业创新能力不断提升,缩小了与发达国家地区的差距。

6. 企业品牌影响力差距

品牌一般具有较高的附加增加值。品牌影响力与市场占有率之间具有显著的正相关关系。联合国发展计划署的统计数据显示,国际知名品牌在全球所有品牌中所占比重不到3%,但国际知名品牌的国际市场占有率却高达40%,销售额超过50%。产品出口国际市场的中国企业中,拥有自主品牌的企业不到20%,拥有自主品牌的产品在国际市场的销售额占出口总额的比重不到10%。在全球100个最有价值的品牌企业中,大部分企业在国际市场的销售额占全年销售额的50%以上。在中国,即使一些知名度很高的企业,其在国际市场的销售额也不到10亿美元,仅占其全年销售额的10%左右。中国出口产品中约九成是贴牌产品。2008年至今,没有一家中国制造业品牌跻身世界500强前100位。中国品牌发展方面存在的突出问题为:忽略品牌独创性及个性化;品牌与用户联系松散;企业过度重视短期利益,不注重品牌塑造。

(三) 中国产业升级的制约因素

1. 制度不完善

制度环境决定技术能力方向且是影响技术创新成效的一个重要因素(李省龙 等,2002)。制约中国产业结构优化升级的根本原因在于体制问题(姚德文,2011);市场机制不健全导致生产要素难以在产业间合理分配。产权制度和市场化程度是最为重要的两个维度。张杰、刘志彪(2008)指出,我国社会信用体系缺失和知识产权保护制度的不完善造成"扭曲性"的激励效应,影响了产业升级能力提升。巫景飞、郝亮(2016)研究指出政府提供的知识产权保护力度越强,越有利于产业升级;政府掌控市场资源的能力越强,越不利于产业升级。潘明明、王艳、龚新蜀(2017)研究表明,制度环境中市场化程度和经济开放度存在双重门槛效应,市场化程度和开放度与技术创新的产业结构升级效应呈正相关关系。

2. 产业升级的宏观制约因素

世界层面上的产业升级具有三方面含义。第一,新旧技术和产业革命转换的制约。上一轮技术和产业革命的根本特征是标准化生产和规模经济。而新一轮技术和产业革命使得产品生产多样化、生产活动本土化、生产方式多元化。固有经济范式形成的锁定模式难以被打破,而新的经济范式又处于不确定性阶段。技术经济环境的变化注定产业升级需要一个缓慢的过程。第二,能源和资源成为制约产业升级的重要因素。技术进步在带来生产力巨大飞跃的同时,也带来了环境恶化、传统资源能源短缺问题。第三,产业升级需要新技术、新产品的出现。但是激进式技术创新具有不确定性、长周期性并且技术创新的产业化还受到诸多因素的制约。短期内,能够推动产业升级的激进式技术创新很难出现。

3. 渐进式技术创新及扩散能力不足

中国科学技术创新已有成果甚多,但是,成果转化以及成果运用率不高。很多产业因种种客观原因不愿意更新技术设备,比如农业,虽然有大量的农业先进技术,但是却不能大面积推广和采用,限制了农业生产率的提升。不是科学技术创新数量的问题,而是技术创新成果运用率不高的问题,即产业缺乏技术武装装备。

4. 产业效率偏低

投资效率偏低与投资结构趋同。近年来,中国投资效果系数呈现下滑趋势,波动较大,不但低于历史平均水平,而且表现出投资与投资效果系数负相关。从投资结构上看,中国产业结构失衡主要是由于投资结构的不平衡、能耗强度大且效率低(李鹏举,2014)。

5. 人力资本结构不平衡

人力资本投资在很大程度上决定了产业结构调整的速度、方向和效果;劳动力素质与产业结构的匹配程度直接影响着产业结构优化升级的质量和效率(王力南,2012)。林春艳(2016)通过实证研究得出结论认为,中国产业结构高度化的主要原因在于技术进步,而人力资本存量和结构对产业结构高度化的影响存在明显差异。鲁美辰(2017)认为中国人力资本结构失衡且高人力资源不足成为制约产业结构优化升级的重要因素。

本章小结

本章从总体上考察了技术创新推动中国产业升级的过程与路径,并重点考察了渐进式技术创新推动中国产业升级的机制以及中外产业技术差距与制约因素。首先从历史视角描述了中国产业结构的总体发展变迁。产业升级主要是引进、消化、吸收现有科学技术成果的过程。在这个过程中,中国一方面通过引进新技术、新产品和新产业来不断缩小技术差距和产业差距,另一方面通过干中学、学中干开展技术创新,并与国内廉价生产要素相结合,依托巨大的内需市场来提升产业竞争力。从国内视角看,前者属于所谓激进式技术创新方式推动产业升级,后者属于渐进式技术创新方式推动产业发展。中国产业升级就是依靠激进式技术创新和渐进式技术创新来实现的。其次,分析了中国产业升级主要是通过产业结构合理化和高级化两个方向实现,并分析了影响高级化和合理化的因素、渠道。再次,从技术创新的渐进性视角分析了产业升级的具体情况。从产业升级的内部逻辑来看,无论产业结构升级还是产业内部升级都是市场内部分工的结果,来源于技术、产品、资本、劳动力等生产要素的变化。中国产业升级就是生产要素数量和质量不断提升的过程。本章主要从经济增长、产业结构及绩效变化、劳动生产率、技术研发投入产出及创新能力、TFP 提升等方面具体考察了渐进式技术创新对中国产业升级的推动作用和一般规律。最后，从技术和产业发展现状着手，系统分析中国技术发展的现状包括技术水平、技术创新体系与发达经济体的差距，系统分析中国产业发展的现状包括产业分工、地位、产业结构、产业组织、与发达经济体的产业实力差距，全面分析总结渐进式技术进步推动中国产业升级中存在的陷阱、瓶颈、问题、难点等制约因素。技术创新方面，在基础研究、技术研发投入、人才投入和人才质量、高水平论文、创新体系等方面与发达国家存在差距；产业发展方面，在经济发展水平、经济效率、产业高级化水平、产业发展环境及企业实力方面与发达国家存在差距，还受到制度建设不完善、技术扩散能力不足、能耗高、人力资本结构不平衡等多因素制约。特别是对经济发展具有关键作用的制造业依然与发达国家存在相当大的差距。

第五章
渐进式技术创新推动产业升级的机制

渐进式技术创新推动产业升级具有一个完整的周期过程,从导入阶段(leading-in)先后经过架构创新(architecture)、标准化(standardization)、融合创新(integration)再到范式转换阶段(shift),称为 LASIS 周期。在技术创新的不同阶段,渐进式技术创新对产业升级的机制存在差异。由于技术融合对产业升级的机制已有很多文献进行了研究,以及技术创新对产业升级的作用机制在融合与转换阶段具有相似性,所以,本研究将融合创新与范式转换阶段进行合并分析。本章首先从总体上分析了渐进式技术创新推动产业升级的机制,然后分别从五个阶段进行了具体的机制分析。

第一节 渐进式技术创新推动产业升级机制的总体分析

一、渐进式技术创新推动产业升级的过程机制:LASIS 周期

渐进式技术创新贯穿整个技术进步过程。渐进式技术创新通常从主导设计定型之后才正式开始,大致分为五个阶段(如图 5-1)。技术创新依赖于宽松的创新环境支持和需求市场环境支撑;也需要供给侧和需求侧发展战略和政策的恰当运用。

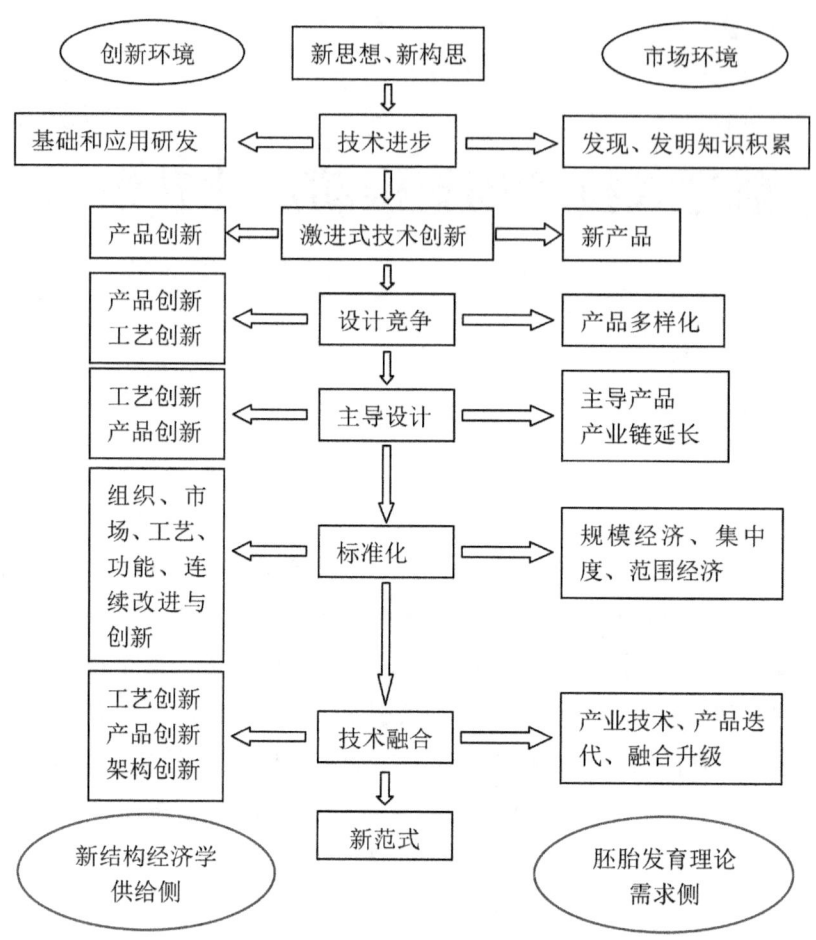

图 5-1　技术创新推动产业升级的过程与方式:LASIS 周期框架

资料来源:作者制图。

(一) 激进式技术创新与新产业

从新思想(idea)出现到一项全新技术创新属于通常意义上的激进式创新阶段,但是需要基础研究和应用研究才能实现技术进步,进而实现新产品开发,再通过设计多样化竞争确定主导设计,开辟全新的产业领域。激进式技术创新通过新技术创造新产品、开辟新产业而重塑现有产业结构,一方面增添了新产品、新产业,丰富了产业内容,拓展了产业结构,一方面通过新技术扩散、产业技术关联等效应带动原有相关产业升级。创新形式以产品设计为主、工艺创新为辅。但是,激进式技术创新也是渐进式的过程,并受经济外部环境的多重因素制约。制约因素的多重性与复杂性决定了激进式技术创新本身的复杂性和不确定性。

(二) 系统和子系统创新与产品主导设计定型

主导设计是设计多样化竞争的结果。该阶段以工艺创新为主、产品创新为辅。主导设计出现后,其他非主导设计产品依然存在并且以渐进式技术创新的形式不断演进,一旦条件成熟也有取代原有主导设计成为新的主导设计的可能。企业之间主要通过工艺创新不断改善产品性能、成本、生产效率开展市场竞争,并进而改变着产业资源流动、合理化配置,从而推动着产业结构优化升级。

(三) 产业产品标准化

标准化主要是指技术相对成熟,产业内部形成统一的产品规格、架构设计和质量标准。创新形式主要有组织创新、市场创新、工艺创新、功能创新等;通过连续改进和创新,规模经济、范围经济效应,干中学效应明显,产业效率、集中度提升。有两种渠道影响着产业结构优化升级:一方面,生产效率提升和价格变化引导资源在不同行业、企业之间流动;另一方面,产业规模扩张和市场需求扩大促使产业分工深化、链条延长、专业化程度提升。这两个方面不断调整着产业结构和产业集中度。

(四) 技术融合

当某项激进式技术创新及其产品、产业到达成熟期后,市场需求饱和,利润微利化,渐进式技术创新效果已经不甚明显。这就产生了对新技术的需求,要么在原有技术轨道上有所突破,要么改变技术轨道以提振产业发展。技术融合就是指引进其他产业技术和原有产业技术相融合,实现技术改进或创新;往往是多个独立技术领域的渐进式技术创新,通过技术之间的互补和合作实现原有产业产品改进或者创造出新产品、新产业,以非线性的方式实现市场上的技术升级(陈亮 等,2013)。技术往往具有替代性或关联性、多用途等特征,通过技术融合导致技术水平提升、产品质量改善、价格降低、效率提高,从而改变或加强了原有产业产品或服务的技术路线,实现产业技术升级进而推动区域产业的深层升级。技术融合使得不同产业具有了共同的技术基础,产业边界区域模糊,出现了产业融合现象。产业融合的过程就是不同产业技术彼此交叉、共存、相互影响进而导致生产要素资源在产业之间重新配置的过程,实现由低效率产业流向高效率产业,进一步推进产业结构的演进。工艺创新、产品创新和架构创新是该过程的主要创新形式;产业技术融合、产品迭代升级是产业升级的外在表现。

(五) 技术范式转换

在现有技术范式下,如果范式带来的驱动力得以充分发挥,那么产业发展将达到极限,经济增长也就陷入了低增长甚至零增长的境地。此时,如果没有出现新的科学技术和创新,经济增长将变得越来越困难。于是,技术范式转换就成为必要。技术范式需要在科学基础研究领域取得重大突破,而这将是一个非常艰难而缓慢的过程。

二、渐进式技术创新推动产业升级的切入点

技术进步和产业升级是循环渐进的过程。如果能够恰当选择赶超路径和策略就完全可以实现技术赶超和产业升级。后发经济体可以从两个渠道分别选择切入点(图5-2)。一是激进式技术创新遵循的路径是基础研发—技术前沿—技术创新—设计竞争—主导设计。后发国家可以选择未来可能的新兴领域进行渐进式技术研发实现突破。二是渐进式技术创新遵循的路径是标准化—技术与市场匹配—互补性—技术融合。后发国家可以在现有技术和产业的基础上,充分利用后发优势和市场优势从中选择切入点实现产业升级。

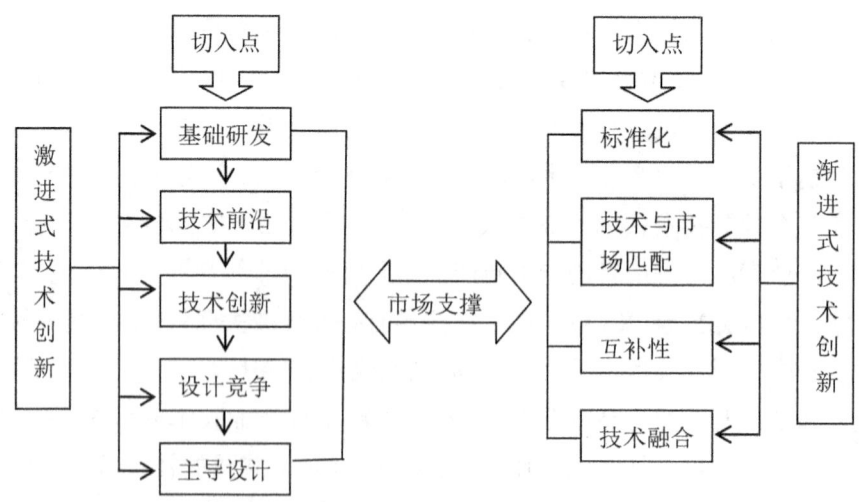

图 5-2　可能的切入点

资料来源:作者制图。

轨道转换、技术范式转换是实现产业升级的关键环节。技术轨道转换升级渠道包括通过渐进式技术创新实现现有轨道上技术制约瓶颈的突破，还包括通过产业技术融合实现技术轨道的跃升。技术范式转换是指技术革命引发的范式转换，取代了现有技术范式。"蛙跳"理论表明，后发国家可以跳过某些环节而直接选择新兴技术作为切入点进行自主研发，并可以实现产业赶超（Brezis et al.,1993）。如果某一产业技术创新速度较快而技术积累效果不明显，那么后发国家就可以采用技术引进、自主创新模式开发前沿技术、发展新兴产业。

三、渐进式技术创新推动产业升级的影响因素

技术创新推动产业升级依赖于产业内外部环境（如图5-3）。内部环境是推动产业升级的根本动力，而外部环境是推动产业升级的助推器。技术创新需要与组织创新和制度创新一起才能更好地推动产业升级；组织创新和制度创新对技术创新也具有反向促进作用。

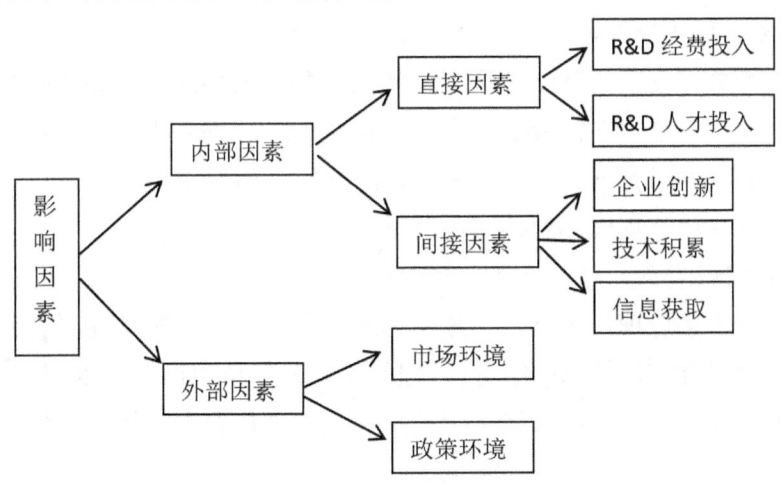

图5-3　产业升级的影响因素

资料来源：作者制图。

（一）供给因素

生产要素供给质量是影响技术创新、产业升级的最基本因素，主要是指自然资源、资本和劳动力供给数量和质量。生产要素结构对技术创新具有重要的方向指引作用，比如自然资源稀缺的国家倾向于资源节约型技术的研发。

后发经济体产业升级的重要路径是从劳动密集型和资源密集型为主的产业结构向资本密集型和技术密集型为主的产业结构转型。在转型升级过程中,首先需要大量资本投入。没有资本作为基础支撑,即使再先进的技术创新也难以进入到经济实体。后发经济体特别是中国具有丰富的劳动力和典型的城乡二元结构特征。劳动力丰富可以为产业发展提供无弹性的要素投入。但是,渐进式技术创新作用发挥不但依赖劳动力数量,更依赖于劳动力素质。劳动力素质决定着创新能力大小和效率高低。后发经济体产业升级面临的核心问题是传统产业改造和新兴产业发展,这都需要大量高素质劳动力作为支撑。

1. 追赶式技术创新通过新产品、新产业引入推动产业结构优化升级

对于追赶式的经济体,关键核心技术和高端装备对外依存度很高;企业技术创新的主要方式就是从发达经济体引进、消化、吸收相关技术成果。技术引进式创新至少具有两个方面的效果:第一是技术存量与多样性的增加,随着技术扩散和技术融合促进技术应用与二次创新;第二是引进的先进技术与本地技术形成互补并与本地市场相匹配,有效降低研发风险和成本。

2. 专利数量和质量

专利是技术创新的重要成果。专利的形成有两种效应:一是激励效应,即专利拥有者会有动力在创新生产活动上增加投资,以期获得更多的技术知识,同时,也有动力进行产业化,以期获得专利带来的价值;二是零复制成本,可以促使企业扩大生产规模,提升生产效率。

3. 研发经费投入对产业升级的影响

研发经费的合理投入对产业升级的推动作用主要表现在:优化投入主体结构推动理论和应用知识的结合;合理的投入分布结构推动技术创新数量和质量。总体来看,技术创新资金投入与产业升级之间存在正相关关系。

4. 研发人才投入对产业升级的影响

随着高技术水平人才的增多,技术进步程度会相应提升。一是分散化的创新人员将创造出分散的、零星的新知识、新技术,促进技术知识存量增加;二是部分集中式的研发投入可促进某一技术领域获得渐进式的进展;三是研发人员流动、技术融合将产生显著的技术外溢效应;四是技术人员知识获取、消化吸收、技术转化应用等能力不断提高。技术研发人才的投入与产业升级呈正相关关系。

5. 企业渐进式技术创新推动产业技术创新能力

企业技术创新既可以产生新产品,又可以通过物质资本、人力资本、创新认知和组织管理四个方面提升产业创新能力。物质资本是技术知识、技术创新的物化与载体。物资资本的流通和运用、技术外溢效应促进整个产业创新能力提升。人力资本也是技术的重要载体和传播渠道。劳动者的主观能动性、流动性促使技术知识在产业间、产业内扩散。创新认知是对创新的接受、认可,有利于创新文化的形成。对企业而言,创新认知主要体现在企业对风险具有可靠的反应或适应能力,具有自我提升的愿望以及具有独立的见解(Pascal,2011),进而提升技术创新活力。产业创新能力的提升,意味着资源配置会更加合理,生产效率不断提升,创造的价值也随之增加。

(二) 需求因素

1. 市场需求

技术创新、产业升级与市场需求关系密切。技术创新与市场需求的关系至少体现在三种理论之中,包括创新诱导(熊彼特)、需求引致(施穆克勒)和技术创新与需求互动理论。两者之间的互动通过系列效应带动产业升级。汪琦(2006)提出市场需求与技术创新互动产生了三种效应,即新旧产业更迭、劳动收入非均衡增长、技术溢出和关联效应,进而推动产业升级。

2. 市场规模

市场规模会诱发技术创新,为产业升级提供内在动力。面对不断成长的市场规模,企业为了扩大市场份额,会不断进行技术创新、降低成本、提高竞争力。市场规模的扩大还会引致国内产业聚集和外商直接投资,为产业升级提供外在动力。规模报酬递增的市场规模能为保持吸引外资的持续性提供动力来源(冯伟 等,2014)。

3. 需求结构

市场需求总量的提高往往伴随着需求结构的变化。需求结构的变化直接推动着技术创新的前进并推动着生产结构和供给结构的变化。生产和供给结构通过产业关联效应导致相关产业结构变化以及比重的变化,从而引致产业结构的变动和升级。强大的需求潜力将会推动产业结构升级。

4. 外商投资需求

外商直接投资本身包含着大量显性和隐性的技术;外商投资带来巨大的

技术溢出,这一中间效应(产业内溢出和产业间溢出)促进产业技术升级。外商投资企业与国内企业一般同属某一产业之内;两者之间的技术交流、模仿、竞合等就产生了产业内技术、知识、管理溢出。第一,学中干效应,即东道国企业在生产实践中不断学习外资企业的先进技术和管理经验,通过技术的零成本复制效应、吸收模仿效应提升技术水平。第二,竞争的鲶鱼效应和合作的协同作用,即技术先进的外资企业进入东道国市场展开竞争迫使当地企业进行创新,提升生产效率;同时,两者之间的合作关系也会缩小技术差距。第三,技术人才流动形成技术扩散效应,一方面外资人员进入东道国本土企业产生技术、知识、管理能力的外溢,另一方面东道国人员进入外资企业学习到先进技术知识。由于不同产业的生产效率、创新能力、扩散水平存在差异,某一主导产业就会形成强劲的关联和扩散效应。

(三) 制度环境

制度环境一般是指市场制度,既能推动技术创新亦能阻碍技术创新,既能促进资源合理配置亦能扭曲资源配置。

1. 制度环境影响技术创新

健康的制度安排可以激发市场主体的创造力,有利于技术创新;而反之则相反。市场经济体系中,知识产权制度最为关键,是推动技术进步、经济发展的激励和保护机制,并促使技术创新转化为现实生产力。

2. 制度环境影响资源配置方式

资源配置的方式主要是指市场竞争、政府干预以及市场与政府互补协同等三种。由于三种方式存在作用机制和政策差异,因而也就具有差异化的市场效果。实践表明,政府干预的计划方式在产业发展的某些环节存在积极作用,而自由放任的市场也存在市场失灵现象,不能一劳永逸。因此,政府与市场协同发挥作用更具有普遍性。总体看,在大部分领域,市场是资源配置的主角,可以有效地推动产业结构优化升级。

四、渐进式技术创新提升产业绩效机制

(一) 生产率效应

渐进式技术创新具有生产率效应,内在逻辑如下:第一,通过改进、完善原有技术功效进一步发挥技术作用而提高生产率;第二,通过改进产品技术系统

架构、改善子系统(部件、原材料)、改良生产组织等而提高生产率;第三,通过提升技术嵌入式的人力资源熟练程度、干中学效应、知识积累等提高生产率;第四,通过产业技术、知识溢出效应提高生产率;第五,通过提升渐进式技术创新与生产要素的匹配度提高生产率。生产率的提高又进一步改变成本、价格和利润,从而引导生产要素的流动。

生产率提升从根本上源于技术进步与创新,源于新产品的出现与改进。短期经济增长来源于各产业的增长,而各个产业生产率的增长机会是有限的,特定轨道下技术进步是有限的;长期增长来源于全新技术、产品的发明。Webb、Reenen、Jones 等(2017)通过研究不同产业、产品和企业的发展表明,研究工作努力正在大幅增加,而研究生产率却在急剧下降。虽然研究生产率在不断下降,但是总体生产率却稳定增长,原因就在于研究工作努力的大幅增加带来的指数增长抵消了生产力的下降。

(二) 就业效应

渐进式技术创新一方面提高全要素生产率导致生产要素的重新流动和配置,一方面不断拓展产业价值链,推动劳动分工细化,既改变着三次产业结构又改变着产业内部分工。激进式技术创新催生激进式产品和产业的出现,吸引劳动力增量就业,赋予人力资本新的内涵;渐进式技术创新通过改变生产率改变着就业结构,并不断提升就业人员素质和人力资本含量。技术创新与就业之间的相互作用是双向的:一方面技术创新具有破坏性,会毁灭部分就业工种和岗位;另一方面,技术创新具有创造性,会带来新的就业岗位。总体来看,渐进式技术创新具有正向的就业效应。关键是,渐进式技术创新不断提高着人力资本的形成,以适应新技术、新产业和新的经济环境;研究开发努力和高技术产业的投入能够获得更多的人力资本。技能的积累和技术创新努力的协同作用,增进了经济运行绩效。就业结构改变原有技术创新的破坏性和创造性的互相作用;就业的福利效应源于技术进步导致的生产率提高、生产成本的降低以及人力资本结构的改变。

(三) 贸易效应

渐进式技术创新的贸易效应主要体现在能够增强出口竞争力。贸易效应表现在四个方面。一是替代效应。替代性高的产业,主要体现在通过提升产品质量、产业链条位势与整合、成本降低等途径提升出口竞争力;替代性低的产业,主要通过产业新颖、功能新颖等形式获取竞争力。二是渐进式技术创新形成核心技术,核心技术具有两个效应:第一是产品质量改善效应,从产品性能、品牌上提升竞争力;第二是成本增加效应,技术创新需要更多的投入,造成成本增加。但是只要质量改善效应大于成本增加效应也同样可以提升产品竞争力。三是通过渐进式技术创新可以形成产业位置优势,形成对产业资源的掌控能力,也能够提升产品竞争力。四是渐进式技术创新一旦形成技术垄断、产品垄断,即使生产效率低而只要该产品能够带来足够大的市场需求并且加以满足市场需求,也同样具有竞争力。

(四) 产业结构效应

渐进式技术创新对产业结构的影响包含:一是通过提高生产率促进劳动分工细化,迂回生产;二是通过创造或者满足中间需求变量促进产业结构合理化;三是渐进式技术创新的扩散促进传统产业改造;四是渐进式技术创新促进企业或产业沿着价值链阶梯进行攀升,占据有利产业位置。

1. 渐进式技术创新通过关联效应推动产业结构高度化

产业之间技术创新程度存在差异。如果某一产业技术进步迅速提升该产业产品质量、生产能力和效率,就会产生系列连锁反应包括兼容促进效应和剩余不兼容效应。Puga、Trefler(2005)在解释渐进式技术创新对委托方和本地代理商的影响时提出剩余不兼容效应(residual incompatibilities),指出本地代理商通常为复杂的、相互依存的系统提供部件或组件,其中一个部件的渐进式创新不会起作用,除非其他部件也做出相应修改。除了剩余不兼容效应,还有兼容促进效应,即某一环节取得技术进步,通过加强型产业关联效应对其他相关环节、部门产生正向促进作用,从而引起产业结构的优化与固化。

2. 渐进式技术创新通过需求结构促进产业结构优化

技术创新通过改变中间需求进而实现产业结构优化,主要表现在三个方面:第一是提高产品性价比(谭黎阳,2002)、促使产品成本下降(赵新华,2009)从而引起市场需求增加;第二是增加可替代资源(谭黎阳,2002)、降低资源消耗强度、改变需求结构(王云平,2005;赵新华,2009);第三是促使产品升级换代,提升产品性能和服务水平,增加客户效用,从而引发需求结构变化。产品周期初始阶段,有些产品生产成本很高或者产品存在各种瑕疵无法被市场广泛接受,而渐进式技术创新则能够改进产品、提高生产能力,逐步规模化、低廉化,从而引起需求结构变化。

(五) 绩效提升的非线性

渐进式技术创新与产业绩效存在密切关联,具有非线性和阶段性特征。董明放、韩先锋(2016)发现,研发投入强度与新兴产业绩效之间呈现显著的倒"N"形关系。在研发投入与产业绩效之间存在技术创新和商业化这一中间环节。现有研究业已表明,激进式技术创新的早期阶段,更加依赖科学和基础创新;而此时的创新成果尚未定型,还不成熟、不完善,所以存在商业化困难,也难以被市场模仿而扩散。随着技术创新的进一步发展演化,相关子技术系统应运而生,越来越多的技术成果转化为新产品,市场绩效逐步提升。市场绩效与技术创新的成长阶段关系密切,也依赖于市场主体的投资和管理能力。激进式技术创新初期,由于研发的不确定性等原因,市场主体资源配置能力和管理能力有限,市场绩效也不明显。随着学中干、干中学效应的发挥,市场主体研发能力和资源管理能力随之提升,进而促进市场绩效逐步上扬。

第二节 激进式技术创新与产业升级:导入期

激进式技术创新也不是一蹴而就的,总体上是循序渐进的结果,依赖于多方因素的共同作用。激进式技术创新为渐进式创新开辟了道路,由此开启渐进式创新进程,进入导入期阶段。该阶段,激进式技术创新成果已经出现,但是还未显示出明显的产业绩效。渐进式技术创新的作用就在于使该技术更加完善,形成具有商业化前景的产品。

一、激进式技术创新的来源及影响因素:多要素协同演化

(一) 知识来源:基础科学与新知识

基础科学与新知识虽然不能直接转化为生产力,但是可以通过通用知识外溢成为激进式技术创新的重要来源和影响因素,并为其提供理论和方向支撑。科学知识对新技术的产生具有普遍而非线性的影响(Nelson,1959)。Della Malva 及其同事发现,基础科学参与度是技术突破的重要指示器,如果同时在多个技术领域从事基础科学研究,那么基础科学的作用就越发明显。参与基础科学研究提高了企业获取激进式科学知识的能力,最终导致突破性发明

的出现。Colombo 及其同事考察了开放创新环境下的激进创新并研究了由学术附属机构(Academic Spin-Offs)建立的联盟。这些联盟是在大学或者研究中心内发起的新企业;所使用的技术源于学术研究并且应用于高技术制造业和服务业。这些联盟很有可能产生激进式创新,比其他类型的企业更有可能拥有领先的技术能力(Colombo et al.,2008)。它们倾向于拥有卓越的技术能力,与科学界保持紧密联系,并有特权从中获取基础科学的新知识。在复合式联盟(hybrid alliances)中(探索型和开发性活动同时进行),开发性活动比只专注于开发性活动的联盟更有可能引入激进式新产品;复合式联盟中的探索型研发活动比专注于探索型研发活动的单一联盟更具有生产力,原因是更有助于渐进式创新。这就意味着复合式联盟发挥了协作效应,有助于知识转移过程。

(二)思想来源:消费者、关键用户、外部协作

客户和用户、雇员与文化、外部协作、市场和想法管理等都可以是激进式技术创新的思想来源(Nicholas et al.,2015)。

1. 客户与用户

客户是对企业现有创新提供创新想法和改进的重要反馈者。市场导向型企业依靠接近、理解和预测顾客需要而获得成功。为成功地体现顾客声音并将其价值体现在产品概念和产品解决方案中,开发团队可以和顾客协同工作。日益增加的顾客参与度可以提升新产品开发项目的效率。然而,有证据表明,在某一特定产业占据主导地位的企业,依靠紧密接触顾客并不能实现向新技术的有效过渡。因此,指望顾客和现有用户获得激进式新产品思想并不总是有效。由于顾客不能够正确评估或者一开始就拒绝新产品,所以,企业可能存在忽视相关技术创新的风险。此外,仅仅收集主流顾客需求信息对激进式和破坏性创新是有害的,因此,定位于少数新兴顾客则可以提升破坏性创新的概率。并不是所有用户的作用都是一样的,只有那些少数积极的领先用户(lead user)才是激进式或者非连续创新思想的重要来源。领先用户常常以创新的方式对产品加以改进或调整。研究表明,利用领先用户的项目明显具有较高新颖性,满足了更多原创性客户的新需求,也比其他项目具有更高的预期销量。依靠领先用户搜寻激进式的产品构思的企业,其创新过程就需要由以企业为中心向企业与客户之间的互动转变,因为这才是协同创新和价值获取的

核心(Prahalad et al.,2013)。

2. 雇员与文化

雇员是新产品想法的关键来源。有创造力的员工不断发起对现状的持续挑战,为激进式创新而开展必要的试验。风险偏好者员工因其个人特质和打破常规的思维特征而更可能从事激进式创新的项目。当然,创造有利于风险爱好者能力发挥的环境、形成良好的创新文化氛围也是至关重要的,这既是探索型企业的特征又是处于激进式创新前端阶段企业的特征之一。此外,员工多样性与创新绩效正相关。企业应鼓励员工参加本学科以外的各种会议和其他网络热点。雇员不但要具有创造性,还必须有时间和机会形成自己的想法。激进式想法的出现,一方面来源于内部知识与外部知识的学习积累与碰撞,一方面来源于不断试错、干中学的过程。知识的内部扩散和各种试验有利于激进式想法的形成。激进式创新常常是对现有知识和信息的整合运用。

3. 外部协作

渐进式创新所需要的知识通常是局部知识,可以在企业内部找到源头。而激进式项目研发对能力和技巧要求较高。所以,激进式创新需要从开放式研究中吸取信息(Salge et al.,2013)。最近几年,创新方式逐渐由"封闭式创新"向"开放式创新"转变;企业也不断参与外部知识创造型组织的新产品开发活动。Laursen & Salter(2006)将搜寻宽度和深度看作创新成功的重要概念。超过50%的激进式创新项目与外部组织机构之间存在密切协作,并且有正式机制加以制度保障,比如协同开发、网站/组件共享使用、正式分包合同和技术许可协议等。激进式创新需要外部资源投入和企业内部、外部等非正式网络的协作配合(O'Connor et al.,2004)。

二、激进式技术创新与产业升级

激进式技术创新推动产业升级表现在企业和产业两个层面。

(一) 企业层面:垄断和先发优势

最先获得激进式技术创新的企业因为具有核心技术而获得垄断权和先发优势,在市场竞争中处于有利地位。一是获得新产品的同时也获得了先发优势。最先拥有并生产新产品的企业可以其垄断性或者首发性而获得市场与利润。二是拥有新产品的企业同时拥有生产该产品的最新的领先科学技术,并以专利、诀窍等知识产权保护体系获得技术的垄断性。而技术的垄断可以为产业企业带来诸多权益,使其在产业竞争中获得产业位置优势。因为该产业企业在价值链环节中占据了有利地位,从而可以引领产业的发展,甚至通过该优势掌控整个产业链布局。这些企业成为该产业的核心企业。三是技术研发优势。由于该产业企业处在技术最前沿,依靠其市场势力获取的技术和绩效优势又可以进行新的技术探索与创新,形成良性循环,保持着其产业优势。四是企业以其优势可以进行全球产业价值链分配与布局。根据战略需要,企业可以将核心的产业环节掌控在企业内部,而将其他非关键、非核心的环节在全球布局,取得最大利润。

(二)产业层面:核心技术和市场优势

激进式技术创新一旦形成,最有可能在国内拥有市场。在国内市场中,最先围绕该核心技术和核心产品形成产业体系;逐渐扩大的市场规模和产业链条的完善,进一步支撑着产业的发展。当然,拥有激进式技术创新的企业、国家并不一定完全能够实现产业化,因为需要市场需求和制度支撑。不管该激进式技术创新在哪个国家产生,只要确实存在,总能找到市场。如果有市场需求,那么该企业可以在国内生产也可以在全球任何一个国家或地区生产。需要指出的是,需求规模和完善的产业配套体系也是竞争力。

三、渐进式技术创新在导入期的作用

(一)技术创新的助推剂

激进式技术创新为渐进式技术创新开辟了新轨道,而渐进式技术创新是激进式技术创新的基础并使其更加完善直至产业化。在投入生产之前,渐进式创新通过对各种知识进行分析过滤、吸收以及对技术的不断完善、架构创新使得激进式创新具备商业化的条件,能够成为全新的产品。渐进式技术创新为激进式技术创新提供了产业技术和技术基础(图5-4)。在投入生产之后,渐进式创新需要解决生产导入期所出现的问题。众所周知,如果没有无数的渐进式创新来解决常规生产阶段和商业引进之后所出现的问题,那么激进式创新就不能够顺利带来绩效提升。激进式创新投入生产后,人们会发现各种各样的问题,比如制造工艺、消费者需求等问题。这些问题的解决才能够维持激进式创新的转化(Barbieri et al.,2016)。渐进式创新消除了产品创新、技术

成果商业化中的前期障碍。

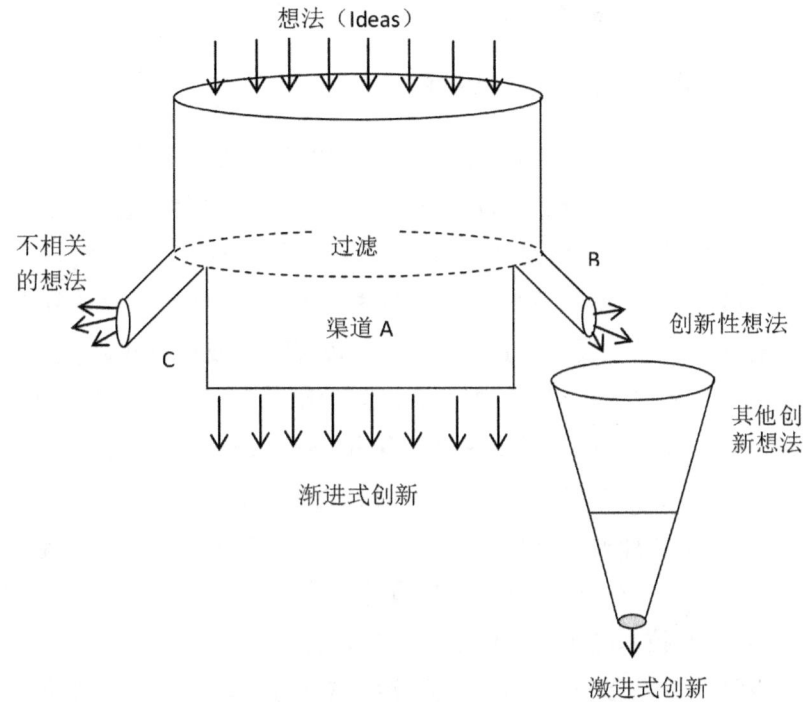

图 5-4　渐进式创新模型

资料来源：Barbieri J C,Álvares A C T,et al. "Sixth generation innovation model:description of a success model",RAI Revista de Administration Innovation,2016,Vol. 13(2),pp. 116-127.

（二）基础设施、制度的引入者

渐进式创新使得激进式创新具备商业化的条件，同时也推动着政府进行相关制度和基础设施的跟进。一项新技术产生一项新产业，往往是具有前景的新兴产业，对政府和企业而言都是产业升级的契机。为了占据新兴行业的前沿阵地，政府亟须相关基础设施的建设和法律制度的出台。技术创新的完善和基础设施、管理制度的跟进共同推进产业发展。

第三节　设计竞争、主导设计与产业升级：架构期

在产品产生的初期，由于技术和产品的不完善，给渐进式技术创新提供了巨大的发挥空间。产品被投入市场后，迅速获得市场认知并进入试错过程。

设计竞争、主导设计产品竞争成为最初竞争的关键领域,因为主导设计产品是竞争优势的重要来源,因此只有主导设计产品定型以后才有可能规模化生产。

一、设计竞争与主导设计形成

主导设计是多个技术创新的架构组合并以新产品的形式加以体现;企业开展主导设计竞争的目的在于试图最先形成主导设计产品,获得市场认可,形成市场先发优势和制定标准的话语权。主导设计具有三个特征。一是领先性。首先是技术领先,属于技术上根本性的创新;其次是市场开拓领先,更加适合市场需求。二是主导性。这是最核心的特征,主要体现市场垄断能力和标准制定能力。首先,主导设计规定着技术演化路径与轨道,进而实现技术垄断;其次,主导设计改变需求偏好进而支配市场需求选择行为,从而垄断市场需求;最后,主导设计主导生产效率的方向。效率效应引导着生产要素资源在产业之间流动,推动产业结构演化。主导设计的确定降低了技术创新的不确定性、风险与成本。三是协同性。主导设计是技术、生产要素、政治、文化等协同演化的结果,是技术与市场之间的权衡选择过程。

产品设计竞争是指技术设计竞争,源于对激进式技术创新的前景预期。一般而言,激进式创新不但具有新颖性、价值性,而且具有高利润特征。正是基于高利润预期,吸引了众多市场主体进入到产品设计的浪潮中。商业化初期,技术主系统、子系统仍然不完善,技术主系统与子系统的架构以及子系统之间的架构方式难以达成一致。虽然预期利润高,但是否能得以推广还依赖于市场的检验和资源、技术、政策、制度等环境的制约。企业围绕三个方面展开设计竞争。第一,产品、技术传递的价值。价值既可以是新发现、创造的价值也可以是对现有价值的进一步拓展与完善。第二,价值载体的结构:产品结构、技术架构。产品结构往往具有系统性,需要技术结构的系统性。产品系统就是技术系统的集成。第三,价值载体的成本、性能指标。

二、主导设计引致进入壁垒优势

围绕主导设计展开竞争,在于希望通过主导设计取得进入壁垒,获取市场势力和长期竞争优势,这是主导设计竞争的根源。按照产业组织理论,进入壁垒是影响市场份额和集中度的决定性因素。从主导设计内涵可知,主导设计本身就是一种市场进入壁垒,是一种根源性壁垒。由此又形成技术壁垒、工业技术标准壁垒和网络规模壁垒等三种壁垒(吴定玉 等,2006)。

首先,主导设计形成了技术壁垒。技术壁垒源于技术的占先性。早期进入新兴产业的厂商一般较早地拥有核心技术。后来者就处于劣势,很难破解在位者的技术。比如,可口可乐公司的核心技术至今仍然是个谜。随着新技术开发周期和技术升级换代的加快,后进入者因面临技术势差和逆向工程的不完全性等难题而难以超越,处于一直跟跑状态。技术壁垒的外化形式是产品差异化壁垒和必要资本壁垒。

其次,工业技术标准壁垒。工业技术标准包括政府部门制定的"法定标准"和市场竞争形成的"事实标准"。法定标准也是在事实标准基础上形成的,比如,在围绕录像机主导设计竞争中,起初有JVC公司发明的VHS系统和索尼公司的Betamax系统。通过设计竞争,最终VHS取代Betamax而成为主导设计。

第三,网络规模壁垒。理论上,规模经济效应具有临界点,即企业或产业规模过小或过大都不能达到经济最优;特别在信息经济时代,网络规模效应也存在临界点,即企业依赖用户的数量。一旦企业或产业达到规模效应和网络规模效应的临界点,就形成了事实上的市场进入壁垒("赢者通吃"现象),从而垄断市场份额。而那些没有达到临界规模的企业,由于边际成本小于临界规模成本,而被市场淘汰。当前高清电视机的标准有ATSC标准(美国)、DVB标准(欧洲)和ISDB-T标准(日本)。这些标准虽然都比模拟电视更具有优势,但是都被淘汰了,原因就在于模拟电视系统具有用户基数上的优势,超过了临界规模壁垒。

三、产品创新、工艺创新推动产业升级

在设计竞争过程中,形成了多样化的产品设计形式,也就产生了多样化的产品种类。虽然,在特定历史时期形成的诸多产品设计中,只有一种设计会成为主导设计范式,但是,客观上却形成了多样化的产品。非主导设计不会完全退出历史舞台,而是一直进行着小范围的演化。如果技术和市场条件成熟,非主导设计产品也有可能取而代之成为新的主导产品,获得市场先机即占先性,占据产业价值链的有利位置;同时,也丰富了产业内容,拓展了产业结构。

(一)产品创新

产品和工艺创新是设计竞争推动产业升级的主要形式。企业产品创新的渠道主要是新产品开发、研发设计或技术架构、新发明等,并以此创造新产品种类或者使现有产品功能、外观变化。设计竞争阶段,产品结构和技术结构尚未明朗,所以,产品创新是创新的主要形式,主要考虑如何运用现有技术创造出价值载体。单一技术可以形成完整的产品创新,但多数情况下,产品创新依赖于技术簇群共同创造出新产品。技术簇群的存在就涉及如何将各种相关技术进行组合、架构,所以,架构创新又是产品创新的主要形式。

(二)工艺创新

与产品创新不同,工艺创新的创新形式主要是探索新工艺、采用新设备、改进组织管理方法。工艺创新在于强调具体生产的过程,而产品创新强调生产过程的结果即要有具体的新物资产品。工艺创新通过对生产要素素质提升或者要素的重新组合起到降低生产成本、提升性价比的效果。

第四节 技术标准化与产业升级:标准期

一、技术标准与价值创造

(一)技术标准

主导设计的确立直接推动着创新迈向标准化,为规模经济、模块化铺平了道路。国内外对技术标准都进行了大量研究。ISO 分别于 1972 年、1983 年界定了相关概念;在借鉴国际经验的基础上,中国也分别于 1996 年、2005 年对技术标准进行了界定。综合国内外给出的定义看,技术标准具有科学性、法律性、市场性、技术性和开放性等特征。标准化是标准形成的过程,目的在于提出解决方案,获得最佳市场秩序和社会经济绩效。标准化的特点有:一是协调一致性,协同各方面的利益;二是经济性;三是协同性;四是科学性,即以科学、技术与试验的综合成果为依据;五是开放性,即要始终和技术、社会发展保持一致。从其内涵上看,技术标准包括基础技术标准、产品标准、工艺标准、方法标准及安全、卫生、环保标准。

技术标准为渐进式技术创新提供了技术基础和演进方向。本质上,技术标准是在特定技术水平下形成的,是控制核心技术从而形成排他性的垄断手段,也促进了技术成果的转化、扩散。技术标准以技术创新为基础。市场经济条件下,技术创新成果通过技术标准形成、实施运用促进生产力的提高。技术标准的经济意义体现在以下几个方面:一是产品的标准化解决了产品零部件的通用和互换,促进了社会分工,使规模化生产成为可能;二是构建了一道竞争性壁垒,获得垄断优势;三是进一步推动技术创新并与技术标准彼此促进;四是促进技术创新成果的扩散。

(二)技术标准的价值创造

技术标准创造更大价值和收益,收益等于采用技术标准前后带来的收益差:

$$R = V_2 - V_1$$

其中,R 为技术标准带来的价值,V_2 为采用技术标准的收益,V_1 为未采用技术标准的收益。

采用技术标准前,产品(服务)是联系生产者和消费者的纽带(图5-5)。产品生产仅限于小规模、多样化、小范围来满足市场需求,尚不能实现规模经济。采用技术标准后,技术标准代替产品或服务成为生产者与消费者之间的联系纽带(图5-6)。生产者按相应的标准进行产品生产或服务,而消费者按照需求选择产品或服务。消费者购买产品本质上在于购买产品的使用价值。技术标准规定了产品或服务的基本形态与特征,产品(服务)仅仅是载体。所以,技术标准决定了产品(服务)的使用价值。标准化带来的价值包括标准壁垒形成的收益、分工收益、规模经济效益等。

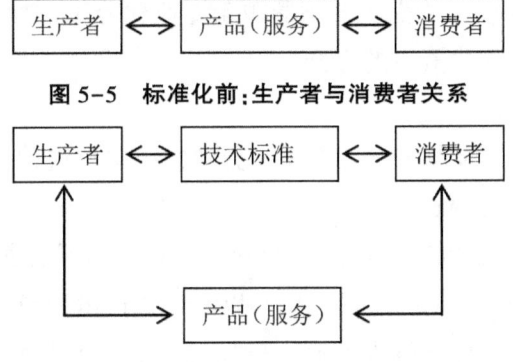

图 5-5 标准化前:生产者与消费者关系

图 5-6 标准化后:生产者与消费者关系

二、标准化推动产业升级的形式和渠道

(一) 成本节约与生产效率提升

1. 交易成本

技术标准首先降低了交易成本(transaction costs)。交易成本意味着,信息不完全、不对称会导致交易价格高昂,不利于市场交易。技术标准的形成恰恰消除了市场主体之间的信息不对称,从而降低了信息成本。

2. 生产成本

技术标准形成了规范的交易秩序,在技术条件和产品性能方面做出了具体要求限制。首先,技术标准促进了产品内和产业内分工。从技术角度看,产品就是一个技术系统,由系列子系统架构、链接而成。产品内分工体现在对产品子系统的分解和生产过程环节的分离。技术总系统和子系统的分解和相应标准的统一,实现了产品零部件之间的通用和互换,推动了产品内分工,提高了生产效率,也使得规模化生产成为可能。

3. 人力资本

宏观看,技术进步带动劳动力素质的整体提升。技术创新嵌入到劳动力赋予其更多创新能量。微观看,技术创新转化为技术标准,技术标准又转化为具体的作业程序、方法、要求。标准化为渐进式技术创新提供了基础和平台。分工中的劳动力通过标准化的生产方式发挥着干中学、学中干效应,不断提高熟练程度和创新能力。美国福特汽车公司生产线的发明正是由于对标准理念的贯彻和产品内分工的实施。T型车的成功只是标准化的牛刀小试,就足以将价格降低58%。极高的生产效率既源于专业化分工的效率提升,也来源于干中学效应带来的人力资本的提升。

(二) 价值链升级

产业价值链是产业横向分工和垂直分解的结果。这种分工和分解本质上是技术系统的分工与分解。技术标准内化于产品、外化于组织管理行为。最先运用激进式技术创新的国家、产业企业构建技术标准占据产业价值链的顶端,不但掌握着核心科学技术,而且仍然以渐进式技术创新保持持续的竞争优势和先发优势。技术标准越来越成为市场进入的一道藩篱,将后发经济体的进入者阻挡在市场之外或者限于它们设定的标准漩涡。后发经济体价值链升

级的重要途径就是技术标准化。标准化推动价值链内升级有两条途径(陶忠元 等,2016)(图5-7)。一是技术外溢与价值链爬升。在实施标准化战略、制定相关产品技术标准的过程中,采用新标准的企业从标准化秩序中获得蕴含的技术知识,通过消化吸收和运用实现功能性升级和价值链爬升。二是标准化通过约束技术的多样性、加速技术扩散与转移促进技术创新,促进先进技术溢出,推动产品研发,从而带动产品升级,实现价值链内升级。

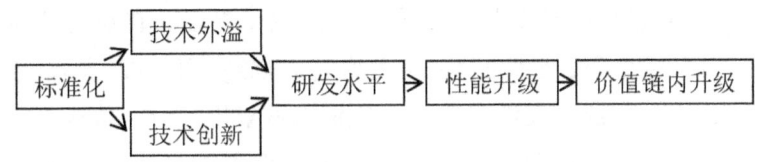

图5-7 标准化推动价值链内升级路径

(三)规模经济、范围经济与模块化

技术基础的类似性和技术标准的统一性给规模经济和范围经济效应的发挥提供了可能。

规模经济是生产规模扩大引起平均成本降低带来经济效益的现象。技术和产品标准为规模经济效应提供了重要前提。在标准一致条件下,如果存在拥有共同技术基础的系列相关产品,范围经济效应就开始发挥作用,既可以多元化生产又可以发挥协同效应降低成本。范围经济解决了规模化生产产品单一的缺陷,可以面向多个市场提供多个产品,满足市场多元化需求。规模经济和范围经济既是获取竞争优势的渠道,同时,也构成了市场进步壁垒,为后进入者设置了门槛。

技术标准统一也推动了生产趋向模块化(modularization)。从产品层次看,模块化就是将产品这个总技术系统分解出多个独立的子技术单元。每个单元拥有特定的子功能,而将所有子单元模块再架构与链接就构成了完整的总技术系统,成为完整的产品。模块化是产品内分工的一种形式,从产品中分解、衍生出更多的产业。模块化在推动产业发展的同时,也对后发经济体提出了挑战。模块化是拥有先进技术创新成果的国家、企业在保证核心技术不外泄的条件下进行的创新。后发经济体如果不能够获取模块化背后的核心技术,就难以形成真正的竞争力,有可能沦落为他们的加工厂。

(四)技术创新与技术扩散

技术标准为技术积累、技术创新率提升和技术扩散提供了方向和空间。

1. 技术创新效率

技术创新是经验和技术积累的结果,而技术标准是技术创新的提炼。技术创新与技术标准彼此促进。渐进式技术创新推动技术向前发展,也推动着技术标准不断演化升级;技术标准为渐进式技术创新提供了基准。从技术进步层面看,技术进步就是技术创新、标准形成、再创新、标准升级的循环往复的过程。企业、产业竞争力的关键在于持续的技术创新,在于技术能力和效率的提升。技术创新、新产品开发是获取竞争力的重要途径。在没有激进式技术创新成果出现的条件下,技术创新主要是渐进式创新,而集成创新和微创新成为主要创新内容。集成创新把已有的单项技术再架构、链接,构成新产品或组织模式。通用性技术与单项相关技术相结合,将会催生多样化的新产品,技术创新率将会极大提高。

2. 促进创新成果的扩散

技术标准化是规模化、产业化的重要前提。技术标准运用的过程就是技术创新成果扩散的过程。后发经济体通过技术溢出效应学习到先进技术,缩小技术差距;通过干中学效应进行自主创新,获取技术进步。拥有技术创新成果的企业为了保护自身利益,一方面获取知识产权保护,一方面制定技术标准并加以推广、渗透,以此攫取更多经济利润。

三、标准化与创新形式

技术创新进入标准化阶段后,产业发展具有四个特征。一是技术成熟。技术创新经过一个阶段的递增爆发,形成了相对完备的技术簇群。激进式技术创新让位于渐进式技术创新,重大发明、创新成果已很少出现,技术创新处于平稳发展状态。二是产品定型。由激进式技术创新产生的产品经过一段时期的发展,主导产品架构定型。产品创新让位于工艺创新,更多地在于工艺改进提高产品性能和增加功能,很少出现爆发式的产品创新。三是产业规模化。技术标准的统一,改变了小规模、小批量生产方式,逐渐走向规模化生产。四是市场结构平稳。技术创新转化的初期阶段,市场技术企业一般仅仅限于取得重大创新的少数企业。在市场充分竞争条件下,技术到了成熟阶段,经过优胜劣汰,最终达到均衡。市场集中度和产业集中度会有所提高。

基于该阶段的技术和产业特征,创新模式采取既定轨道上的渐进式创新、连续改进;创新形式主要是工艺创新、组织创新、功能创新和市场创新,产品创新较少。

(一) 工艺创新

根据创新的目的和内容,工艺创新包括提高产品质量等级、减少损失率、提高产值率、节约资源与降低成本以及环境友好等几个类别。产品质量等级品率是表征质量水平和技术规格符合度的指标。企业需要在工艺技术、工艺管理和工艺纪律方面协调创新,以确保产品质量和产值率。为减少残次品和浪费,企业既要注重组织管理、工艺设计、工艺技术创新,又要注重生产设备的适用与管理,并在两者之间协调创新。工艺创新可降低资源消耗、减少污染,降低生产成本。

(二) 组织创新

狭义的组织创新是指企业组织结构的设计和运行,而环境、战略、技术、规模等是其影响因素。组织创新有渐进式创新即不改变原有结构性质的微小变化和激进式创新即规制结构的根本性变化。由于科学技术水平短时间内难以发生重大变化,因此,渐进式组织创新是主要形式。途径有两个:要么改变组织中的人员行为,要么改变组织本身进而影响组织中的人员行为。组织创新通常在两条途径中同时进行,通过创造适当的组织结构与文化氛围、协调各部门行为,不断提升组织效率。美国福特流水线方式就是通过产品内部分解而做出的组织创新行为;日本"精益生产方式"就是通过严格管理、杜绝浪费、实现零库存而进行的组织创新。

(三) 市场创新

市场创新主要是指开拓新市场,既包括地域意义上的空间拓展也包括细分市场的发现。规模化大生产可以满足更广泛范围地区的市场需求。通过技术架构、工艺创新涌现出多样化的家族产品,在技术含量、工艺、性能、功能、外观等方面呈现出差异。不同子市场的需求偏好存在差异和多样化,而多样化的产品就可以有针对性地扩展,以满足不同需要。

第五节　范式转换、渐进式创新与产业升级路径:转换期①

科学技术是产业升级的内在驱动力,而科学技术对产业升级的动能会随着经济发展而减弱,需要新的科学技术改进、提升甚至替代旧有科学技术。长期看,产业发展和升级的过程就是新旧科学技术不断交替、扩散的过程。新旧科学技术系统的转换决定了新旧技术-经济范式的转变。范式转换阶段是产业升级的最好时期。对发展中国家而言,经济转型升级有两个机会窗口(Perez et al.,1988)。第一窗口机遇期是指某一技术系统在发达国家成熟后,后发国家依靠生产要素价格优势获取竞争优势实现产业升级和经济追赶;第二窗口期是指在旧有技术系统增长动力快速下降而新的技术系统正在进行而尚未完全形成的时期。由于第一窗口期中的技术系统在发达国家已经相对成熟而且掌控着核心技术体系和产业价值链,后发国家通过渐进式技术创新实现超越的难度较大,会遇到各种瓶颈约束,但是可以此缩短技术差距,实现产业追赶;而在第二窗口期中,新技术系统、新技术-经济范式尚未形成,后发国家与发达国家基本处于同一起跑线,就有机会在新的技术系统和技术-经济范式中占据先机,实现产业弯道超车。窗口理论是根据某一具体技术和产业演变特征而提出,具有重要指导意义。但是,窗口理论却不能解释范式转换过程和产业升级,因为范式转换不仅仅指某一技术或产业,而是基于特定技术水平下的技术簇群发生了变化。因此,第一窗口和第二窗口应包含技术簇群系统演化。技术簇群演化的非同步性与关联性为渐进式技术创新推动产业追赶、跨越升级提供了巨大空间。另外,即使是单项激进式技术创新也是循序渐进的结果,有些看似由偶然因素所引发,其实是偶然中的必然(邹坦永,2017a)。当前,上一轮技术革命的动能正在减弱而新一轮技术和产业革命已初露端倪,但发展势头尚未形成。在此背景下,实现新旧技术-经济范式转换是实现产业升级的重要战略机遇期。在范式转换期,渐进式技术创新如何发生作用?范式转换推动产业升级的过程与路径是怎样的?这些问题对中国产业发展具有重要现

---

① 本节的一、二、三部分来源于:邹坦永,《技术经济范式转换、动力及制约因素》,《现代管理科学》2018 年第 8 期。

实意义。

一、范式转换与构成体系

(一) 范式转换的界定

1. 技术-经济范式

按照库恩(1962)的解释,科学范式是某一时期形成共识的科学成就为实践共同体提供的典型问题和解答。从科学共同体的角度看,范式是指从事某一类科学活动所必须遵循的公认"模型",作为观念工具和实用工具,具有推动科学创造和定向聚焦的作用(王立新,2005)。库恩认为科学革命(科学范式转换)不是积累性的,而是新范式对旧范式的革命。虽然科学范式之间具有不可通约性,但科学进步和创新却是在一定范式内循序渐进的;而且,新范式也是基于现有范式框架并逐渐打破旧范式而产生。按照Dosi(1982)的解释,技术范式是对技术问题的"展望",是解决技术经济问题系列方案的集合和知识。Pavitt(1984)将技术范式引入到经济系统中,用以分析产业、企业活动,并指出了范式转换中的部门差异性,对创新部门和企业进行了分类。"技术模式"(technological regimes)理论从组织创新、搜寻行为、知识来源等方面描述技术范式(Winter,1984)。Malerba和Orsenigo(1993,1996)则从技术机会、收益性、积累性和知识基础等四个维度描述了范式特征。丁明磊、庞瑞芝、刘秉镰(2011)认为技术经济范式是指技术通过经济系统影响企业行为和产业价值链、商业模式的实现。罗仲伟等(2014)、吴晓波等(2006)将技术范式的内涵总结为被工程师、企业家等广为接受的系列规律、原则标准、方式方法。

技术-经济范式的含义有:一是在特定科学技术水平下,以普遍接受的最新自然科学技术原理为基础;二是以产品创造、产品生产、产业发展等为载体,经济产品体现出技术特性;三是表现为通过科学技术创新解决经济问题所遵循的原理、模式、规则、标准、方法、习惯。科学和技术都可以转化为商业行为。技术创新就是在特定技术范式下进行的创新行为。

2. 技术-经济范式转换

在特定技术范式内,激进式技术创新对产业升级的动能会减弱。当特定技术系统成熟后,技术创新率下降,产业发展缓慢,就需要新的技术系统即新的技术范式出现,于是,范式转换就成为必要。技术-经济范式转换是指新旧技术范式之间的转换并由此推动产业升级。旧技术经济范式动力日渐式微，新技术范式呼之欲出。此时，旧技术经济范式下渐进式技术创新在产业升级中的动能越来越不明显，而在新技术经济范式中的作用开始凸显。新技术经济范式确立的过程也遵循渐进式技术创新规律；产业升级仍然依赖渐进式技术创新。从某种意义上，正是渐进式技术创新才导致了激进式技术创新的出现。罗仲伟等（2014）通过对腾讯微信"整合"与"迭代"微创新的案例分析研究表明，范式转换过程实质上是渐进式技术创新的过程。所谓颠覆性创新、激进式创新不过是对渐进式技术创新成果的一种事后判断。微信的发展正是通过渐进式技术创新（微创新）确立了新范式。新范式取代旧范式一般都表现出以下特征：一是新兴技术簇群出现并表现出较强的扩散能力；二是形成了关于组织与制度的一套"常识性"原理即新的"最优模式"；三是"最优模式"能够最好地利用新技术（张国胜，2013；张国胜 等，2017）。

（二）范式体系构成

1. 技术范式构成

范式是有结构的。玛格丽特·马斯特曼认为科学理论、社会心理和基本价值规范等构成了范式的核心（蒋艳，2003）。王京安、何菲（2017）对范式体系进行了初步研究，认为技术范式由核心层、外围层和链接关系三部分构成，初步形成了基本框架。但是，该框架的缺陷也非常明显：一是以企业为对象，没有注意到产业和宏观层次；二是强调技术而没有考虑到科学；三是对"链接关系"的阐述主要强调核心层和外围层的共生关系，并没有分析其链接架构模式；四是技术创新定义模糊，没有明确区分激进式技术创新与渐进式技术创新。本书认为技术范式由主导技术核心圈层、外围技术支撑圈层和中间链接架构圈层组成。

（1）主导技术核心圈层

技术经济范式首先要具备一项或者多项激进式技术创新即技术簇群，这是技术范式的核心或"技术硬核"。主导技术核心圈层中首先要有激进式技术创新的出现。单一激进式技术进步虽然可能直接商业化，但是在目前的技术背景下越来越难以单独成功，越来越依赖于相关激进式技术创新。所以，系列激进式技术创新构成了技术簇群，成为范式的技术核心。该圈层中的科学技术为技术范式提供了核心技术和关键性内在要素，其内在逻辑决定了技术（簇群)的发展轨道。技术范式的转换首先是激进式技术创新的出现与发展,使得技术范式转换成为可能,也为范式转换提供了方向。

(2)外围技术支撑圈层

外围技术支撑圈层是指支持核心技术的各种直接或间接辅助性技术。该圈层中的技术创新既可以是激进式技术创新也可以是渐进式技术创新。主导技术核心圈层和外围技术支撑圈层之间存在共生关系,前者决定了后者的地位和功能,后者则有利于核心技术功能的发挥。主导技术核心圈层的商业化依赖于外围技术圈层的支撑。外围技术圈层与主导技术圈层具有较强的相关性,两者共同成为范式的主体构成部分。

(3)中间链接架构圈层

该圈层以某种形式、架构将激进式技术创新和已有技术有机链接。架构创新是技术创新的一种重要形式。架构方式的多样性决定了技术创新的多样化。新产品的出现、产品家族的产生很大程度上源于中间链接架构的多样化。诺基亚帝国的衰落,并不在于其科学技术的落后,相反,其在通信领域具有许多重大发明;苹果公司的崛起,并不在于其科学技术的先进,而在于其架构创新及对新技术的广泛应用。

2. 技术经济范式体系构成

技术经济范式是一个系统,一般由四部分构成。

(1)主导技术经济范式

从微观视角看,一项核心技术对应着一项技术经济范式;从宏观视角来看,占据主导地位的技术经济范式只有一种。因此,在既定条件下,经济系统中存在多个技术经济范式。而在诸多技术经济范式中又有主导技术经济范式和非主导技术经济范式的分别。从宏观来看,整个技术经济系统中,由于技术水平、社会、经济、文化、制度的客观性,最终只有一项技术经济范式会占据主流即成为主导技术经济范式。主导技术经济范式很大程度上决定了技术经济系统的演化方向。无论微观上的企业主体还是中观层次的产业发展都受到主导技术经济范式的约束和影响。

(2)非主导技术经济范式

非主导主要体现在:一是指该技术创新自身发展不成熟,处于萌芽状态尚未形成技术经济范式;二是该技术创新虽然成熟但因外在环境制约而没有成为主流,这些非主导技术经济范式虽然没有成为主流但是并不意味着未来不能够成为主流,如果条件成熟,也有成为主流技术经济范式的可能。基于此,非主导技术经济范式与主导技术经济范式存在竞争性关系;非主导技术经济范式之间也彼此竞争演化。随着技术经济的发展和条件的具备,非主导技术经济范式不断自我改良、革新,逐渐对主导范式构成挑战。

(3) 经济组织范式

新发现、新发明、新设计本身并不能产生价值,需要在经济系统中才能创造并体现价值。所以,技术经济范式还包含经济系统,涉及产品创新、生产组织等。经济组织体系包括技术创新对应的新产品、新技术、产业生产组织范式(比如流水线、规模化大生产、规模化定制、分布式生产)等。历次技术和产业革命都形成了最优的生产组织范式。黄阳华(2016)对历次康德拉季耶夫长波中的生产组织范式进行了考察,并归纳了技术经济范式转换中生产组织方式的演化规律。第一次产业革命形成了工厂制和技工承包制等组织方式。第二次产业革命由第三次和第四次长波组成,被称为"制造业的电气化革命",依次形成了泰勒制和福特制两种典型的生产组织方式。一般将20世纪70年代开始的工业信息化时代视为第五次长波,出现了至今仍具有广泛影响的"柔性制造系统"(FMS)。

(4) 制度环境体系范式

技术经济范式转换受到系统以外的制度、文化等环境的制约。制度体系是技术经济范式得以确立的条件,科学技术的商业化、扩散依赖外在制度因素与之相适应,即制度环境范式的转换。技术与经济就像种子,而土壤、天气、人的主观能动性等则是种子的生存环境。技术经济范式中,技术、经济的生存环境包括微观、中观和宏观三个层面(图5-8)。微观层面是指各种市场主体,它们的认知影响技术范式的建立、扩散;中观环境包括产业与市场;宏观环境包括法律环境、人文环境等。

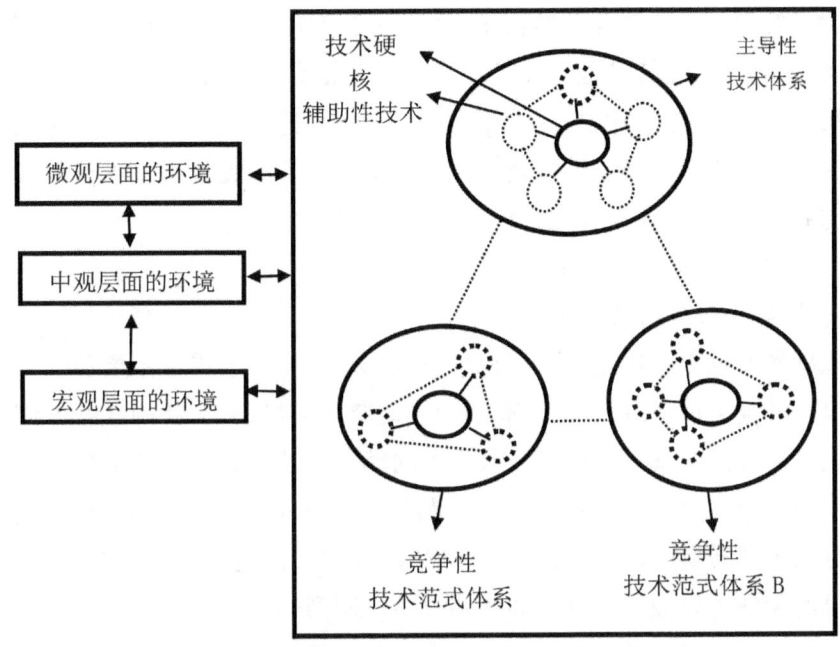

图 5-8　范式体系构成

注：方框内三个大圆内部为适应性环境范式，虚线链接为组织范式；方框内与三大圆之间空白处为整体环境。

以上四个方面构成了技术经济范式的全部内容。四个子系统之间形成了一个共生的生态系统，彼此之间相互作用、依赖，不断演化发展。技术经济范式与外部环境之间相互作用、彼此影响又相互适应，逐渐实现最佳技术效率和市场绩效。第一，主导技术经济范式和非主导技术经济范式是一种竞争关系，非主导技术经济范式也彼此竞争演化。第二，经济组织范式是技术范式在经济系统中的表现形态；经济组织范式具有反作用，推动着技术创新渐进式发展。第三，制度环境体系则对技术经济范式进行选择。恰当的制度环境体系推动着技术经济范式的构建、确立，而不恰当的制度环境体系阻碍技术经济范式的形成，甚至可能毁灭技术经济范式作用的发挥。第四，四个构成要素之间按照非线性的路径交互作用，从而影响着技术经济范式。

二、范式转换动力机制及影响因素

按照范式转换的能动性可分为主动转换和被动转换。主动转换是指市场主体为了发现、创造、适应新的技术经济范式,为获取可观的预期利润而进行的主动性调整;被动转换是指技术经济系统已经出现了新情况,一方面原有产业发展动能不足、微利化,另一方面外在环境压力迫使企业、行业、社会发展做出相应调整。不管是主动转换还是被动转换,范式转换的动力一般包含社会福利与利润预期、产业差异化和环境变化及适应。

(一)范式转换动力机制

1. 社会福利与利润预期

基础科研成果具有基础性、公益性和公共性,全社会将从中受益。政府机构为谋求社会总体福利提升,也有动力推动范式转换,并为此构建技术创新体系与促进研发。利润是企业发展最根本的动力。技术是企业获取预期利润的重要手段。企业为了获取更多利润不断进行技术研发以期待创造更多价值。企业寻求范式转换的动因有二。首先,现有技术经济范式的动能减弱、产业微利化已经无法为企业带来可观的预期收益。剧烈的竞争促使企业产生了技术搜索与研发进行范式转换的动力。这是企业的被动转换行为。其次,新的技术发明、创新往往会有更好的利润预期,而新的技术创新往往创造了新的技术范式。激进式技术创新与市场选择机制的匹配所形成的新技术经济范式具有的高收益特征,驱动着企业主动研发,以寻找新的技术进展。这是企业的主动转换行为。

2. 产业差异化、空间拓展与竞争优势

竞争优势是产业升级的主要目的,来源于产业差异化:一是"我有你无",获取先发优势;二是"你有我优",获取比较优势;三是"你有他有我异",获取特色优势。范式转换是激进式和渐进式创新共同作用的过程。激进式技术创新对产业结构的影响有两个方面。一是产业内容变化。激进式技术创新形成世界新颖的新产品、催生新产业,拓展了现有产业内容和结构。同时,激进式科学技术也会对其他相关产业进行渗透,影响其核心技术的变化。二是产业技术升级。激进式技术创新通过改变现有产业的核心技术,从而引起现有产业技术升级。虽然激进式技术创新在产业升级中具有根本性作用,但是渐进式技术创新贯穿于技术创新全过程并且对产业绩效具有显著效果。这两种变化因其科学技术范式差异而引起技术经济范式的转换。产业企业通过率先占据产业有利位置、掌握产业发展所需核心技术获得先发优势,从而获得竞争优势。

3. 环境适应驱动

经济系统外在环境变化也是范式转换的动力之一。环境变化包括要素资源、市场体系、生态环境、社会价值追求等变化。生产要素资源变化主要是生产要素短缺。随着经济的发展，来源于自然界的物质资源不断被消耗，有些几近殆尽。物质资源的减少甚至消失使得经济生产无以为继。生态环境主要是指人类赖以生产的自然环境生态。经济系统的自发性和逐利性破坏了自然生态，对人类生产构成了威胁，比如矿产资源的消失、森林草地退化、臭氧层的破坏、大气污染、温室效应等。人类经济生产虽然创造了巨大财富但是也带来了灾难性的威胁。为了生存的需要，技术经济范式也需要转换以与之相适应。社会心理学家弗洛伊德认为人类需求是分层次的，每一需求层次的变化都依赖于技术范式的转换。自我价值实现因其价值取向的多样化也决定了技术发展方向。所有这些外在因素都处于动态演化过程中，因此，技术范式也需要不断调整与之适应，这就需要技术经济范式的转换。

（二）范式转换的影响因素

从技术与经济发展的历史规律来看，技术创新与产业发展朝着满足人类需求、解放劳动力、增加人类福利的方向演化，这是必然的趋势。不同技术经济范式的转换就如人类发展的阶梯，每转换一次，人类生活质量就迈上了新的台阶。然而，生产资源、制度环境、社会文化的惯性注定了范式转换必然是曲折、缓慢的过程。

1. 旧技术经济范式的自稳性

旧范式具有自稳性，这就决定了新范式取代旧范式需要付出一定的转换成本。库恩将科学区分为常规科学与科学革命。常规科学是指建立在一种或多种过去科学成绩基础之上的研究，这些科学成就为某个科学共同体在一段时期内公认为是进一步研究的基础（库恩，1962）。常规科学通过所谓系列的定理、理论、应用和仪器为特定的科学研究提供了特定的分析研究模型。科学共同体都遵循了这样的规则和标准从事科学实践。即使在实践中遇到模型不能解释的问题、现象，由于没有更好的理论可以解释，科学共同体也宁愿相信不是理论本身的问题，进而继续以常规科学范式开展研究。由"地心说"向"日心说"的转换就说明了这一点。

科学领域如此,技术领域亦如此。非主导技术由于技术不成熟,市场认知、市场需求的固化也很难顺利实现市场扩张。1876年,当贝尔发明电话时,人们曾预测电话将毫无用处;1886年,卡尔·本茨发明世界第一辆三轮车,人们曾嘲笑它的笨拙,甚至跑不赢一匹马;当人们想象像鸟一样翱翔天空而进行努力之时,多数人认为他们不是傻子就是疯子。1903年,当莱特兄弟第一次驾驶飞机飞行成功后,并没有立即得到美国政府和公众的重视,甚至媒体怀疑其真实性而拒绝报道。这样的例子很多,充分说明了技术创新、扩散是一个艰难的过程。新事物产生初期,多以异类而存在。在新事物没有明确的发展方向、没有产生即时的经济效益和价值之时,多数人倾向于选择观望而不是拥抱接受。

虽然旧范式框架下的动能日趋减弱,经济增长、产业发展进入市场饱和、微利化阶段,但是其因经济体量巨大,仍然是推动经济增长的主要动力和经济收入的主要来源,依然是利润、就业、创新的主要渠道。经济发展的惯性继续推动经济缓慢增长。

2. 核心和外围支撑技术圈层的不完备

单项激进式技术创新越来越不足以引发新一轮技术和产业革命的出现,更难以建立一个完整的技术经济范式。拥有完整的技术簇群是历次范式转换、技术和产业革命发生的明显特征。技术簇群往往以某一技术为核心,与其他激进式或渐进式技术创新形成互补性较强而完备的技术体系。技术革命和产业革命无不依赖一组互补性较强的技术簇群。在特定时点上,可能产生某项激进式技术创新,但是技术簇群并不是同步进行的,这依赖于相关技术研发的进展。嫦娥奔月是人类希望飞向天空、探索月亮的美好愿望,然而,直到20世纪才得以实现。原因就在于飞行器依赖于一组技术簇群,而科学技术是渐进式进行的。我们人类经历了几个世纪才形成了完备的技术簇群,从而才得以设计研发出了能够遨游太空的飞行器。

3. 生产要素资源约束

范式转换不但要求科学技术创新,而且对生产资源提出了新要求。适应原有技术范式的生产要素资源和战略不再适应新技术范式的要求。从微观层面看,企业现有生产资源不再满足新技术需要。新技术范式要求企业所需的技术、生产要素资源、资产设备与现有资源有巨大差异,更多是替代性而不是互补性关系。企业需要搜寻新的符合需要的生产资源。从产业层面看,现有产业拥有的基础设施、人力资源、产业政策等资源不再满足新技术、新产业发展需要。历史上，每次技术和产业革命无不先后经历了基础设施、专用资产和产业政策的调整。生产要素一般分为科学技术、人力资源、物资资源和资本等。科学技术与经济系统发生联系的载体是产品；而产品生产需要各种资源比如人力资源与技术范式的匹配程度。技术创新往往是少数人的创新，多数人并不能随之掌握相关知识和技术，这就产生了滞后性。

生产汽车就需要掌握汽车生产技术的工人和研发人员；生产飞机就需要掌握飞机原理、制造技术的人才。科学技术创新是循序渐进的，而人力资源也需要与之相适应。技术创新与人力资源积累具有非同步性。一项技术创新产品对物资资源具有特别的要求。钢铁的生产需要大量的铁矿石资源，飞机发动机的生产需要耐高温的部件，电流的传导运输需要特定的传导介质。没有这些特定需要的资源做支撑，产品就无法被生产或者达不到市场预期效果。另外，基础设施和专用性资产也制约着范式转换过程和产业革命的深化。

4. 市场制度环境的刚性约束

市场不会自动产生，产业升级不可能跳过必要的阶段（文一，2016）。这里既有市场培育的需要，也有制度环境形成的需要。市场制度体系构建是经济系统内在发展的结果，具有技术–经济范式的匹配性。特定范式对应特定市场制度环境，范式转换对应市场制度的转换。新范式与市场制度体系建设并不同步，后者往往滞后于前者且具有刚性。在第二次产业革命中，英国盲目自信沉醉于自有范式而失去了霸主地位，而德国、美国迅速把握住范式转换契机主动创造新技术–经济范式的市场制度环境从而超越了英国。很多新技术创新并非在美国、德国出现，但是他们把握住了范式转换机会。英国的衰落源于市场制度体系构建的刚性，德国、美国的崛起源于其打破了刚性。市场制度环境的刚性决定了其市场经济自身不会主动改变，需要外在力量将其推倒重建。

5. 新范式依赖的基础设施跟进迟滞

基础设施是推动技术经济范式转换的重要力量。第一次技术长波的基础设施是运河、帆船、公路，第二次长波产生了铁路、电报、蒸汽船，第三次长波产生了钢轨、钢船和电话，第四次是无线电、高速公路、机场、航空公司，第五次是互联网。新范式的确立和扩张离不开技术、交通设施等基础设施。正是基础设施的跟进推动了历次技术长波经济效应的发挥和范式转换。基础设施的提供将技术经济范式蕴含的力量充分释放。同时,我们也看到,基础设施供给受到诸多因素的制约比如相关技术、生产要素的短缺、产业前景预期及不确定性等,存在严重的滞后性。激进式技术创新初期,因其发展应用前景尚不明确,对其所需的基础设施的内容、框架、要求也不甚明朗。再加上其市场需求规模偏小,还不足以引起市场主体足够的重视,还没有必要为其大规模投入相关基础设施。基础设施的完善依赖于技术创新及其运用、影响力的大小和程度。在最佳基础设施规模之前,新范式的扩张速度相对缓慢;在形成最佳基础设施规模后,新范式才会实现突飞猛进的发展。

三、范式竞争、转换与产业升级

表面上看,范式转换是激进式技术创新及其扩散并取代旧范式的过程,实质上则是渐进式技术创新引发激进式技术创新并主导着新范式转换的过程。激进式技术创新开辟了新产业和产业技术轨道,然后通过渐进式技术创新发挥自我强化机制,塑造其发展所需的环境。现有主导技术-经济范式已经与现有制度环境完全匹配,无法满足激进式技术创新所需的条件。因此,激进式技术创新就必须在现有主导技术-经济范式环境中开拓出自己的最优模式,即实现范式转换。熊彼特认为,技术经济范式动能遵循规模报酬递减规律,只有当原有主导范式动能消减甚至停滞时,市场主体才产生对新的技术范式、轨道的需求(Clark et al.,1981)。张国胜(2013)在 Perez 的基础上将范式转换划分为导入期、构建期与常规期三个阶段。借鉴以上研究成果,将范式转换分为范式导入期、范式构建期和常规期三个阶段,并从技术簇群、主导产品、产业链、生产组织范式、市场培育、市场制度建设和基础设施等方面分析渐进式技术创新推动产业升级的路径。

(一)导入期:传统产业式微、新兴产业崭露头角

1. 渐进式技术创新推动技术簇群相继出现,实现技术零星突破

新范式形成初期,最明显的特点是在科学技术领域有了新发现、新发明。这些新发现和新发明一般在各个领域独立地出现,它们之间起初并没有明显关联,也没有表现出明显的应用前景。这些发现与发明因与现有范式具有明显不同特征而引起广泛争议,其研究应用停留在实验室阶段。虽然不成熟,但随着研发的深入和相关科学技术的出现,其应用前景逐渐明朗。只有范式所

依赖的技术簇群都出现之后,范式才能得以确立。从牛顿(1687)首次提出万有引力和三大运动定律到阿波罗 11 号于 1968 年成功登月,中间围绕飞船的研制攻克了难以想象的各种技术难关,时间跨度两个多世纪。从 1900 年普朗克提出"量子"概念到 2016 年中国成功发射全球首颗量子科学实验卫星"墨子号",期间经历了坎坷的发展之路。没有后续的相关科学技术创新,就不会有飞船和量子卫星的诞生;没有在此基础之上的渐进式技术创新,就不会开启产业化新征程。

2. 渐进式技术创新形成主导产品群,初步拓展产业结构内容

科学技术进步的价值终归要体现在经济系统的应用中,需要由技术发现、发明转换为具体的有形或无形产品,这将是漫长的过程。导入期阶段,市场主体围绕产品设计进行竞争,已初步形成系列新产品,但多以产品模型存在于实验室或拥有小部分市场,在产品设计、功能、性价比等方面尚未有所作为。技术创新应用导致产品种类的多样化,而产品设计导致产品架构的多样化;产品设计竞争的结果就是主导产品的定型。此时,由于关键核心要素价格高昂,产品性价比不高,还不能"飞入寻常百姓家"。

我们可以从蒸汽机的发明、运用来看主导产品产生过程。主流看法认为瓦特是蒸汽机的发明者,其实不然。该观点忽略了众多前人的贡献。蒸汽机的关键结构包括风箱和水排。"风箱"发明于中国宋代,并于 18 世纪在欧洲得以广泛应用;《后汉书·杜诗传》中有明确记载,"水排"产生于 1900 多年前的中国。而蒸汽机没有产生于中国。世界上第一台蒸汽机的雏形来源于古希腊数学家希罗(Hero of Alexandria)在 1 世纪发明的汽转球(aeolipile)。英国人萨维利(Savery)于 1698 年、纽可门(Newcomen)于 1705 年各自独立发明了早期的蒸汽机,但是效率太低,应用范围有限。1769 年后,瓦特在此基础上进行了系列革命性改进,大幅度提高了蒸汽机的工作效率,蒸汽机才得以推广到其他产业生产领域。

该阶段新产业处于萌芽状态,具体表现在:一是产品种类少而单一;二是市场潜力没有表现出来,产品市场份额、规模受限;三是没有明显的产业分工。市场需求和产业规模有限决定了产业分工链条的简短;相关技术不成熟也限制了产业配套能力。因此,新产业发展、扩散缓慢。

3. 渐进式技术创新生产组织范式刚刚萌芽

生产组织范式转换是技术-经济范式转换的重要内容。生产组织范式阻碍或推动着生产效率、产业规模及产品多样性，其基本功能是有效提升生产管理效率，降低组织的制度成本。导入期阶段，现有主导生产范式的自稳性使其具有自我固化倾向，而适合新技术经济范式的生产组织范式尚不明显。新的生产组织范式形成既依赖于激进式技术簇群固有特性又依赖于要素结构、产业结构和基础设施形态所构成的特定情景（黄阳华，2016），是逐渐演化的过程。渐进式技术创新促使技术簇群新特性凸显、生产要素结构和需求偏好变化。这些变化引起对组织创新的需求萌芽。技术簇群的特性与组织方式具有内在一致性，通过渐进式技术创新逐渐使两者形成最优结合、匹配。技术特性变化必然要在组织方面进行创新并与之适应。技术创新通常会产生新的增量要素，引发要素结构和质量变化，迫使进行组织创新、架构创新。随着生活水平提高，技术创新也会引起需求偏好的改变。这些方面的变化成为生产组织范式萌芽的重要因素。

4. 渐进式技术创新推动市场"胚胎"形成

市场是范式转换的经济动力。激进式技术创新和产品的生命力来源于市场需求，市场决定其成长与规模。导入期阶段，由于认知与潜力挖掘的滞后性、不充分性，技术产品虽然具有世界新颖性，但是并没有产生较大市场需求，市场还认识不到新产品的价值，甚至对其可行性持有怀疑态度。市场是公共产品，并不会自动产生（文一，2016；王丽莉 等，2017），需要其他方面的总体配合。此时，虽然市场对新的基础设施有了初步需求与设想，但还基本处于空白状态。

5. 渐进式技术创新敲响制度跟进的钟声

市场制度是范式转换的保障。范式转换导入期，由于制度刚性和市场潜力尚未彰显，制度建设滞后；虽然出现了市场制度建设变革的呼声，但更多的是"只听其声未见其行"。舆论宣传起到社会启蒙作用。新范式制度建设的跟进将是长期的演化过程，依赖于其自身的生命力。

总体而言，在导入期，产业发展有两个特点：一是现有传统产业（相比于新技术、新产业而言现有产业都属于传统产业）进入规模报酬递减阶段，市场饱和、盈利能力降低；二是激进式技术创新所引发的技术突破、新产品、新兴产业进入"试错"阶段,处于市场选择过程,技术不成熟、市场制度环境不配套、盈利能力尚未彰显,但具有可观的利润预期。在这样的环境下,市场主体虽然在一定程度上认可新兴产业,但是仍然坚持认为现有主导技术-经济范式是主流。新产业处于萌芽期,市场份额小,主导技术和产品不成熟。因此,那些萌芽于现有主导技术-经济范式内部或外部的激进式技术创新在产业化过程中就会遇到现有范式的约束。这些约束表现在主导技术-经济范式下建立起来的市场忠诚度、市场体系和制度环境等。现有市场主体对原有范式具有严重的依赖性,存在高昂的转移成本;现有市场体系主要为主导技术经济范式而建构,具有一定程度的排他性和倾向性;制度、文化等环境因素也是为原有范式服务的,具有制度刚性、惰性、黏性。所有这些难以改变的因素都是新范式形成的障碍。障碍壁垒的破除和重构依赖于新范式的发展和政府的积极有为。但,这必将是一个缓慢的过程。有生命力的新范式就像新生婴儿一样,虽然弱小,但其成长的势头不可阻挡。原有技术经济范式的潜力已从峰值向下衰落,旧有技术体系与惯常准则也由原来的极力推动者逐渐成为制约产业发展的绊脚石。市场主体也越发地意识到创新是必由之路。对于发展中国家而言,更倾向于拥抱新范式实现对发达国家的产业追赶,而且这种愿望异常强烈。

(二)构建期:传统范式分裂、新范式扩张

一旦市场主体意识到传统产业的衰落,迫切需要改变、创新,新范式便开始了"自发秩序"的扩张,旧范式由此分裂(Hayek,1978)。渐进式技术创新之路从此正式开启。随着市场主体的进入和研发投入的增加,技术创新的成果也会越来越多,逐渐形成了关键的科学技术体系;生产效率也相应提高,并开始向其他产业渗透、扩张。新兴产业逐渐由小到大、由大到强,市场份额扩大,盈利能力不断提升,规模经济开始显现。盈利能力的提升吸引市场主体为攫取更多利润而加入到新范式的构建中,社会主体也主动为新范式的确立创造外在制度环境条件,为其发展铺平道路。新范式在竞争中通过自我反馈、自我强化实现范式扩张。扩张的道路是不平坦的,充满了各种障碍与约束。路径依赖是一道难以跨越的高山。此时的障碍表现在三个方面:一是主导设计、技术标准尚未形成,二是市场需求规模小,三是旧范式的制约。新旧技术经济范式的共存使得经济系统陷入各种失衡状态。如果各种失衡得不到有效解决,技术变革与新兴产业发展范式就需要通过长期的渐进式创新过程。反之,新范式将得以快速构建,新的科学技术和新产业将跨越门槛实现迅速发展。

范式构建期分为转换瓶颈克服之前和之后两个阶段。这些瓶颈有关键生产要素成本高昂、基础设施稀缺、政策制约等。瓶颈克服之前,新产业发展缓慢;瓶颈克服之后,新产业进入迅速发展阶段,范式也逐步确立。渐进式技术创新在以下方面继续发挥作用。

1. 技术簇群体系基本完备,关键要素实现突破,产业集群形成

新技术-经济范式中形成了相对完整的科学技术体系,进入范式"自发秩序"和自我强化过程。产业发展所需的各种技术体系包括技术子系统已经具备,但技术自身还不成熟,有待改进。通过产品设计竞争,产业中出现了多样化的新产品,主导产品和产业集群形成。构建期前半段,最鲜明的特点是产品成本高昂,原因在于产品生产需要的核心技术没有突破,成为产业化的障碍。由此,产品种类相对较少、质量不高,规模经济效应和市场需求规模被限制;传统范式依然占据主导地位,传统产业依然是经济发展的主要动力和利润来源。新产业还无法和传统产业相抗衡,但是新范式和新产业顽强的生命力在实践中逐渐体现。构建期后半段,一旦渐进式技术创新解决了产品所需的关键生产要素成本高昂的制约之后,产品生产将沿着规模化、多样化、标准化方向演进;新产业开始扩张,产业链不断延长,产业和产品规模扩大,在经济发展中的比重显著提升。新产业、新技术向传统产业的渗透、扩散对其形成强大冲击,传统范式开始分裂。传统产业体系虽遭到蚕食但也逐步实现优化升级。

2. 生产组织范式转换确立与公共产品的有效供给

新的技术特性和产业特点,引发对生产组织方式转换的强烈需求,迫切对传统生产组织范式进行变革和创新,以适应新技术、新产业的生产发展。但直到生产要素结构、产业结构和基础设施等形态所构成的特定情境与新的生产组织范式相匹配之后,新的生产组织范式才打破了旧范式牢笼束缚,进入组织范式转换过程。生产要素以新形式重新结合,能够较好地满足多样化的市场需求。历史上的工厂制、技工承包制、泰勒制和福特制以及柔性制造就是生产组织方式的典型转换。构建期,新范式的生命力、新产业的迅速发展前景和利润预期,以及国家产业转型升级的需要,使得市场主体认识到基础设施的重要性。此时,市场的倒逼和政府的改革愿望共同促使开展基础设施建设,提供范式所需的公共产品。基础设施实现了由 0 到 1 的突破、由 1 到 N 的深化。

3. 市场制度体系初步成型

市场制度体系中商品市场、资本市场、劳动力市场等方面相继出现相应的政策制度,总体框架已经形成。经济法律制度对市场主体制度、权利制度、行为制度和责任制度进行了规范。产权制度是市场制度体系的基础。首先,给予新范式以法律保障。现有市场制度体系没有对新情况的规定,需要从法律层面加以明确,实现法律制度从无到有、从有到全的转变。其次,给予产权界定。新范式中的新产品、新技术、新知识、新数据往往是以前所没有的,对其进行产权界定以明确归属以及权责利,并给予保护。比如大数据时代,市场主体产生的数据的归属问题、数据的利用程度问题,这些都是以往不曾遇到的新情况。政府主要从规范制度体系降低制度性成本,主动纠正市场失灵问题,加大对公共产品的供给,维持市场秩序,推动市场自由竞争、自由定价。

(三) 常规期:新产业平稳发展及与传统产业的耦合升级

在克服现有要素、组织、制度约束后,新的主导技术经济范式得以确立。新技术范式替代旧技术经济范式,新产业进入渐进式技术创新的新轨道。常规期,产业升级表现在两方面:一是新范式下催生的新产业从技术、产业内容、产业链方面不断发展、拓展,形成了相对完整的产业价值链,其比重不断提升;二是新产业、新技术与传统产业耦合互动,实现产业结构优化和整体升级。一方面,新技术产业在自身发展中对传统产业进行全面改造,在改造中实现自身进一步拓展升级;另一方面,传统产业吸取新产业、新技术实现技术迭代升级,为新产业提供市场和空间。常规期的特点是:新标准形成,规模经济与范围经济效应得到充分发挥;新产业与传统产业耦合互动密切;市场竞争激烈,在经历规模报酬递增、递减及产业融合之后,逐步走向产业成熟直至衰落,进而产生对新技术范式的需求。渐进式技术创新主要从互补型产业、替代型产业和突破产业锁定等三个方面推动产业全面升级。

1. 互补型产业升级

现有传统产业中,有些产业是新产业不能够完全替代的,但可以吸纳新产业技术并加以改进。但是,那些不能被替代的传统产业将会因技术投入不足而变得发展缓慢甚至陷入停滞状态(方建中,2013)。传统的产业升级往往注重从传统产业领域向新技术产业转移和替代,从而忽略了新技术产业对传统产业的渗透与改造,由此造成二元化分割:传统产业的粗放与新产业的集约并存。传统产业受制于资源和环境而陷入低端锁定,竞争力严重削弱,产能过剩普遍存在。新产业、新技术则可以帮助传统产业突破发展瓶颈。最明显的例子就是运用先进的科学技术对农业的改造与提升。中国农村农业发展缓慢,原因是多重的,比如现有土地制度将农业生产限制在小规模状态,新技术、新产业难以施展作用。美国农业产业发展之所以规模大、效益好,就是因为能够充分利用先进的科学技术对其进行改造。

2. 替代型产业升级

后发国家普遍存在技术追赶型产业,产业升级表现为新产品、新产业的升级换代。由于没有核心技术且追求短期利益,技术追赶型、替代型产业往往在质量上没有竞争力,获取附加值能力较小。新范式中技术体系具有通用性特征。渐进式技术创新可以从两个方面推动替代型产业升级。一是产品升级。首先是置换产品技术内核实现产品技术升级。渐进式技术创新可通过新技术体系置换支撑传统产业发展的旧技术体系,赋予传统产品、产业以新的技术内核,借助新核心技术的渗透与改造实现技术升级。比如手机的基本功能是通信工具,通过技术升级推动手机由功能型向多媒体手机再到智能型转化。其次,打通多种功能,拓展产品边界,逐渐平台化,实现产品功能升级。二是产业升级。首先,通过运用最新技术重塑产业价值链,提升附加价值,占据高附加价值环节。其次,市场创新实现替代型产业转移优化产业结构;渐进式工艺创新、组织创新提升新产业比重,产业结构更加合理。

3. 耦合互动突破低端"锁定"推动产业转型升级

后发国家传统产业面临三个"锁定":产业结构固化锁定、产业链低端锁定、"碳锁定"(方建中,2013)。新技术、新产业与传统产业耦合发展,发挥渐进式技术创新作用则可以突破传统范式限制,化解产业升级面临的挑战。新技术产业是有效钥匙;渐进式技术创新是解锁的主要方式。

(1) 由"腾笼换鸟"到"鸟笼重构"

腾笼换鸟也叫"双转移战略",是汪洋(2008)以文件形式提出的。"笼"一般可理解为区域分割之笼和现有产业结构固化之笼;"鸟"一般为具体产业及其资源、劳动力等。"腾笼换鸟"造成的后果就是传统产业实现了空间移动、空间产业布局结构优化而没有实质性产业改变和升级;新产业、新技术等所谓的"鸟"离开传统产业资源和市场需求作依托也难以实现高端突破,难以消除产业趋同现象。产业升级绝不是"腾笼换鸟"那样简单,没有资源,没有基础产业、高素质人员作支撑,"鸟"难以高飞,凤凰只会涅槃而不会重生。传统产业路径依赖和产业锁定效应决定了产业可以"换笼"而不可能实现产业升级。新产业的发展依赖于本领域技术演化,更依赖于传统产业的基础作用。

新产业与传统产业由替代性向耦合性转变是突破产业全面升级的根本路径。新技术产业与传统产业耦合,通过彼此互动作用既可相互支撑又可打破产业边界分立之"笼",进而拓展产业外延、深化产业内涵。这种耦合为产业升级提供了两把"钥匙"。一是低端产业化的钥匙。因技术交叉、融合,产业技术替代性提升,传统产业得以"焕发青春",获得新的发展动力。二是产业差异化竞争的钥匙。产业耦合促使产业自身纵横分解、融合增量创新推动产业差异化,而差异化就是竞争力。由此,产业链条转换和升级的障碍就得以化解、消除。这两把"钥匙"打开了产业结构固化之锁。

(2) 由"飞地"变迁向"耦合裂变"创新

产业链的低端锁定和战略性隔绝是后发国家产业升级的重大障碍。全球产业和价值链分工是主要态势;发达经济体掌控核心价值链,后发国家从事非核心环节是普遍格局。发达经济体的惯用方法就是,通过契约和标准化、模块化整合成产业集群进行总体控制协调,把控产业核心价值链和核心科学技术链,进行全球布局。后发国家只能在发达经济体构建的产业分立模式下按部就班地实现产业替代式升级,而很难实现产业高度化升级,产业集群呈现出"飞地"特征,陷入低端锁定状态而不能自拔。中国"以市场换技术"的失败就源于此。

新技术经济范式转换时期,后发经济体将新技术产业与传统产业耦合则可以有效打开低端之锁。因为,新旧产业耦合可以创造性地产生、发挥产业范围经济效应和产业结构高度化的新方法和新业态。一方面,新旧技术产业之间的融合互动可以形成新产品、新业态,亦可拓展产业竞争领域,促使规模经济和范围经济效应凸显。新产品、新业态丰富产业内容,拓展产业结构;规模经济和范围经济效应弱化资产专用性限制,学习效应推动产业平均成本、边际成本下移。范式转换中的市场竞争行为主要是为了能适应全球产业竞争要求而进行的优势串联行为。耦合中形成的成本优势和市场竞争战略转换可以解开产业链低端锁定之锁。另一方面,新旧技术产业耦合推动传统产业由分立替代性升级向新兴产业部门转换升级。新范式下的通用技术的渗透、拓展是推动产业升级的最为主要的力量。比如,信息时代,信息技术和数字技术的应用渗透与融合,新旧产业之间、部门之间实现一体化发展,从而使产业结构向技术含量高的产业部门演化。

(3) 由"粗放式"高能耗向"集约式"生态化转换升级

产业升级过程其实也是向生态自然环境规律演化的回归过程,但中间经历了由低能耗向高能耗的阶段,对整个人类生存环境造成极大破坏,最终必将向低能耗转变以解决"碳耗危机"。而今,我们已面临如何化解这个问题的重大考验。产业升级中的"碳锁定"一般是指现有技术对石化能源的高度依赖而低碳技术难以打破石化能源高度系统下的技术锁定和路径依赖,也表现为发达经济体对低碳技术、新能源技术向后发经济体的扩散。传统技术产业难以发挥作用。在这样的格局下,传统产业难以为新产业提供技术需求,新产业的技术溢出和人力资本溢出效应也难以发挥作用。而高新产业与传统产业的耦合,可以产生三个方面的改变。一是充分利用新范式下的科学技术、新产业升级机制,推动新旧产业双向互动,迸发多重正效应,逐渐实现低碳化。二是通过新技术产业优势推动多元新产业同步发展,实现产业结构渐进式跨越升级,使得产业知识、技术含量提高。三是新范式下的新型产学研合作机制、新型创新系统纳入到产业升级过程,学习、消化、吸收低碳技术。通过这三个方面的改变可以逐渐实现集约式产业发展。

以上分析可知,不论是既定轨道上的产业升级还是范式转换时期的产业升级,渐进式技术创新都发挥着重要作用。渐进式技术创新在主导与非主导技术范式、经济组织创新、制度环境创新、基础设施、市场创新等方面同时发挥作用,并在诸多因素彼此交叉、互动中演化,最终实现产业升级。种种迹象表明,当前,新一轮技术和产业革命正处于技术-经济范式转换的过程之中。中国要实现产业赶超,需要从以下几个方面着手。一是摈弃激进式(颠覆性)创新思想,瞄准技术前沿,重视渐进式技术创新在范式转换、产业升级中的作用。二是加快构建开放式创新生态系统,整合产业学研平台,营造创新氛围。三是从单纯的"拿来主义"向"拿来主义"与自主创新并重转变。事实已经证明,盲目相信以市场换技术理念并不能实现技术赶超,很难占据产业有利位置,更难以形成持久的竞争优势。四是充分重视中国"大市场"这一根本优势,注重新兴产业与传统产业的融合，为渐进式技术创新提供更为广泛的市场平台。产业升级不仅仅需要在前沿技术领域取得突破，更依赖于大市场这一空间基础和产业基础；高技术在市场和经济实践中得以发展，市场和经济发展又推动技术进一步完善。

第六节 技术创新渐进性的影响因素

一、市场竞争压力

Ghosh、Kato、Morita(2017)认为市场竞争压力会通过竞争减持效应(share-reduction effect)和租金消散效应(rent-reduction effect)降低渐进式创新。市场竞争加剧表现为产品替代性增加、产品差异化降低、成本竞争加剧。竞争减持效应是指激烈的市场竞争加剧企业的成本劣势、离散创新（激进式）的失败，从而失去市场份额，进一步降低企业投资渐进式创新的动力。原因是，在竞争加剧的条件下，如果企业离散创新成功，那么渐进式创新的投资回报率在事后将为零；如果离散创新失败，那么渐进式创新的市场份额也会减少。市场份额的逐渐减少意味着企业进一步失去收回渐进式创新投资的机会，从而减少投资渐进式创新的动机。随着竞争的加剧，较低的产品替代性使消费者对价格更加敏感，这意味着通过渐进式创新降低成本可以使企业更容易地增加其数量（业务窃取效应 business-stealing effect）。同时，竞争加剧降低了均衡价格，降低了价格成本利润率（租金消散）。前者增加了企业投资渐进式创新的动机，而后者则相反。

二、技术多元化

产业知识分为多元化的技术知识(diversified technology knowledge)和多元化的国家知识(diversified country knowledge)。前者是指采用其他技术领域的技术，后者是指产业使用其他国家创新者的技术知识。随着利用外部资源技术的重要性不断提高，适当管理外部技术资源已成为创新的关键。来自不同技术领域的技术可能会对创新产生影响，因为它能够避免故步自封并增加技术知识的多样性。特定市场的技术发展有一定限度，但将不同领域的技术应用到新的产业领域,可以实现技术碰撞融合。多样化的技术创新结合更容易产生独特的创新。Rosenzweig(2017)通过控制经济和文化变量,研究发现产业中多元化的技术知识和多元化的国家知识可以维持或者提升某一产业的国际市场地位,并且与技术创新正相关。

三、技术研发及动态能力

技术研发就是不断创造新知识、运用新知识的过程;研发能力对渐进式创新影响甚大,这一点已成共识。此外,技术动态能力也是影响渐进式创新的重要方面,包括感知、攫取和转化三种能力,能够帮助企业利用内外部现有资源;企业竞争优势的核心能力包括对外源式技术的识别、消化、吸收能力,对市场供需变化的感知能力和对政策变化的应对能力。出色的技术创新动态能力可以加快企业实现创新战略的步伐(罗仲伟,2014;黄晓杏 等,2015)。黄海艳(2016)等学者研究发现动态能力能够为企业带来创新绩效。

四、组织结构

技术创新不单单是技术过程,更是管理过程。不同类型的技术创新对组织结构具有差异化偏好。与渐进式创新对应的组织结构是线性的,与激进式创新对应的组织结构是非线性、有机式的,具有不同特征。线性组织结构通过组织学习的中介效应和环境动态性的调节效应推动着渐进式技术创新。陈建勋、凌媛媛、王涛(2011)通过实证证明了线性组织结构与渐进性技术创新正相关。

五、其他因素

当然,政策制度、文化、企业家精神等都对渐进式技术创新具有重要影响。比如,因为政府掌握着一些关键资源,并且拥有分配权,所以政府政策制度对技术创新就有重大影响。总体看,技术创新的渐进性演进受制于众多复杂的因素,在各种因素的合力中不断发展。

本章小结

总体上，渐进式技术创新推动产业升级遵循 LASIS 周期过程，即从导入阶段（leading-in）先后经过架构创新（architecture）、标准化（standardization）、融合创新（integration）再到范式转换阶段（shift）。在此框架下，本章分别分析了激进式技术创新、设计竞争与主导设计、技术标准化、范式转换等环节技术创新推动产业升级的内在机制。首先，激进式技术创新依赖于基础科学、经济内外部环境的多重制约，是技术创新积累的结果。由激进式技术创新到产品生产和产业化需要渐进式技术创新的跟进。在产品产生初期，由于技术和产品的不完善，给渐进式技术创新提供了巨大的发挥空间。产品进入市场后，迅速获得市场认知并进入试错进程。主导设计、主导产品竞争成为最初竞争的关键领域。设计竞争主要从技术价值传递、价值载体结构和价值载体成本与性能等方面展开。设计竞争的结果形成进入壁垒。主导设计性质本身就是一种市场进入壁垒，是一种根源性壁垒。由此又形成技术壁垒、工业技术标准壁垒和网络规模壁垒。设计竞争形成了主导设计产品，获得了市场先机即占先性，占据了产业价值链的有利位置。主导设计的确立直接推动创新迈向标准化进程。技术标准化为成本节约与生产效率提升、价值链升级、规模经济、范围经济与模块化以及技术扩散提供了可能，从而也成为产业升级的重要形式与渠道。标准化阶段的创新模式采取既定轨道上的渐进式创新、连续改进；创新形式主要是工艺创新、组织创新、功能创新和市场创新，产品创新较少。

最后，本章重点分析了渐进式技术创新、范式转换推动产业升级的作用机制。现有窗口理论是根据某一具体技术和产业演变特征而提出的，不能解释范式转换过程和产业升级，因为范式转换不仅仅指某一技术或产业，而是基于特定技术水平下的技术簇群发生了变化。因此，第一窗口和第二窗口应包含技术簇群系统演化。技术簇群演化的非同步性与关联性为渐进式技术创新推动产业追赶、跨越升级提供了巨大空间。技术-经济范式体系由主导范式、非主导范式、组织范式和制度环境范式构成；范式转换的动力来源于社会福利与利润预期、产业差异化和环境适应。范式转换与产业升级的过程就是不断打破旧范式的自稳性、形成主导技术创新簇群、降低关键生产要素成本、增加新型基础设施与市场制度供给的过程。从范式转换视角看,产业升级有两种渠道。一是特定范式下的产业升级。由于技术轨道、路径依赖的制约,在特定范式下通过渐进式技术创新推动产业升级的门槛较高。二是范式转换中的产业升级。在范式转换时期,旧范式的自稳性、新范式的不确定性(比如激进式技术创新、组织范式、产业化的可行性等)使得发达经济体和发展中国家处于同一条起跑线上,从而使得弯道超车式产业升级成为可能。不论是既定轨道上的产业升级还是范式转换时期的产业升级,渐进式技术创新都发挥着重要作用。即使是激进式(颠覆式)创新大多也是渐进式技术创新的结果。渐进式技术创新在主导与非主导技术范式、经济组织创新、制度环境创新、基础设施、市场创新等方面同时发挥作用,并在诸多因素彼此交叉、互动中演化,最终实现产业升级。

第六章
技术创新的渐进性与产业升级实证分析

第一节 渐进式技术创新与产业升级计量分析

一、理论模型假设与构建

现有文献中,通常采用劳动生产率、三次产业结构比例作为衡量产业升级的指标,但不能很好地解释地区产业在世界产业体系中的地位。而在全球产业分工体系下,全球价值链地位指数则可较好地加以衡量。因此,选取产业价值链地位指数作为因变量,并借鉴 Koopman 等(2011)通过总出口附加值的分解来加以测算(简称 KPWW 法)。全球产业价值链地位指数的表达式如下:

$$\text{GVCP}_{ir} = \ln\left(1 + \frac{\text{IV}_{ir}}{\text{EX}_{ir}}\right) - \ln\left(1 + \frac{\text{FV}_{ir}}{\text{EX}_{ir}}\right) \tag{1}$$

GVCP_{ir} 表示 r 国 i 产业在全球价值链中的地位。该指数与某国家某一产业在全球价值链中的地位正相关,指数数值越大表示某一产业越多地为其他国家或地区提供中间产品,也越靠近附加价值高的价值链上游,反之则相反。其中,IV_{ir} 是指 r 国 i 产业总出口的间接出口增加值,即衡量有多少增加值被包含在 r 国 i 产业的中间产品出口中(经他国加工后又出口到第三国);FV_{ir} 表示 r 国 i 产业总出口中的国外增加值,即本国出口的最终产品中所包含的进口中间产品价值;EX_{ir}表示r国i产业的出口总价值。$\frac{IV}{EX}$大于$\frac{FV}{EX}$,则表示本国创造的国内增加值较高,产业地位较高。

这里的关键是,需要具体测算产业增加值的分配问题,首先以两国模型为例进行推导计算。假设有 A 和 B 两个国家,且每个国家在 N 个不同的贸易部门生产产品。每个部门生产的产品要么直接消费,要么用作中间投入产品;每个国家都同时出口中间产品和最终产品。

国家 i 生产的总产出必须用作中间品或最终品(国内或国外),即

$$X_r = A_{rr}X_r + A_{rs}X_s + Y_{rr} + Y_{rs}, r,s = 1,2 \tag{2}$$

其中,X_r 是国家 r 的 $N×1$ 维总产出向量,Y_{rs} 是 $N×1$ 维最终需求向量,给出了国家 s 对国家 r 生产的最终产品的需求。A_{rs} 是 $N×N$ 投入产出系数矩阵,表示国家 s 对国家 r 产品的中间使用量。两个国家生产、贸易投入产出可以用以下矩阵来表示:

$$\begin{bmatrix} X_1 \\ X_2 \end{bmatrix} = \begin{bmatrix} A_{11} & A_{12} \\ A_{21} & A_{22} \end{bmatrix} \begin{bmatrix} X_1 \\ X_2 \end{bmatrix} + \begin{bmatrix} Y_{11}+Y_{12} \\ Y_{21}+Y_{22} \end{bmatrix} \tag{3}$$

经过变换得到

$$\begin{bmatrix} X_1 \\ X_2 \end{bmatrix} \begin{bmatrix} I-A_{11} & -A_{12} \\ -A_{21} & I-A_{22} \end{bmatrix}^{-1} \begin{bmatrix} Y_{11}+Y_{12} \\ Y_{21}+Y_{22} \end{bmatrix} \begin{bmatrix} B_{11} & B_{12} \\ B_{21} & B_{22} \end{bmatrix} = \begin{bmatrix} Y_1 \\ Y_2 \end{bmatrix} \tag{4}$$

其中,B_{sr} 表示 $N×N$ 里昂惕夫逆矩阵,生产国 s 的总产出量需要国家 r 增加一单位最终需求。Y_i 表示国家 i 最终产品全球使用的 $N×1$ 向量。上式可以简单地表示为:

$$X = (I-A)^{-1}Y = BY \tag{5}$$

其中,X 和 Y 是 $2N×1$ 矩阵,A 和 B 是 $2N×2N$ 矩阵。

现在我们来测量国内和国外增加值,先测量生产,然后再测量贸易。假设 V_s 表示 $1×N$ 直接增加值系数向量。V_s 的每个要素给出了国内直接增加值在全球产出中的份额等于 1 减去所有国家的中间投入份额(包括国内生产的中间产品)。

$$V_r = U(I - \sum_r A_{sr}) \tag{6}$$

其中,U 是 $1×N$ 单向量。为了与多国模型保持一致,假定 V 是表示两个国家国内价值增加值的 $2×2N$ 矩阵。

$$V = \begin{bmatrix} V_1 & 0 \\ 0 & V_2 \end{bmatrix} \quad (7)$$

将价值增加值份额与里昂惕夫逆矩阵相结合可以得到 $2 \times 2N$ 增加值份额（VAS）矩阵，进而得到增加值份额的基本度量。

$$\text{VAS} = VB = \begin{bmatrix} V_1 B_{11} & V_1 B_{12} \\ V_2 B_{21} & V_2 B_{22} \end{bmatrix} \quad (8)$$

$V_1 B_{11}$ 中的每一列表示国内某一特定部门产品的国内增加值份额。同样，$V_2 B_{21}$ 中的每一列表示国家 2 同样产品的增加值份额。VAS 矩阵的第一个 N 列包括全部增加值（国内和国外），需要在国内生产额外一单位的国内产品；第二个 N 列表示第二个国家生产的增加值份额。因为全部增加值要么留在国内要么出口国外，所以，VAS 中的 $2N$ 列中的每一列总和是一致的。

$$V_1 B_{11} + V_2 B_{21} = V_1 B_{12} + V_2 B_{22} = U \quad (9)$$

根据里昂惕夫逆矩阵，VAS 矩阵适用于最终商品贸易。我们将 VAS 矩阵运用到最终产品和中间产品出口的度量。假设 E_{rs} 是中间产品和最终产品由 r 国出口到 s 国的 $N \times 1$ 向量，$\hat{E}_{rs}$ 是出口向量的 $N \times N$ 对角矩阵，并作以下定义：

$$E_r = \sum_{s \neq r} E_{rs} = \sum_s (A_{rs} X_s + Y_{rs}), r, s = 1, 2 \quad (10)$$

$$E = \begin{bmatrix} E_{12} & 0 \\ 0 & E_{21} \end{bmatrix} \quad (11)$$

$$\hat{E} = \begin{bmatrix} \text{Diag}(E_{12}) & 0 \\ 0 & \text{Diag}(E_{12}) \end{bmatrix} \quad (12)$$

其中，E 是 $2N \times 2$ 矩阵，$\hat{E}$ 是 $2N \times 2N$ 对角矩阵。

增加值份额矩阵（VAS）与出口矩阵相结合可以得出全球价值链中增加值贸易和垂直专业化的度量措施：

$$\text{VAS}\_\hat{E} = VB\hat{E} = \begin{bmatrix} V_1 B_{11} \hat{E}_{12} & V_1 B_{12} \hat{E}_{21} \\ V_2 B_{21} \hat{E}_{12} & V_2 B_{22} \hat{E}_{21} \end{bmatrix} \quad (13)$$

$\text{VAS}\_\hat{E}$ 是一个 $2 \times 2N$ 矩阵。该矩阵对增加值出口进行了分解衡量，表示每个部门出口的增加值。通过该方法可以对单个产业供应链进行比较，比如服装业、电子产品业、汽车产业。增加值出口的总量策略可定义为：

$$\text{VAS}\_E = VBE = \begin{bmatrix} V_1 B_{11} E_{12} & V_1 B_{12} E_{21} \\ V_2 B_{21} E_{12} & V_2 B_{22} E_{21} \end{bmatrix} \quad (14)$$

尽管以上只涉及两个国家,但是 VAS_E 却反映了垂直专业化度量的主要内涵。VAS_E 的对角线变量表示在每个国家出口一单位中的国内增加值份额,非对角线变量表示在每个国家出口一单位中的国外增加值份额。

通过非对角线变量,我们可以计算出直接出口的国外增加值(VS)和通过第三国间接出口的国内增加值(VS_1)。

通过求分块矩阵的代数逆,可以得到:

$$\begin{bmatrix} B_{11} & B_{12} \\ B_{21} & B_{22} \end{bmatrix} = \begin{bmatrix} I-A_{11}-A_{12}(I-A_{22})^{-1}A_{21} & B_{11}A_{12}(I-A_{22})^{-1} \\ (I-A_{22})^{-1}A_{21}B_{11} & (I-A_{22}-A_{21}(I-A_{11})^{-1}A_{12})^{-1} \end{bmatrix} \tag{15}$$

因此,总出口可被分解为国外增加值(VS)和国内增加值(DV):

$$VS = \begin{bmatrix} V_2 B_{21} E_{12} \\ V_1 B_{12} E_{21} \end{bmatrix} = \begin{bmatrix} U(A_{21}-A_{12}(I-A_{22})^{-1}A_{21}(I-A_{11}-A_{12}(I-A_{22}))^{-1}A_{21})^{-1}E_{12} \\ U(A_{12}-A_{21}(I-A_{11})^{-1}A_{12}(I-A_{22}-A_{21}(I-A_{11}))^{-1}A_{12})^{-1}E_{21} \end{bmatrix} \tag{16}$$

$$DV = \begin{bmatrix} V_1 B_{11} E_{12} \\ V_2 B_{22} E_{21} \end{bmatrix} = \begin{bmatrix} V_1(I-A_{11}-A_{12}(I-A_{22})^{-1}A_{21})^{-1}E_{12} \\ V_2(I-A_{22}-A_{21}(I-A_{11})^{-1}A_{12})^{-1}E_{21} \end{bmatrix} \tag{17}$$

根据以上推导分析,该方法可以推广到任意数量的国家,并可测量出增加值的来源和去向。产量、增加值份额和增加值出口可以简单地表示为:

$X = (I-A)^{-1}$

$X = (I-A)^{-1}Y = BY$

$VAS = VB$

$$VAS\_E = VBE \tag{18}$$

具体的推导过程这里不再说明,可参见 Koopman(2011)的推导过程。这里仅给出三国模型的具体表达式:

$$V\hat{B}\hat{E} = \begin{bmatrix} V_r B_{rr} \hat{E}_r & V_r B_{rs} \hat{E}_s & V_r B_{rt} \hat{E}_t \\ V_s B_{sr} \hat{E}_r & V_s B_{ss} \hat{E}_s & V_s B_{st} \hat{E}_t \\ V_t B_{tr} \hat{E}_r & V_t B_{ts} \hat{E}_s & V_t B_{tt} \hat{E}_t \end{bmatrix} \tag{19}$$

矩阵对角线变量表示出口产品的国内增加值 DV,左右相邻变量表示出口中间产品的国内增加值 IV;非对角线变量表示出口产品(进口中间品)的外国增加值 FV。以 r 国为例:

$$DV = V_r B_{rr} \hat{E}_r \tag{20}$$

$$IV = V_r B_{rr} \hat{E}_t + V_r B_{rs} \hat{E}_s \tag{21}$$

$$FV = V_s B_{sr} \hat{E}_r + V_t B_{tr} \hat{E}_r \tag{22}$$

在全球分工体系中,发达经济体在技术方面凭借垄断优势处于全球价值链的高端位置而获取垄断利润,并通过产业链分解和模块化将非核心生产环节转移到后发经济体形成了"中心-外围"的分工模式。随着中国向科技前沿的接近以及国内生产业生产要素成本的提高,依靠生产要素驱动的发展模式难以持续,亟须向创新驱动模式转变。随着技术进步,传统产业升级需要运用新技术投入来取代传统生产要素,逐渐嵌入到全球价值链的高端环节。而新兴技术产业对技术创新投入的要求更高。但是,通过发达经济体对核心技术的掌控,后发经济体在新兴技术产业分工体系中一般处于非核心技术生产环节,再加上知识资本的匮乏,很容易陷入"低端锁定"陷阱,只有通过知识资本积累、核心技术、关键零部件等的突破才能冲出重围。因此,在前文分析基础上,作出以下假设:

假设1:技术创新与产业升级正相关,且渐进式技术创新投入对传统非技术密集型制造产业升级的影响比对技术密集型制造业地位提升的影响要大。

假设2:技术创新与产业升级正相关,且渐进式技术创新产出对技术密集型制造产业升级的影响比对传统非技术密集型制造业地位提升的影响要大。

为了验证技术创新对产业价值链升级的影响,选取专利申请量、研发经费投入、研发人才投入和新产品作为技术创新变量,并将要素禀赋结构、产业配套能力、出口比重作为控制变量纳入分析框架。由于技术创新是渐进性的过程,从创新要素投入到要素效益产出存在时滞性,因此特将技术创新投入变量做滞后一期处理。借鉴黎峰(2015)、凌丹等(2018)的研究模型,设计函数线性模型如下:

$$GVCP_{it} = \beta_0 + \beta_1 RDJF_{it-1} + \beta_2 RDRY_{it-1} + \beta_3 PA_{it} + \beta_4 NP_{it} + \beta_5 ST_{it} + \beta_6 DS_{it} + \beta_7 EMS_{it} + \varepsilon_{it} \tag{23}$$

式(23)中:GVCP 为产业价值链地位指数;RDJF 为 R&D 人员投入强度指数;RDRY 为 R&D 经费内部支出强度指数;PA 为专利申请数;NP 为新产品销售收入指数;ST 为要素禀赋结构指数;DS 为国内生产配套指数;EMS 为产业出口份额。考虑到各个产业在全球价值链中的起点差异以及生产要素国内外增加值的不同,选取面板数据的变截距固定效应模型加以分析。

二、数据与变量处理

（一）因变量指标的度量

全球产业价值链地位指数(GVCP)总体上反映了各国各产业在世界分工体系中的地位以及随着技术进步体现出价值获取能力和劳动生产率变化。借用 Dietzenbacher、Los、Timmer(2013)统计的 2000—2014 年间的世界投入产出表的相关数据计算出口增加值的分布情况,涵盖 44 个主要世界经济体和 56 个部门产业数据。根据 Koopman 等(2011)提出的某国各产业出口增加值在世界各经济体各产业的分配向量测算方法来计算全球产业价值链地位指数。

（二）解释变量指标的度量

解释变量主要选取技术创新投入和产出变量的强度指数来表示。创新投入指标以研发人员全时当量强度和内部研发经费支出强度来表示;创新产出指标以新产品销售额和专利申请量强度指标来表示。

（三）控制变量指标的度量

技术创新是全球产业价值链的主要影响因素。考虑到产业升级的复杂性,控制变量设定为生产要素禀赋结构、产业配套能力、出口比重。

表 6-1 变量名称、含义、表示符号

变量	名称	含义	表示符号
因变量	全球价值链地位指数	某国某产业在全球价值链中的地位	GVCP
解释变量	研发人员投入强度	产业研发人员全时当量/从业人员	RDJF
	研发经费内部支出强度	产业研发经费内部支出/主营业务收入	RDRY
	专利申请数	有效专利申请数/产业研发人员全时当量	PA
	新产品销售收入	产业新产品销售收入/产业主营业务收入	NP
控制变量	国内生产配套水平	某产业中间品消耗量/中间品总消耗	DS
	产业出口份额	产业出口额/全球总出口	EMS
	要素禀赋结构	产业资本/产业从业人员	ST

数据来源:作者整理。以上数据来自历年的《中国科技统计年鉴》《中国工业经济统计年鉴》以及《世界投入产出表数据库》。

三、实证检验

(一)解释变量的相关性检验

从理论上讲,技术创新投入产出之间相互影响,存在多重共线性的可能性较大,即投入增加导致产出增加,产出增加又会引致投入增加。如果该假设为真,那么就会存在变量的多重共线性进而造成伪回归现象。为了检验相关性,本书测算了解释变量之间的相关系数进行相关性检验。

表 6-2 相关系数表

	RDJF(-1)	RDRY(-1)	PA	NP
RDJF(-1)	1.000			
RDRY(-1)	0.297	1.000		
PA	-0.084	-0.114	1.000	
NP	0.189	0.237	-0.119	1.0000

资料来源:作者整理。

由表 6-2 可以看出,解释变量之间的相关系数绝对值均小于 0.3。理论上的投入产出变量的相关性在这里并不存在,至少表明相关性较小。这就排除了理论上相关的可能性。所以,多重共线性问题可不考虑。

(二)稳健性检验及回归分析

渐进式技术创新是否能够稳健地推动产业升级,还需要解决模型内生性造成的估计有偏问题。本书采用分别逐个引入控制变量进行回归和稳健性检验。回归方程 1 为尚未加入控制变量的结果,然后,通过逐个添加控制变量并分别得到回归方程 2、3、4。从回归结果(表 6-3)看,回归方程模型的拟合优度越来越显著,都表现出正相关的特征。回归方程 4 的拟合度($R^2 = 0.5943$)较好,回归结果也相对稳健。在所选解释变量中,前期 RDJF 对制造业全球价值链地位提升作用显著,其每增加 1%,中国制造业全球价值链地位上升 1.04 个百分点。另外,前期 RDRY 每增加 1%,全球价值链地位指数上升 0.691 个百分点;NP 每增加 1%,价值链地位上升 0.319 个百分点;PA 每增加 1%,地位上升 0.305 个百分点。PA、NP、RDRY、RDJF 对制造业全球价值链地位拉升作用依次增加。因此,总体上看,技术创新能够稳健地推动产业升级。

表 6-3　技术创新与制造业四模型回归结果

解释变量	四个模型			
	方程 1	方程 2	方程 3	方程 4
方程截距	1.089 021	-0.009 847 5	-0.051 128 7	-0.063 483 6
RDJF(-1)	1.539 236**	1.646 370**	1.120 742**	1.040 020**
RDRY(-1)	0.971 236 6*	0.023 923 2*	0.662 638 3*	0.691 385 2*
PA	0.123 852 5*	0.364 258***	0.305 416 7***	0.304 507 6***
NP	0.261 851 3*	0.255 882 1**	0.292 347 5**	0.319 125**
DS		1.378 689**	1.347 291***	1.362 894***
EMS			-0.361 010 2**	-0.332 312 5**
ST				0.000 138 3***
调整后的 R^2	0.3247	0.3231	0.3901	0.5943
Prob(F)	0.0890	0.0000	0.0000	0.0000

注：*、**、***分别表示在10%、5%、1%的水平上显著。

资料来源：作者整理。

(三) 分产业回归结果分析

借助鲁桐、党印(2014)的聚类分析法将制造业划分为技术密集型和非技术密集型产业(见表6-4)，可以反映企业发展和技术创新态势；并选取15个中国制造业作为研究对象(4个技术密集型、11个非技术密集型制造产业)。

表 6-4　制造产业分类：技术密集型与非技术密集型

类别	产业细分内容
技术密集型制造业	计算机及光电制造、电器及机械设备制造、药品制造、运输设备制造
非技术密集型制造业	木材及软木产品的制造、纺织业与皮革制品、烟草与食品、造纸业、印刷业、塑料橡胶业、石油与燃料加工业、化学制品业、基本金属、金属制品业、其他非金属矿物制品业等制造业

资料来源：作者整理。

1. 非技术密集型制造产业

从非技术密集型制造产业的回归结果看(见表6-5)，模型拟合优度 R^2 值为0.8647，F 值的统计量 Prob(F) 趋于0，表现显著。前期 RDJF 每增加1%，非技术密集型制造产业全球价值链地位上升1.4936个百分点；前期 RDRY 每增加 1%，价值链地位上升 1.3621 个百分点。PA 和 NP 每增加 1%，全球价值链地位分别上升 0.3522 个百分点和 0.4868 个百分点。所以，前期 RDJF 和前期 RDRY 比 PA 和 NP 对非技术密集型制造产业全球价值链升级的拉动作用更强。其中的原因可以用技术创新周期理论与产业演变加以解释。按照技术创新周期理论，某一产业技术创新分为流动、转换和专业化三个阶段。流动阶段属于技术创新的爆发期，具有创新度高、风险高、成本高等"三高"特点，需要更多的创新要素投入。转换阶段进入主导设计定型阶段，技术创新相对稳定，侧重于产品创新和工艺创新等成果转化。专业化阶段已经进入技术标准化，侧重于凸显规模经济、范围经济和网络经济，重大技术创新成果较少，而微创新较多。改革开放以来，中国技术水平与国外具有显著的差距，主要按照"赶超"战略来提升技术、发展产业，在很长一段时间里形成了"以市场换技术"的思路。所以，中国凭借廉价的生产要素和巨大的国内市场参与到世界分工体系当中，获得比较成本优势和比较收益，也由此形成了低技术需求观念，处于世界产业价值链的低端。由于创新成本和风险较高，所以企业创新积极性普遍较低，对传统非技术产业的投入较少，陷入"低端锁定"困境，产业升级极其困难。但是，这类产业由于技术含量低、获利能力差，对技术创新投入的需求弹性也较大，迫切需要提升技术水平。这表明，传统非技术密集型制造产业如果可以获得更多创新机遇和动力，就有可能进入转换阶段。技术领域一旦有重大技术创新成果，该传统产业就会进入峰值更高的技术创新周期循环，实现产业价值链攀升。

2. 技术密集型制造产业

从技术密集型产业回归结果看（见表 6-5），模型的拟合优度 R^2 值为 0.9824，F 值的统计量 Prob(F) 等于 0，回归较为显著。PA 和 NP 每增加 1 个百分点，产业全球价值链地位分别上升 0.914 个百分点和 0.8823 个百分点；前期 RDJF 和 RDRY 每增加 1 个百分点，产业全球价值链地位分别上升 0.5079 个百分点、0.5964 个百分点。由此可知，PA 和 NP 比前期 RDJF 和 RDRY 对技术密集型产业的拉动强度更大。技术密集型制造业具有高技术性质，代表了技术发展的方向。长期以来，中国注重技术密集型产业的发展，生产要素投入无论数量上还是强度上都较高，而这恰恰是技术转换的关键制约因素。高投入直接或间接地形成人力资本、知识资本和物资资本，为技术创新创造了条件,从而进一步推动着产业技术升级和全球价值链地位提升。经过专业化阶段以后又进入新一轮技术创新演化轨道,技术升级与产业升级呈现螺旋式上升。另外,白雪洁、李爽(2016)通过模型测算发现,现阶段中国高技术产业创新绩效整体水平较低,人力资本和知识资本的严重不足限制了技术创新与 GVC 上升的循环机制的发挥,这也是中国高端产业生产低端化现状形成的重要原因。由此可知,技术创新可以促进全球价值链升级,但对技术密集型制造产业升级的拉动作用更大。

表 6-5 技术密集型和非技术密集型产业回归结果

解释变量	非技术密集型产业		技术密集型产业	
	系数	P 值	系数	P 值
变量截距	0.295 603	0.4392	0.162 534	0.001
RDJF(-1)	1.493 617**	0.038	0.507 934 7*	0.089
RDRY(-1)	1.362 123 4*	0.081	0.596 377 9**	0.029
PA	0.352 184 2***	0.002	0.913 856 2*	0.048
NP	0.486 752 1*	0.052	0.882 315 7***	0.000
DS	1.606 134 2***	0.000	0.836 762 9***	0.000
EMS	-0.484 352 3**	0.030	0.049 618	0.485
ST	-0.000 246 5	0.689	0.001 139 7*	0.080
调整后的 R^2	0.8647		0.9824	
Prob(F)	0.0008		0.0000	

注:*、**、*** 分别表示在 10%、5%、1%的水平上显著。

资料来源:作者整理。

第二节 技术创新的渐进性与集成电路产业升级案例分析

新一代信息技术产业成为当前世界各国竞争的重要领域,也是未来产业发展升级的重要方向。2018 年"中兴事件"引发的中美贸易战,表明"关键核心技术是要不来、买不来、讨不来的"。中国也不可能寻求其他尚未出现的激进式技术创新实现技术跨越,仍需要坚持渐进式技术创新来实现技术突破。集成电路技术创新历程表明:一是技术创新具有可继承性(黎明 等,2018),即下一代器件技术创新由上一代器件技术继承而来并在此基础上进一步开拓创新;二是技术创新应用多样化,向其他产业渗透、延伸;三是技术创新的高度引致性,即集成电路技术创新往往会引发更多产品、更多领域的子技术系统创新。集成电路技术创新历程还证明了技术创新仍是在既定技术范式下的逐渐演进;后摩尔时代的到来进一步表明了技术创新的渐进性特征,为后发国家产业升级提供了重要机遇。

一、集成电路技术创新的渐进性演进

(一)集成电路的科学技术基础及其诞生

电子管、晶体管、集成电路等产品的发明得益于19世纪末现代物理学一系列重大发现(表6-6),同时也为电子信息技术革命奠定了科学基础。

表6-6 集成电路的技术基础

时间	发现者	重要成果
1895年	德国科学家伦琴	X射线
1896年	贝克勒尔	放射线
1897年	英国汤姆逊	电子
1898年	居里和居里夫人	镭
1900年	普朗克	量子论的建立
1905年	爱因斯坦	狭义相对论
1915年	爱因斯坦	广义相对论

资料来源:作者整理。

1904年,电子管的发明标志着电子时代的到来。为了克服电子管的缺陷,科学家对半导体进行了深入研究,为晶体管的发明做好了理论和实践准备。正是在这样的背景下,1947年底,贝尔实验室发现点接触晶体管的放大现象;1948年初,肖克莱提出结型晶体管理论;1951年,结型晶体管问世;1953年,贝尔实验室发明了锗合金晶体管,1955年NA发明了扩散基区锗合金晶体管;1957年,美国仙童公司制造出世界上第一只硅平面晶体管;1958年,德州仪器公司发明出第一块集成电路,从而拉开了人类信息时代的序幕(表6-7)。随后,1960年初,诺依思制造出第一块实用化的集成电路芯片。由此,集成电路应用性的发明开辟了微电子产业的新纪元。

表 6-7 集成电路诞生及前期重要技术创新

时间	重要成果	发明者
1904	电子管	英国物理学家弗莱明
1947	点接触晶体管放大现象	贝尔实验室
1948	结型晶体管理论	肖克莱
1951	结型晶体管	贝尔实验室
1953	锗合金晶体管	贝尔实验室
1955	扩散基区锗合金晶体管	NA
1957	硅平面晶体管	美国仙童公司
1958	第一块集成电路	德州仪器公司的 J. Kilby
1960	第一块实用化的集成电路芯片	诺依思

资料来源：作者整理。

(二) 集成电路技术创新的渐进性演进

1. 集成电路重大发明与创新

从晶体管和集成电路发明之后，半导体技术创新迅速增加（表6-8）。这些重大成果的出现正是建立在前期科学技术突破的基础之上，具有连续性。

表 6-8 1947—2008 年间半导体技术进展

年份	重大发明或重大创新
1947	锗点接触晶体管(Ge Contact Trasistor)
1954	太阳能电池(Solar Cell)
1956	硅平面晶体管(Si Planar Transistor)
1956	隧道效应二极管(Tannel Effect Diode)
1957	硅可控整流器(SCR)
1958	集成电路(IC)
1960	光电二极管(LED)
1960	MOS 场效应晶体管(MOS FET)
1963	MOS 集成电路(MOS IC)
1965	砷化镓台面场效应晶体管(GaAs MESFET)
1967	动态随机存取存储器(DRAM)

续表

年份	重大发明或重大创新
1969	电荷耦合器件(CCD)
1969	电可擦写固定存储器(EEPROM)
1970	静电感应晶体管(SIT)
1971	4位微处理器(4bMCP)
1971	1kb动态随机存取存储器(1kb DRAM)
1987	快闪存储器(Flash Memory)
1991	有机发光二极管(OLED)
1993	CMOS图像传感器(CIS)
1996	兰光激光器(Blue Laser)
1998	相变存储器(PCRAM)
2004	石墨烯(Graphene)
2008	三维MOS晶体管(FinFET)

资料来源：王龙兴：《集成电路的过去、现在和将来》，《集成电路应用》2014年第1期，第40-41页。

2. 工艺创新与集成电路产品创新

集成电路技术具有较大的技术创新空间，推动着相关领域的技术进步。一方面需要子技术系统的创新，一方面也推动着工艺和产品创新。产品和工艺创新不断提升集成电路的性能，价格也不断降低。在关键技术取得突破的基础上，集成电路的工艺创新和产品创新纷至沓来，逐渐推动着技术快速地迭代升级。工艺创新方面的重要创新表现为：从1958年的硅平面工艺和1961年的MOS、FET工艺技术，演变到20世纪70年代至90年代的微米技术工艺，再到21世纪的纳米工艺技术。产品创新方面的重要创新表现为：从1960年第一块实用化集成电路的发明以来，先后出现了小、中、大、超大、极大规模集成电路，CPU处理能力先后出现了由弱到强的代际产品更新(如奔腾系列产品、双核、四核、八核处理器)；目前人工智能芯片成为研究的热点领域。

从集成电路工艺和产品创新进展可以看出，技术创新呈现出三个特点：一是工艺技术创新是产品创新的基础；二是工艺创新和产品创新主要集中在以硅为基础的半导体材料创新、MOS晶体管结构创新和芯片上互连创新三方面；

三是在既定技术轨道上的渐进性创新,前期创新为后期创新提供基础,后期创新是前期创新的进一步深入与拓展,具有连贯性。

(1) 硅材料的创新:质量和尺寸的渐进性变化

19世纪60年代初期选择硅(Si)作为制造的基础材料奠定了集成电路技术迅速发展的重要基础。硅拥有三个固有优势:一是自然界蕴藏量富裕,仅次于氧(O_2)元素;二是硅本身固有的物理特性对器件具有较好的保护作用,如硅在高温时在其表面会生成一层抗高温的二氧化硅(SiO_2)薄膜;三是关于硅的研究相对深入、透彻,成果丰富,具有坚实的技术支撑。人们认为当前的电子信息时代是"硅器时代"。基于这些优越性能,硅技术创新进展迅速,硅片质量不断改进、尺寸不断扩大。集成电路对硅(Si)的纯度要求极为苛刻。传统真空还原炉冶炼技术工艺的提纯度只能达到98%。到了19世纪60—70年代,提纯度已经达到了99.999 99%,19世纪90年代初期和后期更是提升至99.999 999 9%、99.999 999 999%。硅单晶棒和硅片质量几近完美,错位、层错和微缺陷等也减少到几乎为零。同时,硅片尺寸也不断扩大。硅片尺寸大小与集成度正相关,依赖于技术创新的不断改进。生产集成电路芯片的硅片(晶圆片)尺寸的不断扩大,意味着芯片制造技术的提升,集成电路的生产规模也由此不断扩大(图6-1)。

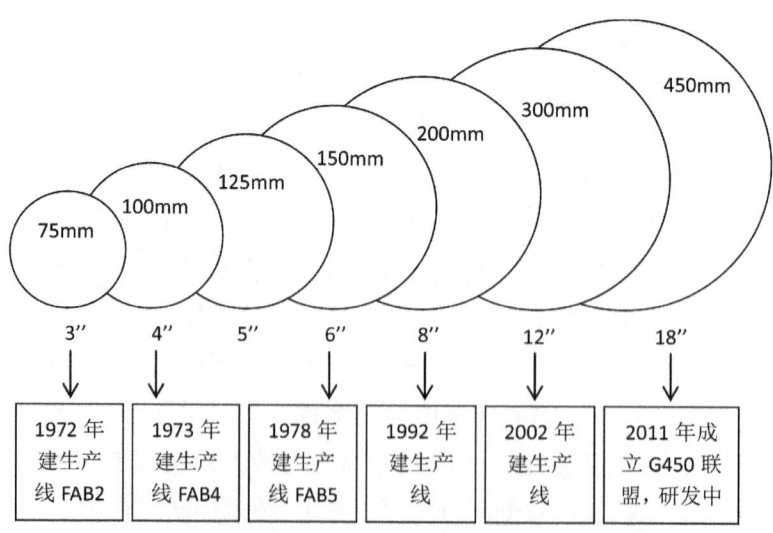

图6-1 硅片(晶圆片)尺寸变化及生产线建设年份

资料来源:根据SEMI资料整理。其中,生产线建设依据Intel的芯片生产线。

以上各种尺寸硅片(晶圆片)的市场需求量也随着技术创新的变化而变化(图6-2),在不同时期扮演着重要的市场角色。

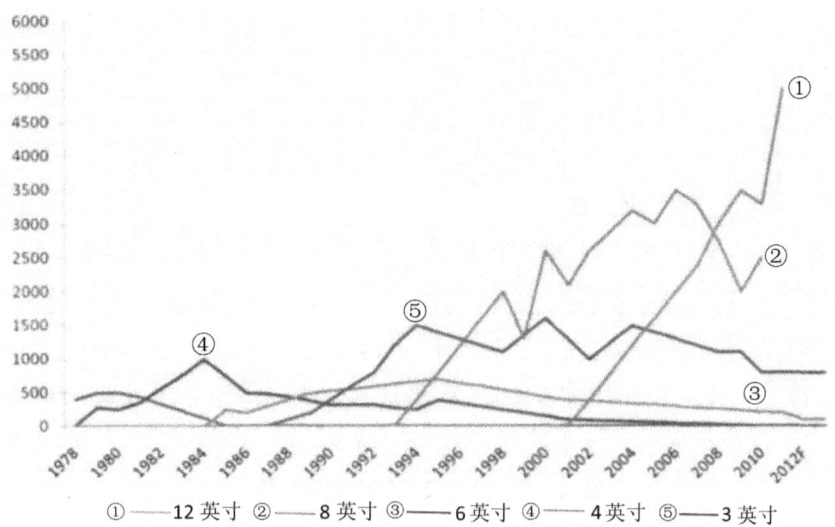

图6-2　1978—2012年世界各种尺寸硅片(晶圆片)出货量

资料来源:SEMI。

(2) MOS晶体管结构的创新

MOS晶体管尺寸的持续缩小一直是集成电路技术创新的主线。MOS晶体管的最细线宽(特征尺寸)平均每3年缩小30%。而且,为保持正常运转,MOS晶体的横向和纵向尺寸必须按同一比例缩小(等比例缩小原理)。要确保等比例缩小原理和摩尔定律成立,需要对MOS晶体管的结构及制作工艺、方法做出创新性改进。栅结构、沟道和源漏结构的演化过程较好地反映了渐进式技术创新规律(鉴于技术性较强,这里不再赘述,详情参考专业资料)。

(3) 互连技术的创新

一段时期内,铝(Al)一度作为互连金属材料。后来人们发现,铝具有电阻率高、容易发生电迁移等弱点,降低了可靠性。于是,人们开始探索新材料试图取而代之,经过硅铝混合、铜的性能研究,最终从2000年以后人们普遍采用铜互连来代替了铝互连,极大地提高了运行效率。

3. 集成电路技术集成度的演变

1958年,TI研发的第一个数字集成电路,仅有12个元件,开启了集成电路时代。经过几十年的持续发展,集成度不断提高,现在集成10亿个元件的

1G DRAM 已经批量生产(表6-9)。

表6-9 集成电路技术集成度渐进性演变

年份	阶段划分	集成度	代表产品
1962	小规模集成电路(SSI)	小于100	
1966	中规模集成电路(MSI)	100~1000	
1967—1973	大规模集成电路(LSI)	1000~10万	
1977	超大规模集成电路(VLSI)	10万~1000万	
1993	特大规模集成电路(ULSI)	1000万~10亿	256M DRAM
1994	巨大规模集成电路(GSI)	大于10亿	1G DRAM

资料来源:陈志、胡晓珍:《集成电路产业现状与发展前景》,广东经济出版社,2015年。

随着工艺技术创新水平的提高和集成度的加大,硅片尺寸逐渐变大(表6-10),21世纪以来,12英寸的硅片成为主流。

表6-10 硅片尺寸的渐进性演进

时期	20世纪80年代以前	20世纪80年代	20世纪90年代	21世纪
硅片尺寸	1~4英寸	5~6英寸	8英寸	12英寸

资料来源:陈志、胡晓珍:《集成电路产业现状与发展前景》,广东经济出版社,2015年。

(三)"后摩尔时代"集成电路技术创新的方向:摩尔定律的延续与拓展

当前,我们已经进入了"后摩尔时代",主要标志为:一是工艺技术的进步放缓,技术和资金双重因素导致工艺升级换代过程拉长;二是工业界在20/22纳米的基本器件结构上出现不同声音;三是基本器件结构及制造工艺从平面硅结构向三维器件迁移。"后摩尔时代"集成电路技术创新主要向三个方向发展:一是继续遵循摩尔定律(More Moore),硅CMOS工艺向着特征尺寸不断缩小方向延伸(表6-11);二是扩展摩尔定律(More than Moore),借助于先进的设计、制造和封装技术,向着嵌入式系统、数模混合、高压模拟以及新型封装等特色技术及集成化方向发展;三是与新材料、新原理器件技术融合。

表6-11 硅CMOS工艺技术演变

年代	工艺创新内容
1960	二氧化硅掩蔽技术;表面钝化;平面工艺;MOS FET;CMOS器件架构
1970	离子注入
1980	投影曝光;步进重复光刻;多层金属引线;CMP抛光;浅沟槽隔离(STI)

续表

年代	工艺创新内容
1990	深紫外(DUV)光刻;步进扫描光刻
2000	铜互连;绝缘层上硅单晶(SOI);SiGe 异质构;应变工程;低 K 介质(lowk);浸没式光刻
2010	金属栅/高 K 介质 MOS 结构(MG/HK);两次曝光和逆向光刻;多栅晶体管;超薄 SOI(或全耗尽 SOI);硅通孔(STV);空气间隙互连(Air Gaps);极紫外(EUV)光刻;锗或Ⅲ-Ⅴ族化合物沟道
2020	纳米技术

资料来源:王龙兴:《集成电路的过去、现在和将来》,《集成电路应用》2014 年第 4 期,第 38-40 页。

(四) 新一轮集成电路的发展领域

2017 年,美国发布的《半导体研究机遇:行业远景与指南》报告将人工智能、物联网和超级计算机列为未来集成电路和应用创新的关键,并且指出 14 个领域为下一轮发展的关键:先进的材料、器件和封装;互联的技术和架构;智能内存与存储;电源功率管理;传感和通信系统;分布式计算和网络;认知计算;仿生计算和存储;先进的架构及算法;安全与隐私;设计工具、方法和测试;下一代制造模式;环保、安全的材料和工艺;创新的检测方法。

二、技术创新的渐进性与集成电路产业链演变

(一) 技术创新的渐进性与集成电路产业链裂变

集成电路技术先后经历了三次重要技术创新变革,并不断推动着集成电路产业链的裂变(图 6-3)。第一次变革体现在元器件技术标准化。1960 年至 1970 年,系统厂商从事所有设计和制造环节的业务,但是设计过程耗时较长、效率不高。1970 年左右,系统公司与专业集成电路制造公司逐渐分离;微处理器、存储器和其他小型 IC 元件的生产逐渐标准化。第二次变革主要体现在 ASIC(专用集成电路)技术的诞生。虽然有部分集成电路的生产已经标准化,但在整个电脑系统中依然存在众多独立的 IC,运行效率远不如预期。由此,ASIC 技术应运而生。第三次变革主要体现在 IP(集成电路设计知识产权模块)的兴起。由于半导体制程的持续收缩、单一晶片上集成度的提高,仅仅

依靠 ASIC 技术难以适时推出新产品,这直接导致专业的 IP 与设计服务公司的出现。完整的集成电路产业链包括设备业、设计业、加工业、支撑业(包括硅晶片及切片、化学试剂、气体、引线框架等)和服务业(包括产品应用开发和信息服务等)。集成电路产业链一直处于不断的裂变之中,先后出现了系统公司时代、IDM 时代、Foundry 时代和后 Foundry 时代。

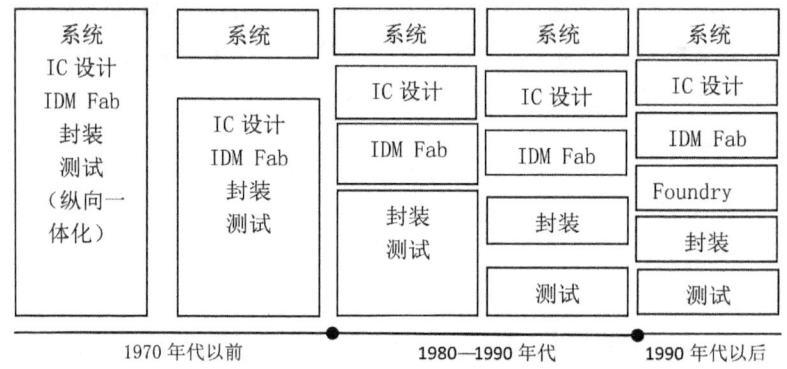

图 6-3　产业链裂变、垂直一体化及经营模式演变

资料来源:产业情报-半导体关联图暨厂商名录,国元证券中心。

随着技术进步以及市场需求规模的变化,到了 21 世纪后产业链继续裂变,直到 2010 年代形成了明显的垂直一体化,分工更加细致、明确(图 6-4)。

图 6-4　2000 年代后垂直一体化模式

资料来源:CWTS。

（二）技术创新推动集成电路产业垂直分工与水平分工的形成

当前，完整的集成电路产业链包括设计、芯片制造、封装测试、设备制造、关键材料生产及具体的应用产业（图6-5）。

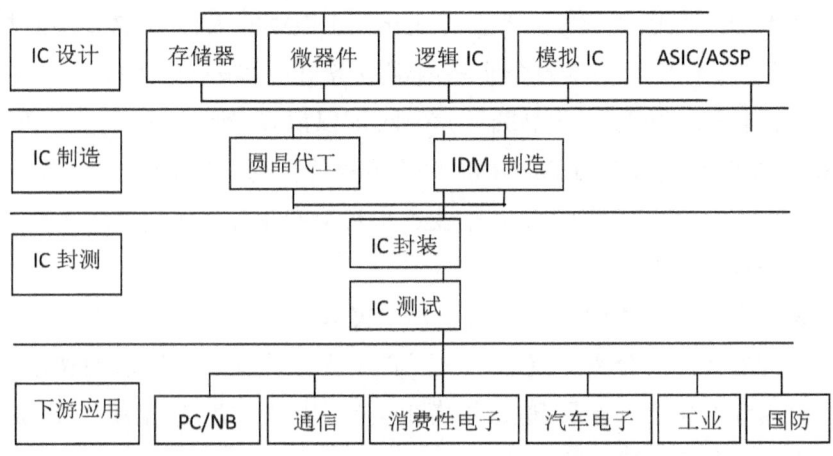

图6-5　集成电路产业链结构

资料来源：陈志、胡晓珍：《集成电路产业现状与发展前景》，广东经济出版社，2015年。

从产业链看，集成电路具有明显的垂直分工特征。上游的设计企业属于知识、智力密集型，中游的圆晶制造企业属于资本密集型，下游的封装、测试企业属于劳动密集型。设计、圆晶制造、封装测试等企业形成上下游分工合作，发挥着各自的核心优势。集成电路正在从"垂直一体化"向独立、开放、专业化的"水平分工"组织形式转变。作为集成电路技术的原创国，美国凭借技术优势引导着半导体产业的发展，并与日本、韩国及中国台湾之间形成明显的水平分工。

（三）集成电路产业链及经营模式演变

1. 系统公司时代

集成电路发展早期，由于技术系统不完备、生产效率不高等原因，产业链条相对较短，系统公司负责全部产业链条环节的研发、生产与销售（如早期的NEC、IBM等企业）。

2. IDM时代

IDM即垂直整合制造商，从事设计、制造、封装、测试和销售自有品牌IC，比如INTER、TI等。20世纪80年代，系统设计、集成电路设计、制造和封装测试环节才逐步分离出来；企业以客户需求为生产导向，以加工制造为主、设计研发为辅。

3. Foundry 时代

20 世纪 90 年代，集成电路产业专业化分工继续深入，产业链条不断拉长、延伸，集研发与生产于一体的企业将内部业务进一步外包，以提升专业化优势。于是，出现了 Fabless（无晶圆厂）企业，即以研发设计为主，将生产环节外包给市场；生产制造环节由 Foundry（制造芯片的厂商）负责，比如台湾积体电路公司（台积电）等。原有的 IDM 企业逐步将生产业务外包给 Foundry。

4. 后 Foundry 时代

知识产权供应商和设计代工企业异军突起。为了进一步降低成本，技术研发厂商与生产厂商分离。技术研发厂商专业化研发市场所需的技术；而生产厂商只需专业化生产产品，进行规模化生产。由此，集成电路产业形成了专业化分工的完整产业链裂变。

三、技术创新的渐进性推动新产业的出现与传统产业升级

（一）技术创新引发新兴产业

半导体技术领域中每一项重大发明创新，几乎都培育出一个新兴产业，形成了内容广泛的"泛半导体产业"（图 6-6）。晶体管的发明催生了晶体管产业以及半导体分离器产业，晶体管和 IC 的结合产生了集成电路产业，等等。技术总系统引发技术子系统的创新，先后形成了半导体显示、照明、电力电子、太阳能电池等系列产业簇群。

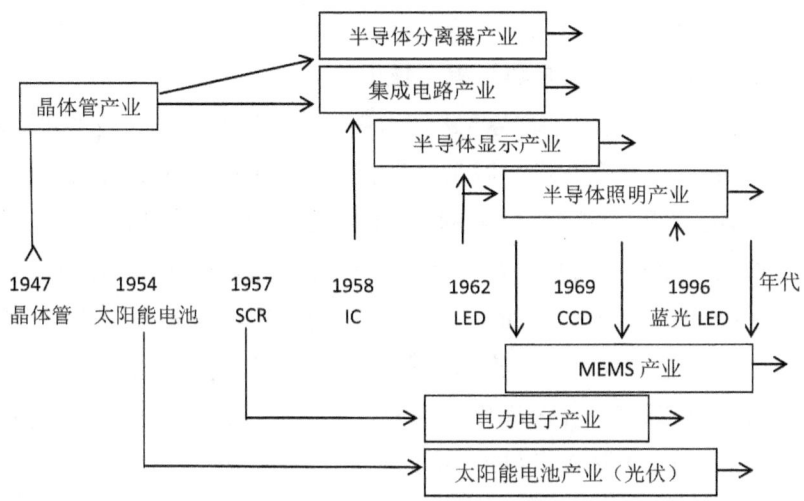

图 6-6　1947—1996 年间半导体技术创新与新产业

资料来源：王龙兴：《集成电路的过去、现在和将来》，《集成电路应用》2014 年第 1 期。

（二）技术创新对传统产业的渗透、改造升级：架构创新与融合创新

集成电路技术不但具有强大的技术创新空间,而且对传统产业具有强劲的渗透力和改造能力(如图 6-6、图 6-7)。19 世纪 60 至 70 年代,集成电路最早被应用于航天和军事行业。1971 年 i4004(4 位 CPU)和 1kb DRAM 的发明导致微处理器的发明,逐步形成了"互联网""物联网""移动互联网"。19 世纪 80 年代,射频芯片、超大规模集成电路推动了移动通信产业快速发展。先后出现的 CPU、GPU、APU 以及基带芯片推动了终端移动产品的快速迭代升级。以智能手机和平板电脑为领航的移动智能终端产业方兴未艾。

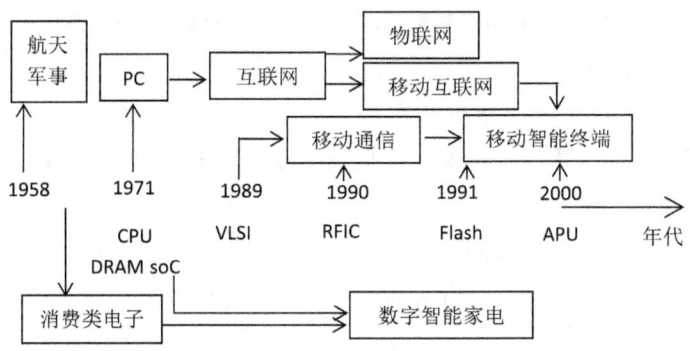

图 6-7　集成电路技术衍生出的新兴技术产业

资料来源：王龙兴：《集成电路的过去、现在和将来》，《集成电路应用》2014 年第 1 期。

(三) 技术升级与集成电路产业规模

1. 世界集成电路产业市场规模及增速

20世纪60至90年代,集成电路技术带动了全球半导体产业的迅猛增长。21世纪以后该产业增速下降。但是,随着新兴技术簇群的纷纷出现,比如云计算、数据深度分析、新能源、物联网、人工智能等新技术蓬勃发展,半导体产业具有较好的产业发展前景。在这些技术产业的带动之下,半导体产业又迎来了新一轮的增长。2014年,世界集成电路销售市场保持增长态势,增速达9.9%,销售规模达3358.43亿美元。根据世界半导体贸易统计组织(WSTS)预测,未来两年全球半导体规模将呈稳步增长趋势,2017年全球集成电路市场规模将增长至3465.5亿美元(图6-8)。

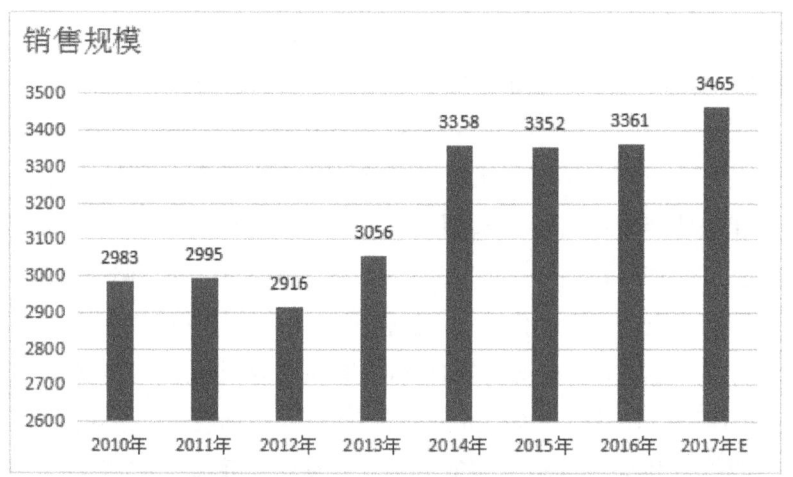

图6-8 2010—2017年集成电路产业市场规模(单位:亿美元)

资料来源:中国报告网。

2. 集成电路产业地区分布结构

目前,除日本以外,亚太地区已成为全球半导体市场快速增长的地区。2000—2015年间复合增长率达9.54%,比世界平均增长率高出6.19个百分点,中国已成为推动亚太地区(除日本)发展的重要推动力。其次为北美(20.51%)、欧洲(10.22%)和日本(9.28%)(表6-12)。

表 6-12 2000、2015 年全球半导体产业地区市场规模分布

区域	2000 年		2015 年	
	市场规模/亿美元	占比	市场规模/亿美元	占比
北美	640.71	31.30%	687.38	20.51%
欧洲	423.09	20.70%	342.58	10.22%
日本	467.49	22.90%	311.02	9.28%
亚太(除日本)	512.65	25.10%	2,010.70	60.00%
合计	2043.94	100.00%	3351.68	100.00%

资料来源：中国产业信息网。

四、渐进式技术创新嵌入与集成电路产业转移升级

通过渐进式技术创新、选取恰当的切入点嵌入产业价值链以及政府的扶持等相关政策，后发经济体先后获得了技术和市场上的成功，并在产业价值链上占据一席之地。由此，集成电路产业格局发生了变化，先后由美国向日本、韩国及中国台湾进行转移，最终形成美日韩台四足鼎立的格局（图6-9）。

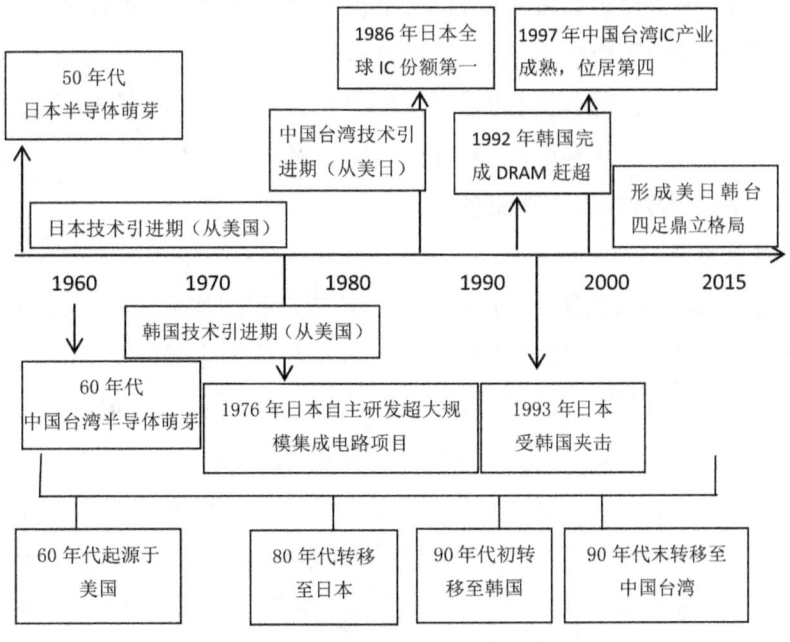

图 6-9 20 世纪 60 年代以来全球半导体产业变迁

资料来源：中国产业信息网，西南证券整理。

(一)由美国到日本的产业转移

1. 产业转移

日本半导体产业起始于20世纪50年代,凭借半导体产品DRAM技术的专业化优势于1986年反超美国成为世界半导体第一强国,市场占有率达80%。20世纪70年代后期,日本与美国半导体产业在研发设计、生产能力等方面还存在较大差距。1976年,日本政府为了提升竞争力启动了"DRAM制法革新"项目。政府部门的强力推动以及制度上的保障为集成电路的发展提供了良好的外部环境。另外,日本通过劳动力价格低廉的优势与引进的先进技术相结合加强了技术改良和再创新,并通过选择嵌入DRAM技术领域而获得一定的市场份额。与此同时,以Intel为代表的美国企业则主动放弃了DRAM市场,转而研发MPU。

2. 日本集成电路产业成功的原因

一是日本得到美国政府的技术、经济支援,获得了大量先进技术和资金。二是第二次世界大战的结束使得日本经济逐渐回归正常发展轨道。后来,日本从朝鲜战争中获得了大量军事订单,掌握了相关技术。美苏争霸过程中,日本依靠美国提供的工业技术,实现了家电行业的腾飞。三是通过技术引进、消化、改良快速缩短与美国之间的差距。四是选择务实的动态存储器DRAM技术切入产业价值链。五是政府协调统一、贸易保护和政策扶持。

(二)由日本到韩国的产业转移

1. 产业转移

20世纪70年代,美国、日本的半导体公司在韩国建立了记忆芯片的组装厂,由此开启了韩国半导体产业的发展。日本与美国半导体产业向韩国的转移为其提供了技术保障。韩国也先后制定了相应的产业政策提供政策上的保证。韩国从日本、美国进口大量半导体技术成果进行再研发,培养了大量熟练的研发人员和技术工人。其间,三星电子在16MD DRAM市场上的市场份额超过日本成为行业第一。另外,为回收研发成本,日本、美国企业的设备部门开始向海外大量销售"工艺诀窍附带型"制造设备。这一切均为韩国半导体的兴起提供了有利条件。在政府的引导下,韩国取代日本成为DRAM技术产品销售的佼佼者,实现了产业的成功转移。

2. 韩国集成电路成功的原因

一是从散件组装开始，进行技术积累和人才培养，成功把握住了产品结构转型的契机。韩国同样把握住了产业转移的大趋势，也是从承接附加价值较低的产业链环节开始起步，充分利用劳动力要素禀赋丰裕的优势跻身进入产业链。经过一段时期的发展，韩国涌现出了一批优秀的新兴技术企业，如三星、先打和大宇等企业。二是与其他国家政府主导不同，韩国财阀作用突出。韩国财阀在技术创新和产业升级中扮演着重要角色：首先表现在财阀集团对技术创新成果的引进、消化吸收、再创新方面，储备了大量知识与技术；其次是不间断地对设备、材料、人才的投资。在政府引导、财阀技术创新和产业政策的综合作用下，韩国在国际市场上获得一席之地，企业竞争力显著增强，比如三星已经超过 Intel 公司成为跨国性企业。

（三）由美国向中国台湾的产业转移

1. 产业转移

20 世纪 90 年代，半导体产业出现两大显著变化。第一，英特尔公司的 PC 专用 MPU 不再成为产业内标准；第二，半导体的生产与设计开始分离，基本上形成了专业化分工的完整的产业链条，出现了专业研发的 Fabless 企业与专业生产的 Foundry 代工企业，产业结构由垂直一体化向水平分工协作转变。中国台湾半导体产业发展模式和韩国类似，也是从半导体后工序封装开始。在产业国际转移的潮流中，中国台湾积极主动承接封装、测试技术环节，为台湾半导体产业发展提供了条件。在由劳动密集、低附加值环节向技术密集、高附加值环节升级的过程中，台湾地区政府功不可没，成立了研究中心、制定了产业规划，推动了技术和产业结构升级。目前，中国台湾成为仅次于美、日、韩的全球第四大半导体经济体。

2. 中国台湾集成电路成功的原因

第一，抓住行业需求积极参与全球化分工。全球代工模式可以迅速获得专利授权并打开市场。中国台湾发挥生产成本优势和规模经济效应巩固了全球代工地位。第二，新竹园区聚集效应与海外人才的回流。第三，产业政策倾斜与明确的战略规划。比如重视技术引进与招商引资、整体规划与政策支持（提出"积体电路计划草案""两兆双星"的发展目标），建立工研院进行技术指引与组织交流。

(四) 由发达国家地区向中国大陆的产业转移

进入 2000 年后,计算机增速下滑,PC 红利慢慢消退。中国凭借巨大的国内需求市场已经成为全球第一大消费电子生产和消费国家。同时,中国也是全球最大的半导体销售市场。近年来,中国半导体产业取得了非凡成就,发展规模和增长速度全球领先。2016 年,中国半导体产业市场规模、集成电路销售额分别高达 1.199 万亿元、0.434 万亿元(图 6-10,图 6-11),同比增长分别为 8.8%、20.1%。

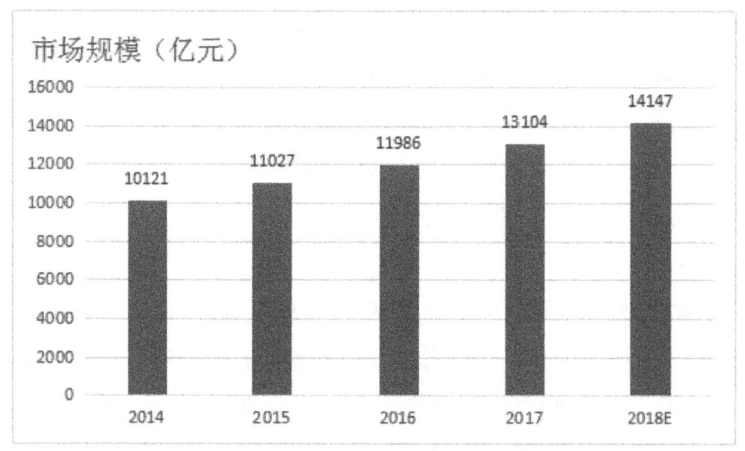

图 6-10　2014—2018 年中国集成电路市场规模

资料来源:中商产业研究院大数据库。

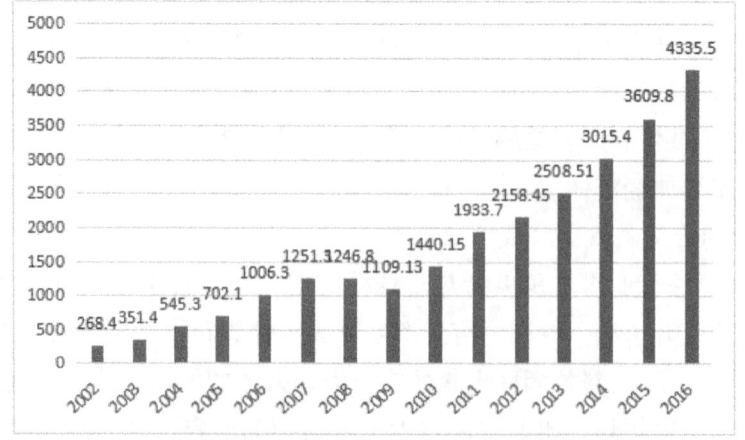

图 6-11　2002—2016 年中国集成电路产业规模(单位:亿元)

资料来源:中国报告网,由观研天下整理。

近年来,中国芯片设计业发展势头迅猛。2016 年,芯片产品销售额为 0.165 万亿元,同比增长了 24.1%,位居行业之首。芯片产业对相关制造业也起到了巨大的推动作用;制造业的销售收入达到 0.1127 万亿元,增长了 25.1%。中国集成电路产业结构不断优化,其中,设计业、制造业的销售收入和市场占比稳步上升,而封装业的销售收入总量增加但是占比不断下降(表6-13)。

表 6-13　中国大陆集成电路产业行业结构

年份	设计业		制造业		封装业	
	销售收入/万亿元	占比	销售收入/万亿元	占比	销售收入/万亿元	占比
2011	473.7	25.18%	431.6	22.95%	975.7	51.87%
2012	621.3	28.79%	501.1	23.22%	1035.7	47.99%
2013	808.8	32.24%	600.9	23.95%	1098.8	43.80%
2014	1047.4	34.74%	712.1	23.62%	1255.9	41.65%
2015	1325	36.71%	900.8	24.95%	1384	38.34%
2016	1644.3	37.93%	1126.9	25.99%	1564.3	36.08%

资料来源:中国报告网,由观研天下整理。

虽然中国在集成电路设计、制造、封装技术方面不断发展,但是与发达国家地区仍有较大差距。第一是设计、制造和封装产值比例不合理;第二是集成电路企业结构相对分散,市场集中度相对较低;第三是集成电路产品自给率偏低,对外依存度、贸易逆差较大(表 6-14)。国内市场为集成电路产业发展提供了广阔的空间,随着国内企业技术水平的提升,技术升级、生产国产化是未来发展趋势。

表 6-14　中国大陆集成电路对外贸易

项目		2013 年	2014 年	2015 年	2016 年
进口	数量/亿块	2633.1	2856.6	3140	3425.5
	数量增长率	10.00%	7.30%	10.00%	9.10%
	金额/亿美元	2313.4	2176	2307	2270.7
	金额增长率	20.50%	-5.90%	6.00%	-1.20%

续表

项目		2013年	2014年	2015年	2016年
出口	数量/亿块	1426.7	1535.20	1827.7	1810.1
	数量增长率	23.70%	7.60%	19.10%	-1.00%
	金额/亿美元	877	608.00	693.2	613.8
	金额增长率	64.10%	-30.60%	13.90%	-11.10%
顺逆差	数量/亿块	1236.4	1321.40	1312.3	1615.4
	数量增长率	持平	6.90%	-0.70%	23.10%
	金额/亿美元	1436.4	1567.40	1614	1656.9
	金额增长率	3.60%	9.10%	3.00%	2.70%

资料来源：根据公开数据整理。

（五）集成电路产业国际转移的启示

第一，要有一个有为政府，创造利于竞争的市场环境，制定适当的产业政策，加强技术研发投入。第二，技术型人才是经济发展的关键，要加强技术人才的培养特别是本土人才的培养，积极引进国外高科技人员。第三，制定明确的产业规划路线图和产业政策。目前，中国并无明确组织或机构部门进行统一规划。研发设计方面，缺少核心知识产权，依赖进口；生产制造技术人才短缺、技术落后成为制造业的绊脚石；封测方面，技术与利润始终处于产业链低端。第四，重视对人才、先进制造技术、新材料的投资。第五，建立新兴技术产业集群和规划院区，促进高端生产要素流动。第六，坚持技术引进、自主创新两条腿走路。一方面，引进国外先进前沿技术并进行再创新、商业化；另一方面，更加重视自主创新，在关键领域取得重大突破。

第三节　技术创新的渐进性与计算机产业升级案例分析

计算技术和计算机产业的发展演变基本按照设计竞争——→主导设计——→标准化——→技术融合——→范式转换的过程与逻辑进行。计算机技术及产业发展大体分为1945年以前（计算器时代）和以后（计算机时代）两个时期，标志性事件是世界上第一台电子数字式计算机ENIAC（埃尼阿克）的诞生。能够称得上激进式创新的计算技术有计算器的发明、计算机的发明、1971年微处理器的发明。从计算思想产生到计算器的出现经历时间尚未可知。但是,从计算器到计算机的发明诞生,却经历了三个世纪,从计算机的诞生到微处理器的发明经历了25年。当前,由微处理器和互联网引发的技术变革仍在继续。

一、计算技术创新的三次跳跃:技术范式转换

(一) 实物化计算技术:孤立的实物计算技术

计算来源于生活需要。围绕着计算需要,人们设计出了多样化的计算设备。最早,人类采用普遍可见而又方便的物体加以计算,比如古人用石头计算捕获的猎物、用手指计数等。古代中国和古代印加人采取过相对先进的"结绳记事"法用以计算和记录历史。后来,古代中国又发明了算盘,古希腊人称之为安提凯希拉装置,中国古代称之为筹策或算筹。明朝时期发明的珠算盘已经与现代的珠算盘基本相同。这些计算工具和方法往往采用具体物体的数量加以直接累积或变形,并没有技术含量。但值得一提的是,结绳记事和算盘的发明具有较高的创新性。结绳记事包含了系列规则和方法;算盘不但有规则和方法,还体现出了架构创新(将不同物体加以整体组合、架构而成为一个全新的产品),这可称得上是一项激进式创新。这些工具适应了当时的生产力水平,但是也具有明显的局限性。该阶段计算工具的开发为以后的计算机技术产品提供了思路和方向。

(二) 计算技术的机械化:由简单实物计算向机械化计算的范式转换

该阶段与前一阶段不同的特点是,计算工具逐步机械化,可称之为计算器时代。计算思想的转化又一次引发了产品创新。计算器产品创新大致有四个方向。

1. 台式计算器

最早的计算器是由 17 世纪的自然哲学家制造,代表性的有三例,分别是由戈特弗里德·威廉·莱布尼茨(1646—1716)和威廉·希卡德(1592—1635)设计用于科学用途的计算器,以及由布莱兹·帕斯卡(1623—1662)设计用于会计目的的计算器。这些台式计算器(desk calculators)是一套能够放在桌面上的机械装置,可以进行加法和减法运算,有的也能够进行乘法和除法运算。19 世纪下半叶之前,这样的计算装置还只是小巧的珍奇之物,仅仅限于小量定做生产,还不能有效地应用于科学工作和商务。直到 19 世纪最后 25

年中,该技术得到了改进:处理加法进位的可靠机制得到了改进,数字输入更加容易,可以输出结果并打印。由此,计算器开始批量生产并被引入商务领域。到了20世纪20年代,有数千台台式计算器被全世界许多企业和科学机构使用。20世纪20年代和30年代,原为电话工业研发的电机继电器也被当时的高端台式计算器所采用,提高了运算速度。

2. 穿孔卡片制表系统

另一种创新方向是穿孔卡片制表系统(punched-card tabulating systems),由美国发明家赫尔曼·霍勒里斯(1860—1929)研发。在此后50年间这些制表系统不断得到改进,并被政府机构和高级商业公司所采用。直到1888年,霍勒里斯才真正完成自动制表机的发明,并在1900年美国人口普查中得以成功运用。该装置运行灵敏、效率很高,相当于500人的工作量。穿孔卡片制表装置首先将数据转变成二进制信息进行数据处理,成为后来计算机系统的重要功能之一,也成为电脑软件的前身。

3. 模拟计算装置

模拟计算装置(analog device)是通过测量而不是计数来得出结果。计算尺是模拟计算装置的一个范例,它通过游标和固定部分之间的比照来得到乘法计算的结果。潮汐预报器就是一种重要的模拟计算装置,被普遍应用于计算某时某地的潮水高度(19世纪晚期)。开尔文勋爵(1824—1907)发明的潮汐预报器是最成功的例子之一。其中,万尼瓦尔·布什(1890—1974)设立了电力工业网络和设备,对模拟装置也具有重要贡献。模拟计算装置是工程学的首选计算设备。随着交流电系统的发展,工程学在19世纪90年代成为一类更加数学化的学科。工程师选择模拟计算装置的原因有两个:一是模拟计算装置比台式计算器和穿孔卡片指标系统更加适用于工程师经常要解决的连续变量问题;二是制造和使用模拟设备更加方便。

4. 科学计算器

现代计算机出现之前,还有另外一种类型即科学计算器(scientific calculator)。20世纪30、40年代初,曾少量制造过此类型的一种计算设备。其中最重要的几个是:由康拉德·楚泽(1910—1995)在德国为航空工程制造的计算器(毁于战争);由霍华德·艾肯(1900—1973)在哈佛制造的被盟军用于军事的计算器;由乔治·施蒂比兹(1904—1995)在贝尔电话实验室制造的限于实验室内部使用的计算器。这些计算器利用电机转换原理或者电子转换原理来自动完成大量的算术运算,效率更高。与现代计算机相比,它们只是计算器,因为它们不能够存储指令,也不能够在没有人为干预的情况下来修改计算进程。

(三)存储计算技术:由机械化计算向存储技术的范式转换

查尔斯·巴比奇(1792—1871)是(并没有最终完成)分析机(analytical engine)的发明者。分析机机械装置在功能上与存储程序计算机相似,为存储技术的发明提供了启示。计算技术在商业领域的运用也迫切需要对计算信息进行记录、存储。技术创新和商业化需求推动存储技术产品的发明。

二、存储计算技术创新、设计竞争与主导产品

(一)存储技术创新引发产品设计竞争

在现有科学技术和计算思想的基础上,1945年ENIAC的发明成为一项激进式技术创新的重要成果,引发了新一轮的计算革命和产业变革。计算机产业的发展正是在ENIAC的基础上开启了渐进式技术创新。计算机产业升级的过程就是计算机子系统和产品创新升级换代的过程。至今为止,计算机产业仍然是对ENIAC技术的延续与深化,并没有真正意义上的激进式技术创新发展。虽然微处理器极大地提高了计算机性能,但绝不是真正意义上的激进式创新,可以算作计算机系统的一个子系统激进式创新。计算机技术和产业发展过程遵循了渐进式技术创新的规律。

当初设计ENIAC的用途是计算指引新型枪炮所需的射表;该设计方案描述了存储程序的概念,奠定了此后所有计算机的发展方向,成为主导设计中关键的内容。ENIAC奠定了电子计算机的发展基础,标志着电子计算机时代的到来。二战后10年间,研究机构设计了多种计算机。其中,有代表性的有三个项目。一是在曼彻斯特大学和英国国家物理实验室,由M. H. A. 纽曼(1897—1984)和艾伦·图灵(1912—1954)进行理论指导完成的项目。二是由剑桥大学莫里斯·威尔克斯(1913—2010)主持的项目。三是麻省理工学院建造的旋风式计算机(whirlwind computer),成为电脑驱动半自动地面防空警备系统(SAGE)的起点。到了20世纪50年代中期,制造标准化计算机和用户定制计算机产业开始兴起,由使用者自己建造特种计算机的时期便结束了。

对整个计算系统及其众多原件进行设计的广泛实验发生在二战后头一个10年间。最急迫的问题是需要这样一个存储器：它必须能够长时间可靠地保存海量信息，在制造和维护上必须经济适用，还必须能够迅速存取数据而不减慢计算机的总运行速度。这个问题最终为旋风计算机研发的磁芯存储器所解决。

（二）主导设计形成

经过主导设计竞争，最终形成了主导设计。计算机系统的构成是系统结构的逻辑实现，包括机器内的数据流、控制流和逻辑设计，包括硬件系统和软件系统（图6-12）。其中，硬件系统又包括五个技术子系统：控制器与运算器（两者构成中央处理单元）、存储器（RAM、ROM）、输入设备（键盘、鼠标）和输出设备（显示器、打印机）。软件系统是指计算机系统中的程序和文档，具体包括系统软件（比如Windows、Linux、Dos、Unix等操作系统；程序设计语言处理器；开发工具、网络软件、诊断程序等）和应用软件（各种软件包、网络套件等比如Word、Excel、QQ等）。计算机的发展就是在这个主导设计的架构上进行的不断改善与提升。

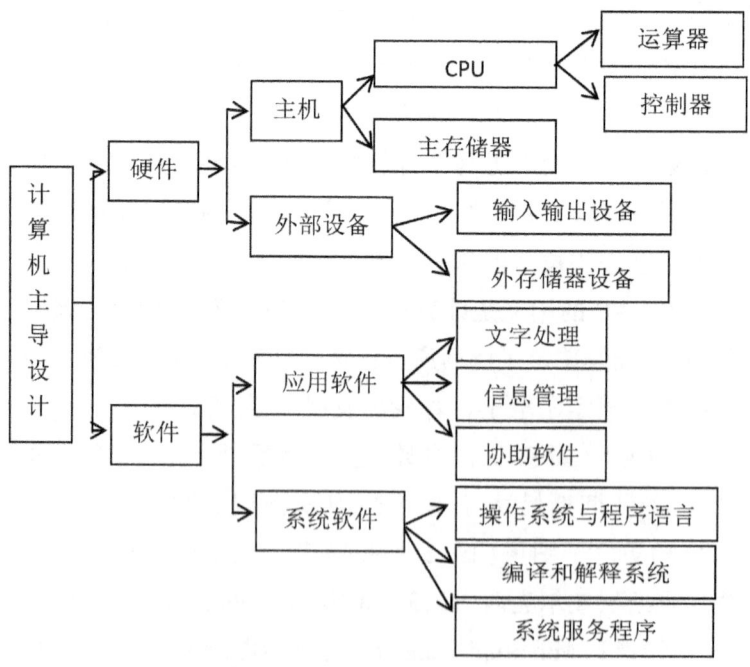

图6-12　计算机主导设计构成

资料来源：作者根据公开资料制作。

计算机发展的早期阶段,产品创新特征明显。除了上述的几种产品创新,随着相关技术的进步,又开发出了不同种类的计算机产品。一般可以分为超级计算机、工业控制计算机、网络计算机、个人计算机(台式计算机)和嵌入式计算机五类;当前利用最新技术,研发出了生物计算机、光子计算机和量子计算机等。

三、计算机技术标准化

主导设计形成后,技术系统、技术子系统的总体架构已经确定。为了推动技术扩散,产业界和技术界开始了标准化探索。1987 年,为了适应信息技术的发展,ISO、IEC 专门成立了信息技术联合委员会(JTC1),并在 7 年间制定了 500 多个国际标准。截至 2013 年 10 月,中国信标委共归口国家标准 740 项,国家标准制定、修改项目计划 447 项。

四、渐进式技术创新、技术融合与计算机产品换代升级

产品主导设计确立后,计算机产业迅速发展,突出特点就是在硬件、软件、功能、性能、成本等方面升级换代。材料的改进提升了质量,技术的改进提升了性能,存储能力的提高使计算机变得越来越轻巧,工艺的改进令计算机更加美观、低廉。计算机升级换代的动力来源于计算机相关行业技术、子技术的改进与创新。

(一)计算机硬件和软件创新:子技术系统创新

计算机的基本设计在商用计算机时代初期就已经得以确立。渐进式技术创新在计算机硬件和软件两方面发挥着作用。一是对计算机组件进行的技术革新,使计算机在速度、可靠性和信息存储容量方面提高了 100 多万倍,并使能耗、尺寸和制造成本降低了 100 多万倍。二是计算机操作方式的技术革新,主要源于由政府资助的学术实验室研究。高级程序设计语言、实时计算、分时技术、网络、图形用户界面等技术革新来源于学术界并经由工业界的商业化得以传播、扩散。

软件技术创新发展是使电脑运行自动化的过程。20 世纪 60 年代的前 5 年,计算机硬件的存储量和运行速度提高了 10 倍,这为功能强大、复杂的程序设计创新提供了条件。硬件和软件技术创新彼此依赖、相互促进。计算机产

业生产硬件的 IBM 在 20 世纪 60 年代和 70 年代占统治地位,90 年代生产软件的微软公司占据统治地位。

计算机发展史与电子学尤其是半导体发展史密切相关。20 世纪 70 年代初,集成电路芯片尺寸的持续缩小导致了微处理器、芯片计算机的出现,随后,又导致个人电脑的诞生以及电脑嵌入的各种各样的工业品和家用产品出现。

(二) 子技术系统创新与计算机产品换代升级

目前,计算机的应用已扩展到社会的各个领域。一般认为,计算机经过了四次换代升级,正向第五代计算机转型。计算机具备的三个品质致使以前的计算机技术不到 20 年便陈旧过时:第一个品质是原件间的电子转换,其特点是速度快;第二个品质是信息的数字化存储,特点是精度准;第三个品质是计算自动化的存储程序,特点是容量大。

1. 电子管技术与电子管计算机(1946—1957 年)

电子管计算机源于电子管的发明。电子管的发明源于"爱迪生效应"[1],具有偶然性。英国物力学家和电器工程师弗莱明最先预见爱迪生效应的实际应用价值,并于 1904 年发明了世界上第一只电子管。电子管的发明直接的成果就是使得 ENIAC 的发明成为可能。在此基础上,1949 年英国发明了具有存储功能的电子计算机 EDSAC;1952 年,冯·诺依曼研制成功了离散变量自动电子计算机(EDVAC)。1950 年,华人王安提出用磁芯存贮数据的思想;随后,美国人福雷斯特发明了磁芯存储器,成为 50 到 70 年代电子计算机主流的主存储器。电子计算机虽然存在诸如能耗高、速度慢、价格高、占地面积大等缺点,但它为计算机发展奠定了基础。

2. 晶体管技术与晶体管计算机(1958—1964 年)

为了克服真空电子管的缺陷,科学家对其进行了大量研究。1947 年 12 月,肖克利、巴丁和布拉顿发明了锗晶体管,开辟了电子时代新纪元,开启了微电子革命,也为集成电路的发明奠定了基础。其实,工程师利莲费尔德最早在 1929 年就已经取得一种晶体管的专利,但由于技术水平、材料纯度不高的限制,一直没有投入生产和商业化。20 世纪 50 年代,人们用晶体管取代电子管

---

[1] 爱迪生在研究白炽灯的寿命时,发现虽然金属片与灯丝没有接触,但是如果在它们之间加上电压,灯丝就会产生一股电流,趋向附近的金属片,称为"爱迪生效应"。

发明了晶体管小型计算机,美国在阿塔拉斯洲际导弹上装备了以晶体管为主要元件的小型计算机。1955 年,晶体管计算机被安装到了导弹上用于提升运算速度;1958 年、1959 年,IBM 公司先后研发了成功采用晶体管的 RCA501、IBM7090 型电子计算机;1961 年,大型计算机 ATLAS 出现;中国也于 1964 年成功研发国内第一台全晶体管 441-B 型计算机。与真空电子管相比,晶体管计算机具有优良的性能(运算速度高达 300 万次每秒,更紧凑可靠),比第一代计算机有很大提高。

3. 集成技术与集成电路计算机(1965—1970 年)

1958 年,Jack Kilby 发明了集成电路(IC),由此引发了电路设计革命。1964 年,IBM 公司首次以集成电路替代晶体管研制成功了通用计算机 IBM 360 系统。集成电路的发明使得计算机逐渐由大型计算机、商用计算机向微型计算机、家用计算机转变。第三代计算机的发展以集成电路技术为基础。从微处理器、存储器到输入、输出设备都是集成电路技术的结晶。该阶段主要采用中、小规模集成电路(MSI、SSI),主存储器仍采用磁芯。随着集成度的提高,计算机呈现小型化的特征,运行速度显著提升(一般为每秒数百万次至数千万次);产品向通用化、系列化和标准化等方向演变;开始进入文字处理和图形图像处理等应用领域。

4. 大规模集成技术与计算机(1971 年至今)

大规模集成技术一般包括大规模(1000 以上个元件)和超大规模(10 万个元件)集成电路,比小中等规模集成电路提高了 1~2 个以上的数量级。采用大规模集成技术的计算机被称为第四代计算机。在大型计算机取得突飞猛进的同时,集成技术也推动了采用微处理器的微型计算机的快速发展。大规模集成电路技术不但推动了计算机产业空前发展而且也推动了军事工业、空间技术、原子能技术的发展。

5. 技术创新与微型计算机的迭代升级

计算机的迭代升级方向有两个:一是大型计算机,二是微型计算机。1971 年末,世界上第一台微处理器和微型计算机在美国硅谷诞生,迎来了微型计算机发展的重大机遇。微型计算机体积较小,不但性能优越,而且方便携带。目前,各种各样的小型、微型电脑种类繁多,成为人们工作、学习、生活中不可或缺的必需品。

表 6-15 技术创新与微型计算机迭代升级

时间	微处理器	典型产品	技术工艺
1971—1973 第 1 代	4 位和 8 位低档微处理器	MCS-4 和 MCS-8 微机	PMOS 工艺
1974—1977 第 2 代	8 位中高档微处理器	Intel8080/8085 MotorolaM6800;ZilogZ80	NMOS 工艺
1978—1984 第 3 代	16 位微处理器	Intel8086/8088 MotorolaM68000;ZilogZ8000	HMOS 工艺
1985—1992 第 4 代	32 位微处理器	Intel80386/80486 MotorolaM69030/68040	HMOS 或 CMOS 工艺
1993—2005 第 5 代	奔腾系列微处理器	奔腾系列芯片 AMD 的 K6 系列芯片	$0.5\mu m$、$0.35\mu m$ 工艺
2005 至今 第 6 代	酷睿系列微处理器	酷睿（core）2，SNB（Sandy Bridge），ivy bridge（IVB）	32nm 制造工艺

资料来源：作者根据公开资料整理。

正如表 6-15 所显示的那样，微型计算机每隔几年就会升级换代一次，而且产品种类日趋多样化。目前，微型计算机已经迭代了 6 次，内存、速度、价格、外观等发生了巨大变化。第六次迭代产品以酷睿系列微型计算机为代表，采用工艺已经进化到 32 nm，计算速度、数据处理能力不断提高。

（三）计算机、通信及其他电子设备制造业技术创新步伐放缓

总体上看，专利申请量增长率在 2004—2011 年间呈现出较高的态势，而从 2012 年开始则进入了下滑状态且相对平稳。从 R&D 经费增长率与专利申请量增长率的曲线图可知，2004—2012 年间，R&D 经费投入对技术申请量的影响较为明显，而到了 2012 年后，R&D 经费增长率相对稳定，但是专利申请量增长率曲线处于 R&D 经费增长率曲线下方，技术创新步伐明显下降（图 6-13）。

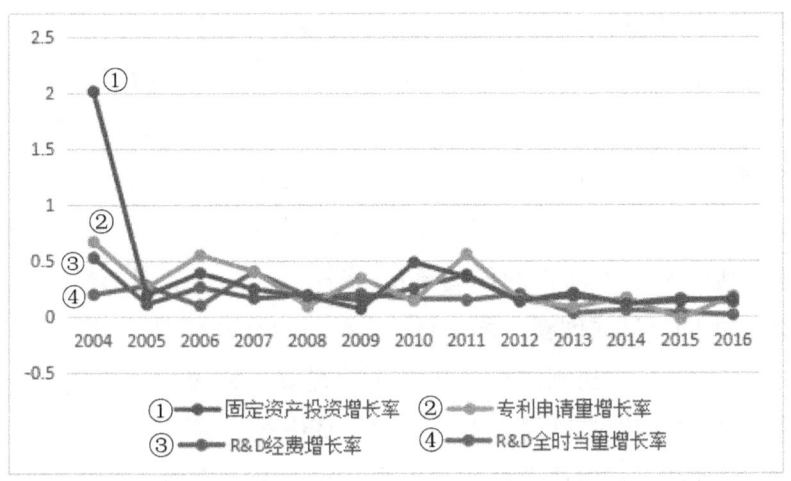

图 6-13　R&D 经费、R&D 人才投入、固定投资、专利申请量等指标增长率与技术创新关系

资料来源：《中国统计年鉴》。

技术创新是计算机产业迅速发展的根本原因。虽然市场是重要创新主体，但是政府的力量不容忽视。从计算机的产生看，正是政府主导推动了计算机的诞生，特别是军事和能源实验室对计算机的发展起到了关键作用。政府在许多领域投入庞大资金，比如计算机化的防空程序、联系军事研究人员和军事组织的计算机网络、核武器设计中的计算机模拟实验室、军用飞行器研发中对计算机辅助设计、在作战部队和军需部门间进行协调的计算机化后勤管理体系等。各个军事部门和其他政府部门扶植了研发工作，既有给大学研究人员拨款或签订研究合同这样的直接支持，也有为计算机制造业提供安全的产品市场的间接支持。

第四节　技术创新的渐进性与汽车产业升级案例分析

计算技术与计算机产业的发展在技术创新的渐进性方面比较显著，主要是产品子技术系统的渐进式创新来推动产业迭代升级。而汽车技术和产业发展虽然也是按照本书所述的技术创新路径，但更加侧重于规模、组织、技术融合创新方面。由于中外汽车产业技术存在"势差"，中国汽车产业主要是通过引进、消化、吸收、模仿创新缩小技术差距进而实现产业升级。汽车的诞生与发展源于科学技术的重要发现与创新。一般将 1886 年卡尔本茨发明的第一辆汽车作为汽车诞生的重要标志,可以算作是激进式创新。然而,汽车技术和汽车的出现是以长期技术积累、探索为基础的。从汽车产业的发展历史,我们可以看出,激进式创新成果很少,主要是渐进式技术创新推动了汽车产业的发展和升级换代。对汽车产业产生重大影响的技术除内燃机、自动驾驶外,还有福特流水生产线、通用汽车的全产品管理、日本汽车的精益生产方式。这些技术虽然极大地推动了汽车产业的规模化、多样化、精益化,但仍然是在原有技术轨道范式下的渐进式创新。第一辆三轮汽车的时速是18公里/小时。而到了今天,从速度为零加速到100公里/小时只需要三秒钟;汽车的种类、规模发生了天翻地覆的变化;造就了一批在各国经济中举足轻重的汽车公司和汽车历史人物;带动了上下游产业的联动发展。这些无不得益于渐进式创新的功劳。

一、技术创新与汽车新旧技术范式转换

(一)旧范式下的运输技术:简单物理原理的发现

运输技术源于生活搬运物品的实际需要。汽车出现之前,人类通过观察掌握了基本的运输物理原理,并发明了较为简单的运输工具。原始社会,从生活经验中,人们学会了用圆木滚动重物即滚动原理,由此出现了木轮运输方式。后来又发现直径大的木轮速度更快、承重更大,于是就出现了直径较大且带轴承的车轮。据史料记载,公元前2000多年的夏初大禹时代,奚仲创造了世界上第一辆车;公元前1600年的商代制造出了两轮车;西周时期(公元前771年),由马替代人成为车的动力;春秋战国时期(公元前770—公元前221年),马车用于战争,成为重要的运输工具。宋代燕肃于宋仁宗天圣五年(公元1027年)重新制造了指南车和记里鼓车。欧洲"文艺复兴"前的16世纪,马车制造技术得以极大改善。车的结构采取双轴四轮并安装了转向盘。车身采取活动车门和封闭式结构,并且在车身和车轴之间用弹簧连接。

由于技术水平的限制,早期车主要以人和牲畜为主要驱动力。只有等到机械原理、热力学、动力学进一步发展以后,特别是关键动力技术(蒸汽机)出现后,现代汽车才能创造出来。前期这些成果的积累为真正汽车时代的到来打下了坚实基础。

(二) 蒸汽技术原理、蒸汽机的发明：技术范式转换

随着经验、知识的积累，人类逐步掌握了蒸汽技术原理，并由此导致蒸汽技术创新，发明了蒸汽机。蒸汽机被安装在各种运输工具上，就产生了汽车、轮船、火车、公交车等新产品。蒸汽技术将运输产业推向了机械化、机器化。与早期木车、马车相区别，现代汽车主要采用蒸汽机、内燃机作为动力。蒸汽机的出现直接推动了内燃机的发明。内燃机的发明将人类从劳力中解脱了出来，也直接对轮船、飞机、火车等产业带来革命性影响。蒸汽技术因与早期简单物理运输原理相比具有技术上的本质区别和先进性，从而引发了运输技术的范式转换，为运输产业开辟了新的升级方向。无论蒸汽机还是内燃机，其出现、发展无不经历了长期的探索与积累，具有明显的渐进性特征。

1. 由蒸汽机技术到蒸汽机汽车

蒸汽机的发明最初来源于将矿井中的积水抽出来的现实需要。早期的人们用煤来烧水时发现蒸汽可以将壶盖顶起来。人们由此想到运用蒸汽驱动活塞运动产生的动力来为人类服务，围绕这种想法，科学家和发明家开始了研发设计工作，并获得系列影响深远的重大发明。1712年，纽科门蒸汽机问世，并在采矿业大展身手；1769年，瓦特在纽科门蒸汽机基础上加以改进发明了具有冷却功能的蒸汽机；1774年，瓦特与博尔顿联合研发成功第一台实用化的动力机械蒸汽机。改良的蒸汽机将从事体力作业的劳动力解放出来，提高了劳动生产率，被广泛运用于纺织业、采矿冶金和交通运输业，最终引发举世闻名的工业革命。

蒸汽机直接导致蒸汽机汽车的发明。1770年法国人尼古拉斯·古诺（Nicolas Joseph Cugnot）与人力木板车架构链接，研制出以机器为动力的车辆；蒸汽车开始走向商业化征程。

2. 由内燃机到内燃机汽车

蒸汽机汽车虽然具有划时代意义，但是其在诞生初期还显得极其笨拙：巨大的锅炉和大气缸，需要大量的水与煤、操纵与制动困难、热量损失大、热效率低、能源浪费严重。在改进的基础上，内燃机诞生了，内燃机汽车也纷至沓来。1838年，巴尼特（Barnett）和克拉克（Clerk）先后发明了两冲程煤气机并不断改进；1860年，雷诺尔研制成了效率低下但较为实用的煤气机；1862年，罗彻斯设计出四冲程发动机；1876年，德国人奥托（August Otto）运用循环理论试制成功了第一

台往复式四冲程煤气机,为提高内燃机热效率开辟了新途径。1883 年德国人戴姆勒(Daimler)研制出小型高速汽油机(当时达 800 r/min 以上)。

内燃机的发明促使内燃机取代蒸汽机并最终形成了内燃机汽车。1883 年、1886 年,戴姆勒先后发明了自行车、汽油车、由机器驱动的"马车";1886 年德国人奔驰(Carl Benz)研制成功了第一辆三轮汽车。这些重要发明的一个共同特点就是,它们都是在前人研究成功的基础上进行改进的结果,并非一蹴而就。

二、汽车产业技术创新、设计竞争与主导设计形成

(一)汽车技术重大发明与创新

汽车技术一直处于持续发展的进程中。表 6-16 显示了从 18 世纪至 20 世纪上半叶世界汽车技术创新的重要成果。从表中可以观察到技术创新具有以下特点:一是技术创新具有承前启后的特征,前期技术创新为后期技术创新提供了进一步创新的基础,后期创新是对前期创新成果的进一步完善与改进;二是技术创新具有多元性、发散性,即围绕汽车总技术系统分解出更多的技术子系统并不断改进,而且技术子系统具有多种解决方案;三是汽车功能不断增多、性能越来越高,比如减震器、ABS 系统、空调系统、音响系统、速度等。这些特征表明了技术创新具有渐进性。

表 6-16　1776—1944 年世界汽车技术重大发明和创新的年代表

时间	发明人	国家	重大技术创新
1776 年	詹姆斯·瓦特	英国	蒸汽机
1814 年	斯帝文森	英国	火车头
1860 年	勒诺尔	法国	第一台 2 冲程燃气机(内燃机商品化)
1862 年	博杜·罗夏	法国	完成 4 冲程发动机的理论
1878 年	奥托	德国	制成往复式 4 冲程内燃机
1879 年	卡尔·本茨	德国	制成 2 冲程汽油机
1883 年	戴姆勒	德国	制成第一台总重 80 kg 的内燃机,自行车
1886 年	梅巴赫,戴姆勒;卡尔本茨	德国	制成 4 冲程汽油机,四轮车;三轮车
1889 年	标致	法国	齿轮变速器和差速器

续表

时间	发明人	国家	重大技术创新
1891 年		美国	电动汽车
1891 年	标致	法国	前置发动机和后轮驱动(奠定传动系统结构)
1892 年	梅巴赫	德国	平板型喷雾化油器
1893 年	梅巴赫	德国	浮子供油化油器
1893 年	博世(BOSCH)	德国	高压点火磁电机
1894 年	狄塞尔	德国	第一台柴油发动机
1894 年	米其林	法国	充气橡胶轮胎
1895 年		瑞士	手柄操纵的齿轮变速传动装置
1897 年	狄塞尔	德国	18.4 kW 柴油发动机。压缩式点火,4 冲程
1898 年		美国	第一台顶置凸轮式 4 缸风冷式发动机
1898 年	戴姆勒	德国	第一台直排式 4 缸发动机,并制造运输车
1898 年		英国	柴油机用在汽车上,开创了转子发动机汽车
1899 年	戴姆勒	德国	蜂窝式散热器、分档变速装置和脚踏式加速器
1900 年	奔驰公司	德国	冲压成型的钢板车架,取代木板车架
1901 年	戴姆勒	德国	喷嘴式化油器
1902 年		英国 法国	盘式制动器;鼓式制动器;后桥独立式悬架
1903 年	别克公司	美国	顶置气门式发动机轿车;无内胎轮胎专利
1904 年		英国	液压制动器
1905 年	米其林	法国	轮胎压力计
1907 年		美国	螺旋弹簧和摩擦式减震器;镀镍亮饰
1908 年	福特公司	美国	T 型车,生产线;轮胎卷纹雕刻机;电动喇叭和速度表;挡风玻璃;暖气加热
1910 年	凯迪拉克公司	美国	封闭式车身;零件标准化
1910 年		法国	液压挺杆专利
1911 年	卡门	德国	发现运动物体后补产生涡流,提出流线型概念
1912 年	标致	法国	双顶置凸轮轴,每缸 4 气门的发动机
1913 年		美国	开始使用螺旋伞齿轮和差速器
1915 年		英国	装甲汽车研制成功

续表

时间	发明人	国家	重大技术创新
1916年		德国	汽油发动机上采用铝合金活塞代替铁活塞
1917年		法国	出现了带有暖风机的封闭式轿车
1917年		西班牙	扭力悬架装置
1918年		美国	发明4轮液压制动器并于1920年被采用
1918年	阿克曼	德国	平行连杆式转向结构专利,后改为梯形连杆式
1919年	道奇公司	美国	采用全钢骨和钢板车身覆盖件的厢式车身
1920年	卡多		发明涡流燃烧室
1921年	米奇利,凯特林,彼得	美国	发明了汽油抗爆剂四乙基铅
1922年		NA	空气滤清器和油量指示器;橡胶悬挂在美国问世
1923年	戴姆勒公司	美国	发明自动喷漆装置;"通用"管理体制
1923年	奔驰公司	德国	第一辆柴油载货车
1924年		美国 德国	6缸发动机和4轮液压制动器;离合器中安装减震器;博世采用电动刮水器;双丝式前大灯发明
1925年	奥兹莫比尔	美国	奥兹莫比尔5座汽车问世
1926年		美国	辛烷值测定表,汽油抗爆性衡量指标
1927年	凯迪拉克公司	美国	使用夹层安全玻璃,防碎玻璃
1928年		美国	助力器,化油器,减震器;尾灯;同步变速器
1930年	里欧公司	NA	半自动变速装置;超低压轮胎问世;液力耦合器
1931年	奥迪公司	德国 美国	前置驱动轿车;独立悬架汽车;离心式、真空式点火提前角自动调节装置
1932年		NA	圆环形挡泥板被采用
1934年	雪铁龙 奥兹莫比	法国	研制出具有前轮驱动、承载式结构车身和全独立悬挂系统的轿车;首创现代的自动变速器
1938年		美国	空调装置
1938年	标致	法国	尾翘;离合器膜片弹簧;真空灯和车尾转向灯
1941年	克莱斯勒公司	美国	研制出4速半自动变速装置和液力耦合器
1944年	通用公司	美国	DUKW水陆两用汽车

资料来源:作者根据公开资料整理。

（二）设计竞争

第一辆汽车的诞生为人类社会增添了一个全新的产品。正是从这个意义上说,汽车属于激进式技术创新的产物。一项新产品诞生的初期阶段,由于产品架构、动力驱动等方面存在多种可能性,由此就进入了主导设计竞争阶段。该阶段,技术创新的渐进性体现在传承、顾客、关联、成本与创新等5个维度（郝斌 等,2008）（图6-14,表6-17）。技术创新的传承性为后来研发者提供了研究参考,有效提升产品设计的效率、降低研发成本;研发设计的便利性和成本优势进一步强化了技术渐进演化的路径。顾客维度的创新主要是提升顾客价值、降低顾客成本。关联性是指技术系统作为一个整体,要考虑到技术系统的复杂性,确保相关技术之间的协同效应,这些都是影响产品设计竞争力的重要因素。成本维度的创新主要通过影响设计成本与后续成本的高低来影响设计范式竞争力。创新是设计存在的基石。在产品层面,创新形式主要是功能的增补、外观设计的变化以及产品差异。组织创新主要是生产组织模式的改变。产业创新则是产业发展环境和市场秩序的规范化。最具竞争力的设计范式是那些具有创新性、有效性的设计范式。

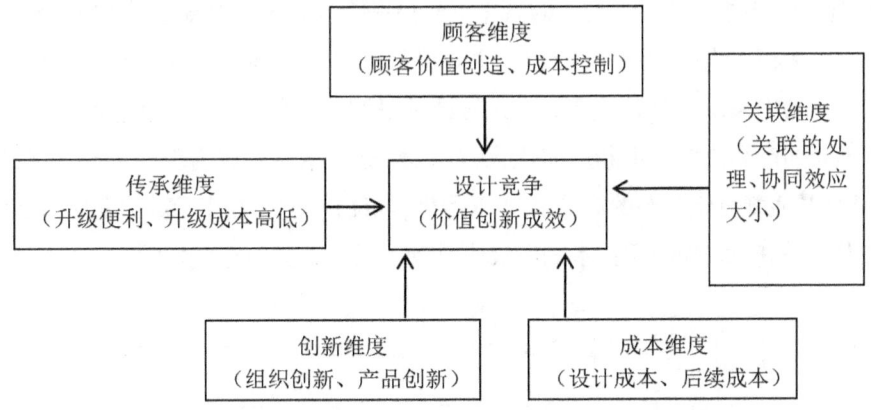

图6-14　汽车产业设计竞争阶段技术创新的5维度模型

资料来源:郝斌、任浩,《设计竞争与设计演进——以汽车产业为例》,《财贸研究》2008年第4期。

表 6-17　汽车产业设计竞争 5 维度的渐进式创新方向

维度	模块化	一体化
传承	标准化 可移植性	不可移植性 黏滞性
关联	关联分割 独立性	整体性 不可拆分
创新	系统创新 组合创新	一般研发创新
顾客	差异化、个性化、多样化	趋同化 单一化
成本	沉没成本 试验、创新成本	管理成本、协调成本和监督成本

资料来源:郝斌、任浩:《设计竞争与设计演进——以汽车产业为例》,《财贸研究》2008 年第 4 期。

不同的设计模式竞争直接导致产品的多元化,不同类型的汽车产品接受市场检验并展开竞争(图 6-15)。从产品架构创新看,出现了三轮汽车、四轮汽车、多轮汽车,也出现了开放式、封闭式汽车,木质和铁质汽车;从动力驱动看,出现了以煤炭、电池、水、柴油和汽油为动力的汽车。经过一个时期的市场试错和检验,最终形成了以三大板块为基础的现代汽车,主导设计产品由此得以确立。汽油成为汽车的主导驱动力来源。其他类型的汽车虽然依然存在,但是都没有成为主导产品。这些不同的产品依然在不断地演化,随着技术进步,依然有成为新的主导产品的可能。比如,随着石化资源的短缺和环境污染,电动汽车呈现出了新的发展势头;信息技术、智能技术、物联网技术的发展则推动了无人驾驶汽车的发展。

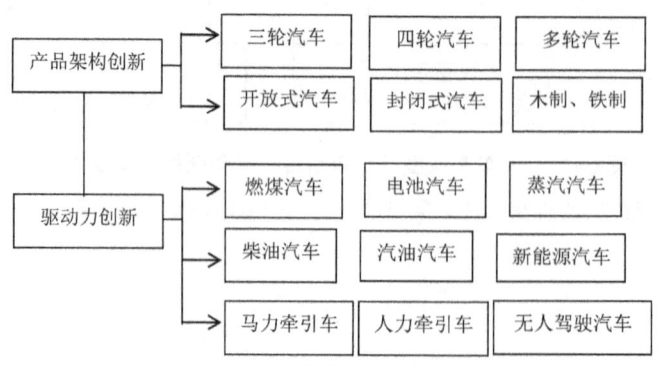

图 6-15　设计竞争产品创新多元化

资料来源:作者整理。

（三）主导设计形成：汽车主导设计构造

各种技术产品经过与市场互动、接受市场检验，最终形成主导设计产品。总体看，汽车的主导技术产品是一个技术集成系统。从汽车的构造来看，汽车由发动机（核心动力系统）、底盘（执行装置系统）、电气与电子设备（控制系统）、车身四部分构成（图6-16）。其中，发动机作为动力系统，由两大机构和五大系统构成，包括曲柄连杆机构、配气机构、燃料供给系统、冷却系统、润滑系统、点火系统和启动系统；底盘由传动系统、行驶系统、转向系统和制动系统组成；车身主要用来乘坐或装载货物，由车身壳体、门、窗、内外饰以及空气调节装置等构成。每一个构成部件就是一个子技术系统。汽车产品升级主要体现为各个子技术系统的渐进性演化。汽车性能改善源于总系统和子系统的协同技术创新。汽车发明后，汽车产品升级主要围绕着汽车架构、功能、性能、成本、品牌等方向演化。从创新角度看，汽车产业升级主要是围绕产品升级换代、工艺创新、市场创新、组织管理创新等方面演化。

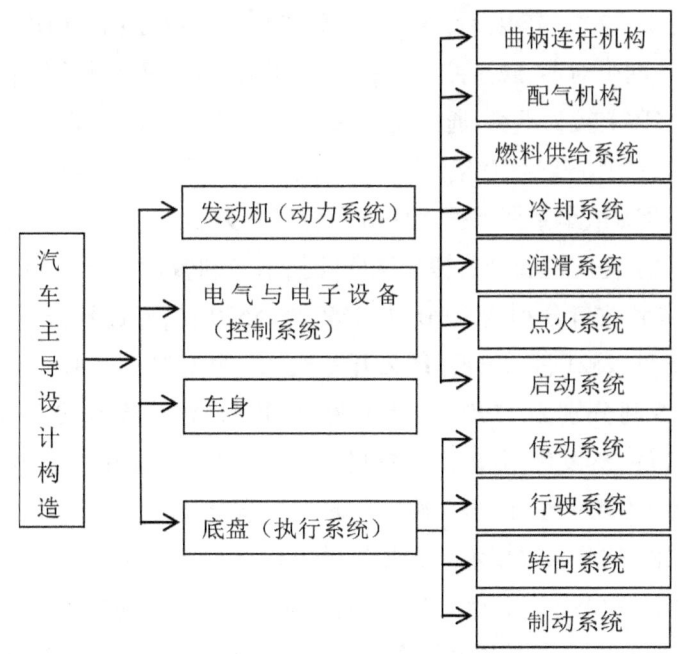

图6-16　汽车主导设计构造

资料来源：作者根据相关资料整理。

三、汽车产业渐进式技术创新：改进与迭代升级

(一) 汽车子技术系统渐进式技术创新与改进：专利量

主导设计形成后，汽车产业的发展基本上依靠渐进式技术创新来不断提升汽车性能、质量。由于数据获取有难度，本书主要选取发动机控制系统、底盘控制系统、安全控制系统和通信控制系统四个技术模块从专利量角度来加以考察。数据(表6-18)来源于德温特专利数据库(截至2011年3月17日)。发动机控制系统、底盘控制系统、安全控制系统和通信控制系统专利数量分别为4111件、4178件、1248件和4820件。制造商在发动机控制系统、底盘控制系统、安全控制系统和通信控制系统方面的专利数量分别为625件、1061件、185件、332件。四大控制系统专利数量和制造商专利数量分布不均衡。

从四大子系统折线图看(见图6-17)，1972—2007年间，发动机控制系统专利数量呈现出平稳的上升趋势，这就意味着渐进式技术创新不断改进着发动机的质量和性能。2010年以后，技术创新进程明显放慢；在1972—2000年与2002—2009年两个时期，底盘控制系统技术创新出现了两个小高潮；安全控制系统技术创新整体上较为平稳；通信控制系统在1972—2000年间技术创新较为平稳，而在2001—2010年这10年间则先显著上升，然后又直线下降。从国内汽车产业看，根据全球汽车专利数据库服务平台专利数据显示，2011—2019年，汽车专利领域发生了转向，互联网、智能网联等技术专利数量上升。2017—2019年，发动机公开专利数量分别为8076件、9265件、8520件，变速器公开专利分别为2341件、2976件、2521件，转向系统公开专利分别为1224件、1416件、1309件，传动系统公开专利分别为1395件、1559件、1381件，悬架系统公开专利分别为2108件、2483件、2549件，制动系统专利分别为1583件、2191件、1963件，电子电器专利分别为10 429件、14 185件、14 189件，车身及附件专利分别为7088件、9342件、8817件；这些领域技术专利数量增长有所下降。而整车系统专利分别为2577件、3524件、4125件，平稳上升，特别是新能源汽车专利(分别为10 132件、14 509件、14 949件)与智能网联汽车专利(分别为3101件、5850件、8699件)增长迅速，成为新的增长领域。从技术创新的趋势可以大概得出以下结论：一是汽车技术创新主要是在总技术系统下对子技术系统的进一步改进；二是产业技术融合创新是重要方面，特别在通信控制系统表现最为明显，如在2001—2010

年间融合了电子信息技术推动了技术创新的高速发展;三是总技术系统与子技术系统协同创新推动技术升级,四大子系统技术创新关联紧密,协同带动作用明显;四是新能源、智能网联汽车成为新的研发领域。渐进式技术创新不断提升汽车技术整体水平和推动汽车产业持续迭代升级。

表 6-18　汽车重要子技术系统专利量

时间	发动机控制系统	底盘控制系统	安全控制系统	通信控制系统
1972	1	0	0	1
1973	3	2	0	0
1974	9	13	6	4
1975	17	20	5	9
1976	17	13	1	12
1977	9	11	1	6
1978	23	20	4	11
1979	30	30	3	15
1980	44	33	3	11
1981	28	48	0	19
1982	78	52	3	35
1983	93	57	3	26
1984	81	44	5	12
1985	72	49	3	36
1986	103	47	4	28
1987	90	39	11	36
1988	92	67	16	56
1989	93	86	16	43
1990	106	111	39	62
1991	110	84	22	72
1992	91	77	28	63
1993	107	85	51	57
1994	96	100	52	55
1995	116	226	107	59

续表

时间	发动机控制系统	底盘控制系统	安全控制系统	通信控制系统
1996	136	388	50	70
1997	120	247	57	77
1998	131	145	58	66
1999	165	132	60	102
2000	144	115	51	142
2001	136	108	31	136
2002	159	147	51	161
2003	146	162	49	223
2004	165	161	47	299
2005	163	150	60	343
2006	227	215	98	631
2007	309	263	82	593
2008	294	288	73	601
2009	247	257	80	461
2010	59	86	18	187
2011	1	0	0	0

资料来源：黄明：《模块化对产业不连续创新的影响研究》，大连理工大学硕士论文，2011年。

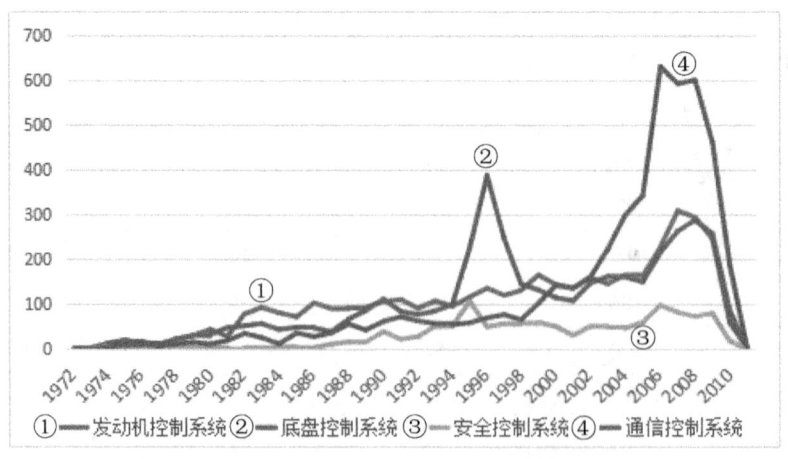

图6-17 汽车四大子系统技术创新折线图

资料来源：作者根据德温特专利数据库制图。

(二) 汽车研发技术模式演变:从 1.0 到 4.0

随着技术进步和产业发展,汽车研发技术先后经历了从 1.0 到 4.0 的演化,表现出显著的渐进式技术创新特征(图 6-18)。

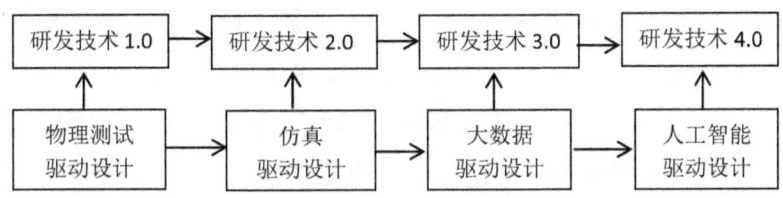

图 6-18　汽车研发技术模式演变:从 1.0 到 4.0

资料来源:作者制作。

1. 汽车研发技术 1.0:物理测试驱动设计

从汽车技术创新历程看,为满足基本功能和高性能,汽车技术研发模式可归纳为"知识技术设计、经验判断、试验修正、试验验证"的螺旋式上升迭代过程。该模式可称为汽车研发技术 1.0 时代,时间跨度长达一百多年。汽车研发技术 1.0 时代的早期,由于汽车设计知识与工程师经验的有限性、试验标准的制定需要时间检验以及使用工具和流程的原始性,导致研发周期长,制约了产业规模增长。汽车研发技术 1.0 时代的后期,随着设计知识日趋完备、工程师的经验积累、试验标准的完善、使用工具和流程的进步,有效缩短了研发周期,促进了产业规模发展,但依然难以适应消费者不断增长的市场需求。

汽车研发技术 1.0 时代,技术创新、产品开发的显著特点是"试验是检验设计的唯一标准",即"物理测试驱动设计"。由于试验是检验设计有效性、可靠性的唯一选择,导致工程师难以对不同的设计方案作比较研究;试验通过则该设计问题终止,试验不通过才继续尝试其他设计方案。因此,技术 1.0 是以寻找可以解决设计问题的技术方案为目标,而不是为了选择较优的设计方案,相比于当前的技术手段,是一种典型的非理性决策。

2. 汽车研发技术 2.0:仿真驱动设计

汽车产业的发展是由技术创新和市场需求共同推动的。消费者除将汽车作为代步工具之外,还考虑具有竞争力的性价比,强调舒适、安全、耐用等指标。技术 1.0 时代早中期,在既定研发成本和开发周期条件下,只能以"头痛医头、脚痛医脚"的方式改进,比如通过底盘调整提高操稳性能,通过后期测试提升 NVH 性能等。随着道路上汽车的增多,减少伤亡、增强安全性能成为关注焦点。20 世纪 90 年代,欧洲、北美开始研究、发布整车碰撞安全测试的强制性法规,客观上促进了主机厂汽车安全设计能力的提升。技术 1.0 模式已经不能满足研发需要,整车耐撞性设计加剧了主机厂对可以提前发现设计缺陷的仿真技术的强烈需求,以减少试验、降低成本、缩短周期。20 世纪 60、70 年代,仿真技术产生于美国航空航天和军工的特定需求,但没有得到广泛应用。技术 1.0 时代后期,随着仿真技术在汽车研发领域的小范围应用,市场上出现了许多专门针对汽车行业开发的前处理软件和求解器,然后扩散到其他行业。20 世纪 90 年代,汽车研发进入了技术 2.0 时代,即"仿真驱动设计"。经过近 30 年的发展,汽车行业基本形成了"全领域、全流程、全方位"的仿真技术格局,将汽车研发周期由 5 年推进为 3 年,并显著降低了研发成本,促进了汽车行业的技术进步。

汽车研发技术 2.0 模式将汽车设计由非理性决策转变为有限理性决策,即工程师可以选择已知方案中最优的,以保证冻结的设计方案是已经被仿真技术验证满足试验测试要求的,不存在由于性能设计缺陷导致的被设计变更的技术风险。仿真技术显著增强了汽车设计的创新力度,加速了工程经验积累,减少了试验验证频率。因此,技术 2.0 模式可归纳为"知识设计、经验判断、仿真修正、试验验证"。

3. 汽车研发技术 3.0:大数据驱动设计

随着技术创新的进一步演变,汽车搭载功能越来越多,安全标准日益苛刻,车身重量大幅提高、油耗增大,研发设计 2.0 模式的弊端不断凸显。据统计,车重减少 10%,可降低 6%~8% 的油耗、减少 5%~6% 的排放。根据国家节能减排要求,2015 年、2020 年二氧化碳排放量分别要达到 155 g/km、112 g/km。因此,汽车轻量化逐渐成了各主机厂需要研究的核心技术之一。同时,由于汽车电动化导致整车重量相比传统燃油车更重,为了增加续航里程,进一步加剧了对汽车轻量化的技术需求。汽车轻量化包含三个技术方向,即结构轻量化、材料轻量化和工艺或制造轻量化。技术 2.0 时代前期,仿真技术应对性能设计可以满足需求;技术 2.0 时代中期,利用仿真技术,通过结构优化设计可以较好实现轻量化与性能之间的平衡;技术 2.0 时代后期,依赖于知识逻辑与仿真技术的轻量化设计已难以为继。汽车轻量化困难的原因有:一是技术方案的实施需要考虑技术因素(如布置空间、工艺制造、成本控制、重量控制、周期控制及性能控制如耐久性能、耐撞性能)和非技术因素,任何一个单一因素均可对技术方案进行一票否决;二是技术2.0是基于知识逻辑与仿真技术的有限理性决策,面对轻量化问题束手无策;三是基于现有技术条件下的车身结构设计已经很难有进一步减重空间,比如GM的车身减重是以"克"为单位来计算的。在这样的背景下,基于大数据技术的汽车研发技术3.0体系呼之欲出。大数据驱动设计的实质是建立一个高度完善的汽车研发知识数据平台,保证每一个进入知识数据库的技术解决方案均是在技术2.0条件下已经被充分验证、成熟的技术方案。技术3.0可以归结为"判断问题、查找方案、执行方案",对现有汽车研发体系、流程、技术、思路进行变革。

4. 汽车研发技术4.0:人工智能驱动设计

汽车研发技术4.0是基于大数据与人工智能技术,将汽车项目流程管理与知识数据库进行深度结合,直接对工程师和供应商的项目任务进行发布、跟踪、提醒、评估、考核,并针对问题提供高效解决方案,在整体上主导对项目运行的监督、协调和管理及资源整合。在技术4.0体系下,工程师的工作重点在于严格执行任务。汽车研发技术4.0,将使得汽车研发模式由"矩阵化管理"向"中心化管理"转变。

(三)交通运输设备制造业技术创新步伐放缓

R&D经费投入、R&D人才投入和固定资产投入是技术创新的重要驱动力,专利申请量是衡量技术创新产出的重要指标。通过分析发现,随着研发投入的增加,技术创新的步伐开始放缓,呈现渐进式进步状态。交通运输设备制造业技术含量高且具有较强的创新活力。总体上,交通运输业研发投入(研发全时当量、研发经费、固定投资)不断增加,研发产出(发明专利和专利申请量)效果显著(表6-19)。但是,从增长率指标看,技术创新程度又呈现出不同特征。

表6-19 2003—2016年交通运输设备制造业研发投入、发明专利和专利申请量

年份	R&D全时当量 /人年	R&D经费 /万元	固定投资额 /亿元	发明专利 /件	专利申请数 /件
2003	68 391	956 528	187.47	267	3692
2004	68 993	1 366 793	1033.2	748	5864

续表

年份	R&D 全时当量/人年	R&D 经费/万元	固定投资额/亿元	发明专利/件	专利申请数/件
2005	83 618	1 737 121	1576.5	803	6251
2006	92 907	2 239 728	1967.1	1237	8273
2007	112 912	3 012 684	2723.3	1822	11 668
2008	121 060	3 728 515	3780.3	2549	12 888
2009	165 474.6	4 599 869.6	4975.1065	3911	19 131
2010	176 921	5 821 997	6559.4	5391	23 700
2011	220 087	7 852 546	8338.5	9267	38 829
2012	260 631	9 133 643	10 380.5	12 461	47 433
2013	301 551	10 523 169	12 053.2	14 938	57 377
2014	318 775	12 133 177	13 250.4	19 329	64 660
2015	328 160	13 400 541	14 741.6	21 825	68 967
2016	331 484	15 083 702	15 236.5	25 397	77 547

注:以上数据是汽车制造业、铁路、船舶、航空航天和其他运输设备制造业数据之和。

资料来源:《中国统计年鉴》。

1. R&D 经费增长率与技术创新

从绝对量上看,研发经费逐年增加,专利申请量和发明专利量也逐年增加;从增长率看,研发经费在 2004—2011 年增长相对平稳且保持较高增长率,而在 2012—2016 年间则明显下滑,在较低的增长率水平下趋于稳定(图 6-19)。与此同时,专利申请增长率与研发经费增长率基本趋势保持一致。在 2004—2011 年间,专利申请增长率因受研发经费增长率波动的影响而表现出剧烈的波动幅度;在 2012—2016 年间,两者增长率总体上比较平稳。但是 2013 年后,专利申请增长率明显低于研发增长率,技术创新步伐下降明显,创新投入产出率也在下降。

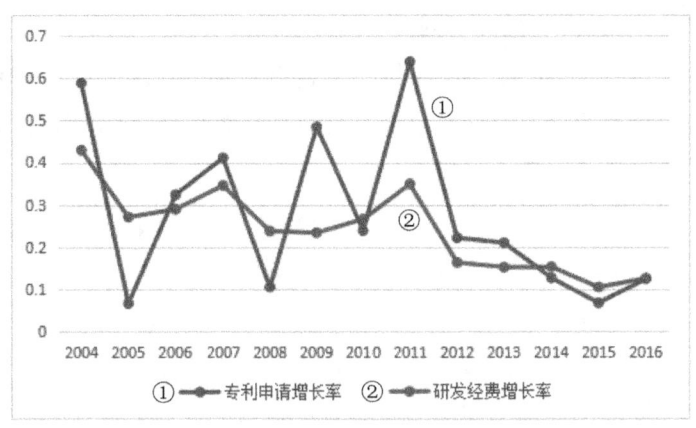

图 6-19 研发经费增长率与技术创新

资料来源:根据《中国统计年鉴》数据制图。

2. R&D 全时当量增长率与技术创新

从绝对量上看,研发人才投入(全时当量)逐年增加,专利申请量和发明专利量也逐年增加;从增长率看,研发人才投入在 2004—2011 年增长波动较大,而从 2011 年开始连续下降(由 24.4%一直下降到 2016 年的 1.0%)(图 6-20)。与此同时,专利申请增长率与研发人才投入增长率基本趋势保持一致,而且,专利增长率曲线明显要高于研发当量增长率曲线。在 2004—2011 年间,专利申请增长率因受研发人才投入增长率波动的影响而表现出剧烈的波动幅度,而在 2012—2016 年间,两者增长率连续下降。

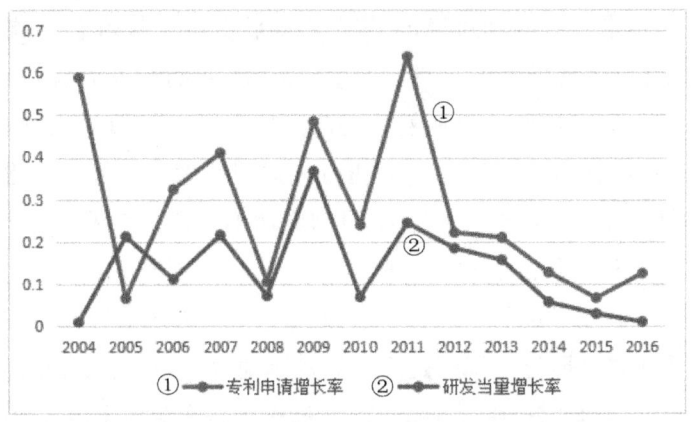

图 6-20 研发人才投入(全时当量)增长率与技术创新

资料来源:根据《中国统计年鉴》数据制图。

3. 固定投资增长率与技术创新

从绝对量上看,固定资产投入与技术创新逐年增长;从增长率看,固定资产投资与技术创新几乎趋同,特别是从2012年至2016年间两者曲线几乎重叠(图6-21)。

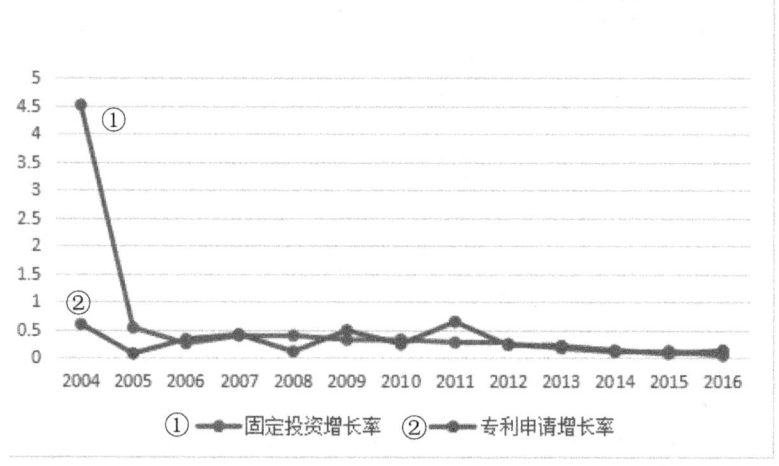

图6-21　固定资产投资增长率与技术创新

资料来源:根据《中国统计年鉴》数据制图。

四、汽车产业技术标准化:美国汽车产业对欧洲的赶超升级

(一) 标准化前的欧洲:规模和市场狭小

随着汽车技术系统的相对稳定,汽车产品就开始了标准化之旅,因为只有标准化才能批量、大规模生产。汽车诞生于欧洲,初期的发展也在欧洲。汽车的核心技术是由尼古拉斯·奥托发明的四冲程内燃机。但是当时并没有意识到该发动机的最大用途。后来,戈特利布·戴姆勒意识到了该机器的潜在用途,并把机器用于汽车并将之小型化,研制成功第一辆四轮汽车。早期的汽车被欧洲人视为一种奢侈品,价格高昂;生产主要限于工匠和修理工组成的小型作坊,只是被作为"工艺品"看待;设计者单纯追求奢华的装饰,造价很高;销售的对象也仅仅限于富裕阶层。德国是汽车的发源地,而市场却在法国(据估计,当时一半的奔驰轿车销往法国)。1906年,欧洲汽车总产量尚不足5万辆。

当欧洲还局限于多车型、单件生产、小范围销售并将其作为奢侈品而远离普通老百姓之时,北美洲的美国则已经开始规模化生产价格低廉的汽车。

1908年,福特公司推出了第一款经济实惠的T型车,生产量高达1.066万辆。1921年,该款车的生产量占据了世界汽车市场的将近60%。1908—1927年间,该款车型总产量高达1500余万辆。1914年,单一生产线的年产量高达30万辆。1923年,福特公司国内生产量则高达190万辆。

(二)福特制:通过标准化占领市场

福特制在美国汽车产业的成功关键在于生产环节的分解和流程的标准化。生产环节的分解就相当于在企业内部实行专业化分工,发挥每个人的专长,提高生产效率,还能开展微技术创新。生产的标准化使得规模经济效益充分彰显,极大提高了生产效率并降低生产成本,企业由此获得价格竞争优势。福特制帮助美国超越欧洲,并使其成为世界汽车产业中心。福特制显著的规模效益和市场绩效对其他产业产生了扩散效应。经过并购重组,美国各个产业市场集中度得以提升,形成了诸多大型跨国企业,比如美孚石油、美国橡胶、杜邦公司等。同时,福特制对人们的生活方式也产生了重大改变。其中,以汽车产业为代表的交通运输业得到迅速发展,汽车进入普通家庭。随后,福特制从美国传至欧洲、亚洲,影响了全世界的生产方式。

五、规模化与多样化困境突破:市场创新与范围经济

福特制流水线的发明推动了产品规模化生产,规模经济降低了产品成本,使汽车"飞入寻常百姓家"。但是,福特制的缺点也非常明显:虽然降低了成本,但是代价是汽车产品类型的单一化。产品的单一将个人偏好排除在外。人们的多样化需求与产品供给单一的矛盾限制了汽车产业的发展。

美国规模化、标准化生产对欧洲汽车产业造成了严重冲击。欧洲汽车产业市场集中度较低,主要以数量众多的小型企业构成,单个企业的生产能力和规模都很小。20世纪50年代,欧洲汽车产业年生产量仅占世界汽车总产量的十分之一。小的生产规模、偏低的市场集中度造成汽车价格高昂,在价格低廉的美国汽车面前基本上没有竞争力。为此,欧洲纷纷借鉴美国生产方式,采取规模化、多样化生产来对抗美国汽车产业。欧洲汽车企业进行了技术创新:围绕发动机进行的汽车排量创新、发动机改进创新、发动机布置结构创新等。通过这些子技术系统的改进创新推动了汽车产品的多样化发展。产品多样化已成为市场竞争的重要战略,也表现出强劲的市场竞争力。为了寻找更为有效

的竞争方式,全产品创新战略开始出现了。20世纪初,美国市场已经出现了大型跨国公司,但是却没有管理大型公司的经验模式。后来,在杜邦的带领下成功创建了管理大型托拉斯企业的机制。全产品创新模式引领汽车产业进入了产品多元、迭代升级的新时代。全产品管理模式在以下方面进行了创新,并获得了较好效果:一是决策与行政管理分离,分散经营与协调控制相结合;二是创立了通用公司汽车技术中心,加大巨额研发投入,不断推出新车和产品迭代升级;三是引导消费观念,改变销售方式(如以旧换新、信用贷款等)。这种模式也被其他企业所采用(曹东溟,2005)。

六、汽车产业产品解构、模块化创新:产业链的延伸

规模化生产获得规模经济效应优势的代价就是产品种类的单一化。产品种类单一与多样化市场需求是一对矛盾。而且,在企业内部,产品种类的增加相应地增加了管理难度。在这样的背景下,模块化创新随之产生,解决了产品单一与多元化需求以及组织管理之间的矛盾。模块化创新主要是将产品看作一个技术总系统,并将这个总技术系统分解为众多的子技术系统。多元化的产品往往拥有通用的技术模块。单个的技术模块具有标准化特征,所以将不同技术模块外包给其他企业进行规模化生产可以发挥规模经济效益、降低成本;然后,再将通用技术模块应用到多元化的产品就可以解决产品单一与多样化的矛盾。就汽车产品而言,包括研发设计、生产组装和关键子技术系统等不同模块。目前,技术模块化使得汽车产业价值链呈现出垂直分工和水平分工的特征,逐渐形成了全球性分工体系。汽车产业分工逐渐由产业内水平分工(产供销分离)向产品内分工演化(生产工序的外包分离)。在模块化技术和信息化技术进步的共同作用下,企业的生产方式逐渐由少品种、大批量生产向多元化、个性化、小批量定制化生产转变;产业组织也由纵向一体化向纵向一体化分解(vertical disintegration)转变,形成了一个规模巨大而又联系紧密的网络型组织结构。

七、技术、资源约束下的精益生产:渐进式创新的胜利

美国和欧洲汽车产业的发展扫除了规模化生产和多产品生产管理的障碍,并牢牢地把控着汽车市场。日本又是如何逐步进行汽车产业升级的呢?

1950年,日本汽车厂商通过对美国汽车产业的考察发现了几个关键特点并由此形成了自身的发展策略。一是切入细分市场。大规模生产方式和大公司管理方式是在美国文化背景下形成的,并与美国市场实际相匹配;欧美汽车设计的特点是大型、高油耗、大空间、高端定位。由于日本国土狭小、人均收入低、轿车市场规模小,所以只有拓展国外市场才能获得发展。再加上外部资源、需求偏好等环境变化,日本主要集中在紧凑型、低油耗的轿车市场作为突破口。二是外部环境变化。20世纪70年代后,汽车生产所需的原材料、能源价格(特别是石油价格)不断上升,市场需求呈现出个性化、多元化特点。这些外部环境变化迫使改变传统的生产组织方式,由此形成了"丰田方式",创造了低成本的竞争优势。

丰田生产方式的形成是准确定位细分市场和正确把握优势与劣势的结果。该方式有三个出发点。一是企业要以人为本,人是创新的主体和来源。二是假定任何经济活动都存在着各种形式的人力、时间、资金、物资、机遇的浪费。因此,每个人都有改进的可能性,要在生产管理过程中不断修正企业市场行为。三是认为只有市场才是拉动企业活动的原动力。企业生产出适应市场需要的产品才是企业活动的中心任务。20世纪70年代,随着丰田生产方式的推广,日本汽车产业取得一席之地并于80年代超过美国。

时至今日,汽车技术创新已经进入了缓慢发展时期。全新的汽车技术越来越少。在此背景下,市场创新、组织管理创新成为汽车产业发展的重要途径。美日欧汽车产业一方面向发展中国家市场延伸,开拓新市场,一方面通过并购重组、垂直一体化和横向一体化来加强价值链掌控。改革开放以来,中国汽车产业以市场换技术战略并没有从实质上推动汽车技术进步,原因就在于没有把握住自主创新的机会、美日欧牢牢地掌控着核心技术。

八、产业技术融合:汽车产业迭代升级

汽车本身就是各种技术的集合体,不断借鉴、吸纳其他产业技术来增强汽车性能和质量。从涉及的技术领域看,汽车技术包括信息技术、智能技术、卫星、广播、互联网、大数据等,还包括橡胶、装饰等领域的技术。汽车产业发展的重要动力之一就是技术融合创新。如今,电力技术正在被引入汽车产业,从而电动汽车成为新的增长点。然而,从技术创新角度看,电动汽车也是在燃油

汽车、内燃机技术基础上进行融合创新而发展的。虽然有观点认为电动汽车是对燃油汽车的颠覆，但是从渐进式技术创新的视角看，只是在内燃机技术基础上对汽车技术子系统即主要是对能源与驱动电动机子系统的改进。

（一）内燃机汽车基本功能结构与技术系统

1. 内燃机汽车基本功能结构

采用内燃机的汽车主要依靠石油来提供驱动力；通过特定的功能结构设计（图6-22）将石油生成的能量借助中介物质（人或设备等）、通过信息指令传递转化为运输动力。

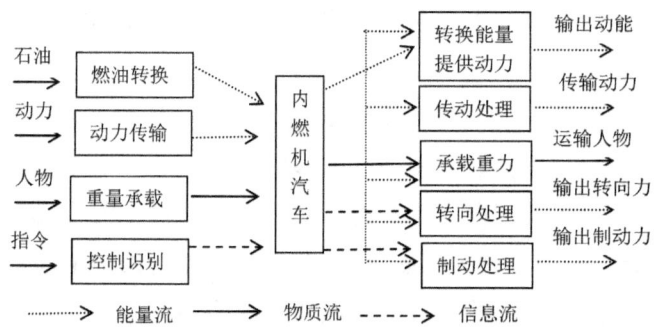

图6-22　内燃机汽车功能结构

资料来源：许泽浩、张光宇：《基于技术进化理论的颠覆性技术创新方向选择研究——以电动汽车技术为例》，《中国科技论坛》2018年第7期，第37-44页。

2. 内燃机汽车技术系统

内燃机汽车技术系统可以分解为各种子系统，大致可以通过图6-23来说明。

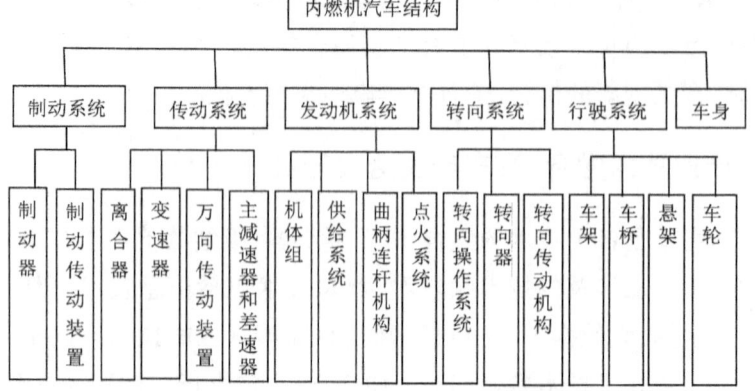

图6-23　内燃机汽车基本技术系统分解图

资料来源:许泽浩、张光宇:《基于技术进化理论的颠覆性技术创新方向选择研究——以电动汽车技术为例》,《中国科技论坛》2018年第7期,第37-44页。

(二)电动汽车功能结构和电动汽车技术系统

电动汽车的基本功能与内燃机汽车基本一致,唯一差别就在于驱动力,即前者是燃油,后者是电力(图6-24)。

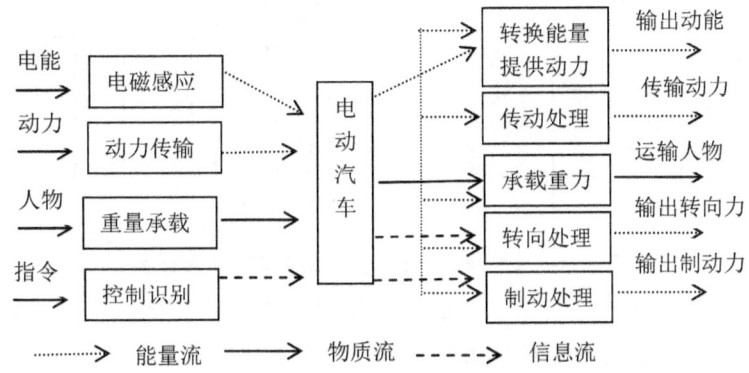

图 6-24　电动汽车基本功能结构

资料来源:许泽浩、张光宇:《基于技术进化理论的颠覆性技术创新方向选择研究——以电动汽车技术为例》,《中国科技论坛》2018年第7期,第37-44页。

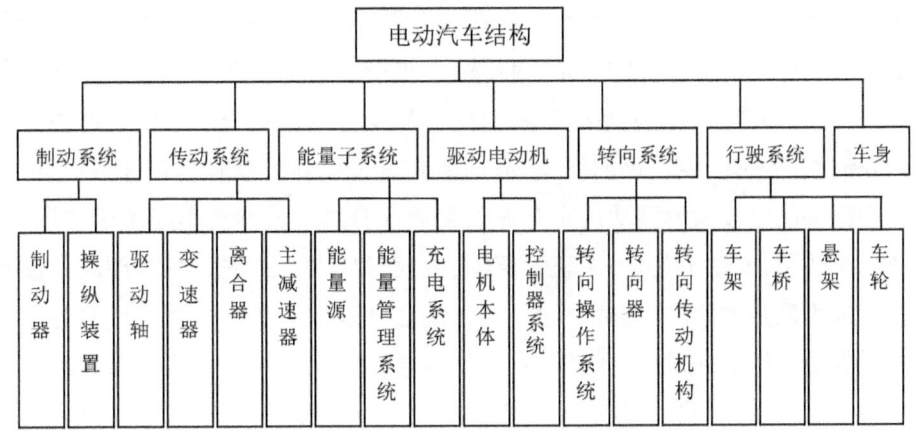

图 6-25　电动汽车技术系统分解图

资料来源:许泽浩、张光宇:《基于技术进化理论的颠覆性技术创新方向选择研究——以电动汽车技术为例》,《中国科技论坛》2018年第7期,第37-44页。

由图6-23、图6-25、图6-26可以看出,内燃机汽车和电动汽车基本上都是由控制技术子系统、传动技术子系统、转向技术子系统、行驶技术子系统和车身技术子系统构成,两者之间并不存在显著的技术差异。与内燃机汽车相比,电动车的技术创新主要体现在以电力作为能源、以电动机作为驱动力装置,将原来由燃油提供的热能转化为动能改变为由电能转化为动能。

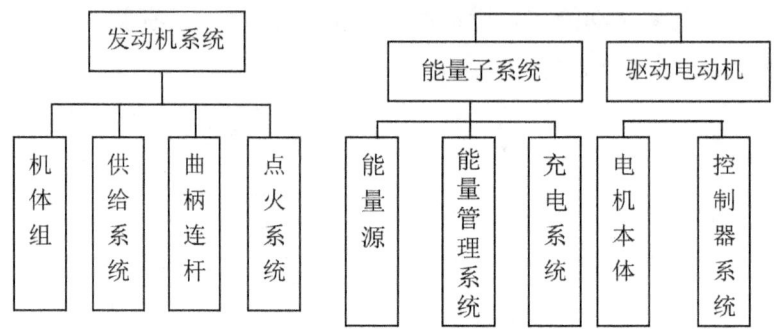

图 6-26 燃油汽车和电动汽车子系统差异对比

资料来源:许泽浩、张光宇:《基于技术进化理论的颠覆性技术创新方向选择研究——以电动汽车技术为例》,《中国科技论坛》2018 年第 7 期,第 37—44 页。

从燃油汽车和电动汽车技术演化可知,电动汽车技术的出现虽然具有颠覆性,但是其也是以燃油汽车技术为基础,只是进行了技术融合。

另外,从汽车产业发展的历史可以看出,激进式技术创新开辟了汽车产业,而渐进式技术创新推动了汽车产业的升级优化。渐进式技术创新推动汽车产业升级的过程体现如下:遵循 LASIS 演化模式,即产品设计竞争直至形成主导型产品,围绕主导型产品进行子系统产品创新进而实现产品的升级换代、生产方式创新(规模化、标准化、模块化创新、集成创新)、管理创新、市场创新。而每一种类型的创新都能够极大地推动汽车产业的发展和升级。虽然汽车诞生于德国,但却成长于法国、成熟于美国、兴旺于德国、挑战于日本。激进式技术创新并没有让德国成为最强大的汽车国家,而是在德国之外取得了非凡成就。世界各国汽车产业都是通过渐进式技术创新、自主创新与国内市场相结合而获得发展。这也表明激进式技术创新并非最为重要,关键在于渐进式技术创新不断推动技术进步和产品升级换代进而促进产业优化升级;然后,再通过工艺创新、组织创新、市场创新和管理创新进行优化。当技术稳定后,组织创新和市场创新就显得很重要。总体看,汽车产业升级的路径如下:渐进式技术积累——激进式技术创新——产品创新——工艺创新——组织创新——市场创新。虽然各种类型的创新同时存在,但是在不同发展阶段往往具有不同的作用。

第五节　从技术模仿到自主创新：华为公司发展案例分析

技术创新的渐进性为后发企业技术创新、融入产业价值链、产品迭代升级提供了空间和机遇。华为技术有限公司（以下简称华为）原本是一家用户交换机（PBX）的销售代理商，经过20余年的发展才成为竞争力较强的技术企业。华为的成功，一方面源于遵循了从技术模仿到自主创新的发展模式，即充分利用技术创新渐进性的特征，把握住了国内国际通信产业的发展机遇，从而成功嵌入产业价值链；另一方面源于长期持续的创新研发投入。

一、从模仿创新到自主创新

（一）模仿创新

1987年华为成立，主要从事香港企业用户交换机的销售业务。成立初期，华为并没有相关研发和生产技术，主要以技术模仿为主，从事产品组装业务，比如组装小型电子用户电话程控交换机（BH01），并取得较好业绩。在BH01产品的基础上，华为通过技术模仿、消化、吸收和再创新，逐渐研发出该技术产品的升级产品（BH03），并拥有知识产权；同时，进行市场开拓创新，深入到农村市场。华为一直很重视研发投入，至少从1993年开始，坚持每年将10%的销售收入用于研发投入，开展技术创新；还设法（在美国成立兰博公司）与发达国家高科技企业开展技术合作，引进先进技术。经过早期发展阶段的技术模仿、技术引进、消化吸收，华为在较短时间内掌握了先进的通信技术，并在现有技术基础上于1995年开发出C&C08交换机，获得市场成功。

（二）开放式合作创新

华为意识到，完全靠自己的力量、一味模仿创新不可能迈向科技前沿领域，难以与现有强大的高科技在位者抗衡。为此，华为逐渐进行开放式合作创新，不断加强与国内国际科研机构、重要科技企业的合作，共享技术创新成果，以期缩小技术差距、走向技术前沿领域。在国内，华为与高校、企业、研发机构进行合作，从事通信技术、光网络技术和智能网技术等领域的合作研发，比如先后与清华、北大、北邮、中国科学技术大学等进行合作；在国外，华为与德州仪器、英特尔、微软、IBM、高通、3COM等企业合作成立联合研发实验室，进行深度合作研发。华为通过开放式创新模式构建全球创新网络,从中博采众长和坚持自主创新,逐渐缩短了与发达国家企业的技术差距并迈向科技最前沿。截至2017年,共有197家世界500强、45家世界100强企业选择华为作为数字化转型的合作伙伴。

(三) 自主创新

通过技术模仿、开放式合作创新,华为逐渐走向了科技前沿领域,成为竞争力较强的跨国企业。高科技产业领域的竞争关键是技术实力、核心技术的竞争。要在激烈的市场竞争中取得一席之地,就要持续地加大研发投入、掌握核心技术并拥有较强的动态技术创新能力。为此,华为逐步从模仿式创新走向了自主研发创新的道路,并取得了显著技术成果和产业收益。2002年,华为就投入30亿元用来更新研发设备、建立高端人才库、创建研究院。2009年,华为进行了5G技术的早期研究,并于最近几年积极参与5G标准的制定与研究;2019年,华为完成了2.6 GHz频段下5G基站新空口测试,正式完成了中国5G技术研发试验第三阶段NSA(非独立组网)和SA(独立组网)实验室及外场测试,成为该产业技术领域的领跑者。在通信领域,华为通过自主创新逐渐由2G时代和3G时代的跟随者、4G时代的并跑者成为5G时代的引领者。从2008年开始,华为技术创新已经开始摆脱外部创新资源的依赖,更多地依靠扎实的研发实力和技术积累成为ICT行业全球领先的自主创新者,产业标准的制定者、先行者。

二、持续的创新投入

长期持续的创新投入是华为迈向科技前沿、竞争力提升的重要因素。

(一) 研发费用投入和强度

从绝对量上看,2008—2017年,华为每年的研发费用支出逐年增加,从2008年的10 469百万元增长到2017年度的89 690百万元(图6-27);2018年更是增加到101 509百万元。从研发费用支出占销售收入的比率来看(图6-28),从2008年的8.4%增长到2017年的14.9%,年均增长12.43%。历年来,华为研发投入比率保持在10%以上。据华为年报显示,2016年、2017年、2018年,研发投入强度分别为14.9%、19.2%、14.7%。2016年,华为在全球拥有15个研究所,专利授权62 159件,而且发明专利占90%;截至2018年年底,累计获得授权专利 87 805 件,成为全球最大的专利持有企业之一;研发投入超越微软、苹果、英特尔,位居世界第四。

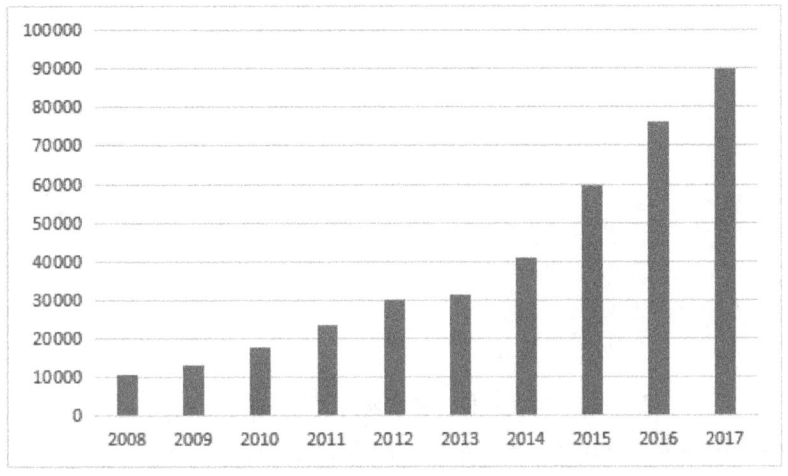

图 6-27　2008—2017 年华为研发费用投入(单位:百万元)

资料来源:根据华为 2008—2017 年年度工作报告整理。

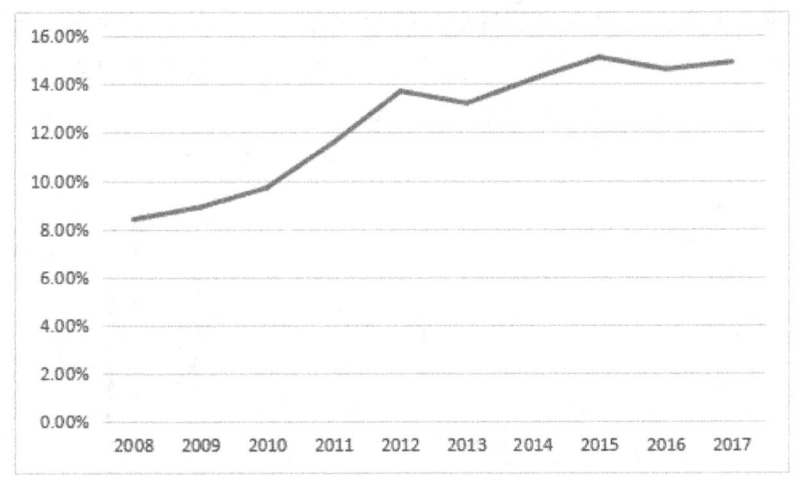

图 6-28　2008—2017 年华为研发费用投入占销售收入比率

资料来源:根据华为 2008—2017 年年度工作报告整理。

(二)研发人员投入

华为一直重视科技人才,不断引进科技人员,增加科学家、工程师等研发人员的投入。研发人员投入从 2011 年的 6.2 万人增加到 2017 年的 8 万人,增长了 30%(图 6-29)。研发人员在总员工中的比例一直保持在 45% 左右。研发人员的不断壮大,为华为带来了丰硕的技术创新成果,支撑着企业的稳健发展。

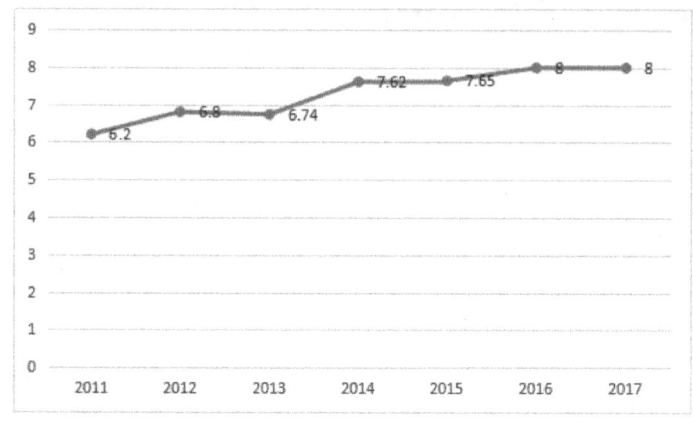

图 6-29　2011—2017 年研发人员投入量(单位:%)

资料来源:根据华为 2008—2017 年年度工作报告整理。

(三) 专利数量

长期持续高强度的研发投入也推动着华为技术创新成果的不断攀升,华为现已成为世界上专利成果数量最多的企业之一。截至 2017 年底,华为累计获得专利授权 74 307 件,累计申请中国、外国专利分别为 64 091 件、48 758 件,而且,发明专利占据 90%以上(图 6-30)。

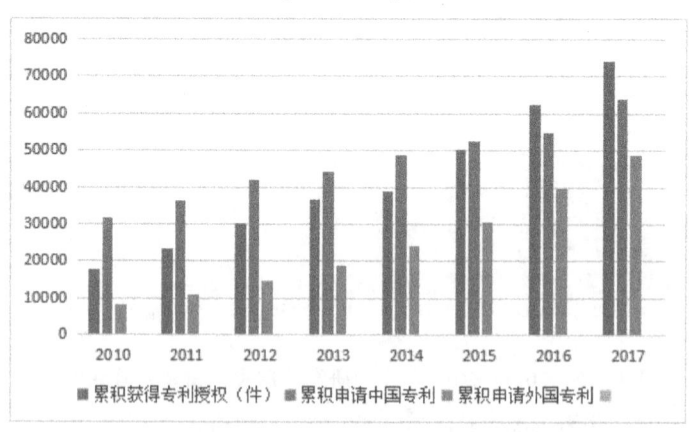

图 6-30　2010—2017 年华为累计专利数量(单位:件)

注:图中每组三个柱形分别代表累积获得专利授权、累积申请中国专利、累积申请外国专利量。

资料来源:根据华为 2008—2017 年年度工作报告整理。

（四）创新绩效

技术创新为华为带来了显著的经济绩效（图6-31）。从总量看，销售收入从2005年的48 272百万元增长到2017年度的603 621百万元，年均增长46 279百万元。营业利润也由6752百万元增加到56 384百万元，年均增长49 632百万元。两者都保持了较高的增长速度。

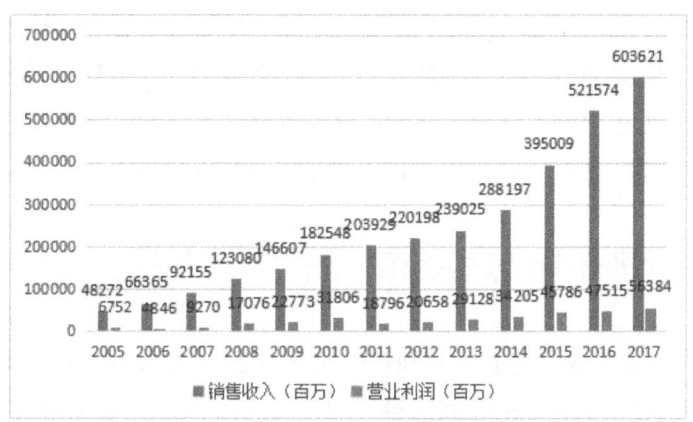

图6-31　2005—2017年华为绩效情况（单位：百万元）

注：图中每组两个柱形分别代表销售收入、营业利润。

资料来源：根据华为2005—2017年年度工作报告整理。

从利润率来看，华为利润率也保持了较高水平，年均保持在11.61%（图6-32）。

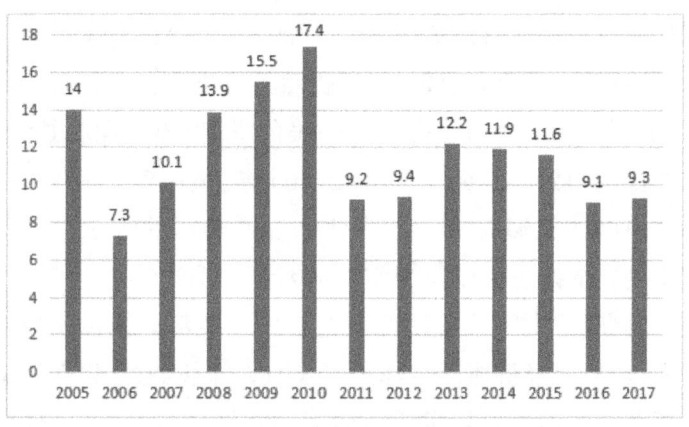

图6-32　华为利润率（单位：%）

资料来源：根据华为2005—2017年年度工作报告整理。

三、华为发展经验的启示

华为经验可以带给我们以下启示：一是从模仿创新入手,遵循渐进式技术创新模式,坚持由模仿创新、开放式创新和自主创新不断缩短中外企业之间的技术差距,最终迈向科技前沿,成为引领者;二是坚持开放式创新,坚持与世界各科研机构保持密切合作,充分利用国内国际资源推动技术进步;三是重视研发投入,坚持长期持续的高强度研发投入,重视知识产权在核心技术领域的开拓和积累;四是坚持渐进式技术创新、自主创新发展实体经济,摒弃投机取巧的机会主义行为,而不是盲目追随依靠商业模式创新而暴富的企业家。

第六节 激进还是渐进：美国难题与中国机遇的技术创新视角

进入21世纪以来,关于技术创新的进步状态,一直存在争论:有部分学者认为当前新经济条件下,技术创新处于突飞猛进状态,甚至出现爆炸式增长,比如大数据、人工智能、3D技术等新兴技术;还有部分学者认为这些新兴技术与产业应用还有较长的路要走,对生产实践和生活还没有产生根本性改变,技术创新处于渐进前行甚至技术停滞状态。2008年以来,世界经济陷入了低迷,特别是以美国为首的创新型国家似乎进入了创新衰竭。种种迹象表明,世界正在面临技术进步的严重考验,上一轮技术和产业革命的动能正在减弱,而新一轮技术和产业革命还没有形成势头。而且,是否能够出现新一轮技术革命还具有极大不确定性;即使会出现,我们仍然不能准确预判出现的时间。不论如何发展,我们面临的实现问题是非常明确的,即世界正面临技术创新难题,很可能成为中国的机遇。Tyler Cowen(2010)将《大停滞》一书的副标题定为"美国的难题 中国的机遇"。那么,为什么说是美国的难题、中国的机遇呢?原因在于技术创新的渐进性以及当前技术创新步伐放缓这个特点构成了美国发展的难题;但同时为中国等后发国家追赶发达经济体提供了发展机遇。在技术前沿领域,对所有经济体而言都是未知数。即使如此,以美国为首的西方发达经济体仍然是当前世界技术实力最强的经济体,后发经济体仍然处于追赶、模仿的地位。发达经济体和后发经济体存在较大的"技术势差",这就是现在的格局。此背景下,中国应该准确把握当代技术进步的大趋势和大格局,努力缩小与发达国家的技术差距,实现从数量赶超向技术赶超的转变,最终实现产业赶超升级。

一、当前技术创新态势的争论

技术和经济发展史表明,每一次技术和产业革命都经历了百年之上的对新技术的消化、吸收、传播、改进和完善的过程。目前,技术创新是突飞猛进还是停滞抑或是相对放缓?

(一) 突飞猛进论

曾祥基(2000)认为,当前科学技术进展迅速,其规模、影响范围前所未有,呈现出技术知识迅猛增长且更新率快、技术领域不断延伸、综合交叉融合等几大特点。王守泉(2002)认为技术成果呈爆炸式增长,近30年来的技术发明数量比过去两千年的数量总和还要多。以半导体与计算机为基础的信息技术和以遗传工程、细胞培养、细胞融合为主要内容的生物技术尤为突出。白春礼(2013)认为当前"世界正处于技术革命的前夜",科学技术呈现出多点、群发突破态势;新一轮技术革命很有可能在科学问题、能源与资源、信息网络、先进材料和制造、农业以及人口健康等领域率先突破。余金成(2014)进一步指出,大数据、3D打印技术也有可能成为技术革命发生的引爆点。有人列举了很多技术成果来证明技术创新迅速,比如iphone X 推出的 Face ID 具有刷脸解锁技术、瑞士的大脑无线植入物技术、人类细胞图谱技术、无人零售店、Alpha Zero、Facebook 的意念打字技术、Space X 飞船回收技术、Atlas 机器人等。中国近年来技术创新也硕果累累,比如蛟龙、天眼、悟空、墨子、慧眼、大飞机等重大成果以及天宫、神舟、天舟、嫦娥、长征系列等成果,还有铁基超导、量子调控、合成生物学领域也走向世界前沿。

(二) 停滞或放缓论

技术创新停滞论源于2008年美国金融危机所引发的世界经济发展萎靡、复苏困难现象的原因解释。Michael Mandel(2009)、David Brooks(2011)、David Leonhardt(2011)、Neil Stephenson(2011)、Peter Thiel(2011)等学者将当前创新形势描述为"创新饥渴""未来的终结"。T. Devezas(2012)指出,我们和半个世纪以前一样,仍然在地面上和空中以相同的速度旅行,拥有少得可怜的新型药品。2014年10月,IMF 总裁拉加德使用"新平庸"来描述当时的全球经济。泰勒·考恩(2010,2015)认为美国经济增长之所以陷入停滞在于技术正处在一个高位停滞期,"低垂的果实"已被采摘完毕,需要等待下一次革命性成长。

(三) 技术进步的渐进性①

从技术创新的表现看,当前技术创新既不是突飞猛进也不是停滞状态,只是发展速度有所放缓,仍处于渐进性前行的过程。20世纪70年代初,以微电子技术创新为基础的信息化进程促进了一系列新兴产业的出现,推动了经济增长,并使社会再生产、人类生活方式以及军事形态都发生深刻变化。进入21世纪以来,信息技术革命带来的增长动力逐渐减弱。发端于美国的国际金融危机导致世界经济增长乏力,其深层次原因是缺乏重大技术创新成果支撑新的产业增长点。IT产业领域没有出现20世纪80—90年代对经济全局具有重大影响的新产品和新产业,新一代电子信息技术的发展方向和任务还在实践中进行探索。生物工程技术中的基因测序和转基因技术虽然有突破性进展,但大多数新药物的研发还处在实验室阶段,传统的化学工艺制药仍占主导地位(吕政,2016)。虽然运用生物工程技术培育农作物新品种已不存在技术上的障碍,但目前仅仅在局部农产品生产领域进行了商业化生产。新能源技术开发及其应用曾经被认为是走出金融危机、培育新的经济增长点的战略性领域,但是2010年以来,由于市场需求的变化,煤炭、石油和天然气等传统化石能源价格大幅度下跌,使新能源的开发和应用进程放缓。上述分析并不表明技术进步陷入停滞状态,而是说明技术创新仍处于渐进性状态,新一轮技术革命尚未形成势头。

二、技术创新尚未突破20世纪形成的产业框架范式

近代资本主义工业革命以来的历史表明,革命性的突破只有三次,即蒸汽机发明以后的机器大工业的出现、电力发明以后的规模化和专业化流水线生产方式的出现以及从20世纪60年代开始的以电子信息技术为先导的信息化革命。19世纪被认为是科学革命取得重大进展的世纪,电磁学、热力学、生物

---

① 中国社会科学院研究生院研究员吕政从2000年以来就一直坚持技术进步渐进性观点,并发表了系列文章进行了论证。这部分以及下面关于当前产业升级态势的论述借鉴了吕政老师的观点。

学、化学、光学和天文学等领域的重大科学创新成就,为20世纪的技术革命奠定了理论基础。20世纪一系列技术创新成果,如青霉素、小儿麻痹疫苗、流水线生产方式、化学合成材料、飞机、雷达、核能、电视、空调、晶体管、集成电路、运载火箭、人造卫星、计算机、编程、基因测序、激光、互联网、手机、杂交水稻、机器人等产品和技术(表6-20),仍然主导着当代的生产与消费。技术创新没有完全突破20世纪及其以前的范围,仍然在这些科学技术的基础上开展着渐进式技术创新。技术创新的渐进性,决定了发达经济体和后发的新兴经济体都不可能完全抛弃现有传统产业而另起炉灶来实现经济增长(吕政,2017)。①在现有科技水平和产业的基础上进行渐进式技术创新、自主创新依然是当前产业发展转型升级的首要选择。

表6-20　20世纪影响人类社会生活的重大技术发明

医药类	电子类	电器类	办公类	航天武器类	其他
小儿麻痹疫苗	无线电	电视	圆珠笔	原子弹	互联网
避孕药	光导纤维	洗衣机	干电池	人造卫星	高速公路
心动记录器	液晶	录像机	计算机	飞机	信用卡
CT	超声波	空调	个人电脑	火箭	流水线
试管婴儿	晶体管	微波炉	复印机	坦克	超级市场
青霉素	硅片	手机	扫描仪	雷达	不锈钢
起搏器	电子显微镜	电灯泡	传真机	核能	安全气囊
输血技术	集成电路	电冰箱	录音机		彩色电影
阿司匹林	激光	机器人	激光照排		彩色胶卷
基因工程			真空吸尘器		石英表
心电图					电梯
胰岛素					杂交水稻
人工肾					望远镜
克隆技术					尼龙
杀虫剂					人造纤维
					塑料

资料来源:由吕政老师和作者整理。

---

① 根据吕政2016年河南省经济论坛讲话"新一轮技术和产业革命尚未形成势头怎么办?"等材料整理。

进入 21 世纪以来,工业和交通运输等物质生产部门以及文化产业领域的主导产品和技术仍然以 20 世纪发明的技术和产品为重要基础;技术创新的重要任务是对现有产业的生产技术不断进行改进。新技术和新产品的出现是以渐进的革新为主导,而不是颠覆性和革命性的变革;突破性的质变和飞跃,也是在渐进性的量变基础上进行完善和实现的。现在还不可能全面放弃上列产品及其生产技术而另起炉灶,用新的产业和产品替代它们。

三、美国的难题:低垂的果实与科技高原

Tyler Cowen(2010)提出的"美国的难题",其实也是世界难题。美国经济虽然发展缓慢,但依然是世界上最具有创造力的经济体之一,依然是世界技术创新强国。所以,当我们弄清楚美国的难题之后,就可以清楚明白当前世界经济疲软的原因了。

(一)技术进步放缓:无果可采

泰勒·考恩(2010,2015)认为美国经济增长之所以陷入停滞在于技术正处在一个高位停滞期,"低垂的果实"已被采摘完毕。发达经济体的经济增长率从 20 世纪 70 年代就开始放缓了,这其实就是技术发展速度在减缓的一个迹象。并非是某个特定因素造成了技术增速下降,更重要的原因是原有技术成果的动能不断在减弱,同时又没有新的重大技术成果出现。以往美国经济增长主要得益于"低垂的果实"的强力支撑,即闲置的土地、19 世纪到 20 世纪中期爆发的技术成就以及丰富的人力资源。现在这种"果实"已被采摘完毕,因此美国经济发展陷入缓慢。"低垂的果实"理论不仅适用于美国,也能够解释其他国家的经济发展。从技术创新成果来看,当前技术成果数量上在增加,但是收入增速在放缓。1965 年到 1989 年,美国、德国、法国、日本的研发从业人员分别增长了 1 倍、2 倍、2 倍、3 倍。而与此同时,这些国家取得的专利数量基本没有变化,经济增速在低位徘徊。当代的技术创新成果与之前相比微不足道,而且大部分创新都是"个人用品"而非"公共用品"。

国内有学者也持类似观点。吕政(2010,2015,2016)认为我们既不是处在新的技术革命突飞猛进的时代,也不是处于停滞阶段,而是处在技术革命进展放缓的时代。人口红利消失、成本优势丧失、城镇化速度放缓、环境污染严重等越来越成为制约中国产业升级的重要因素(王德培,2017);要素成本优势、

土地财政、环境污染等问题严重掣肘中国经济发展(干春晖,2016);中国已经进入发展新常态。

(二)新一轮技术革命尚未形成

技术突飞猛进的观点观察到了计算机、互联网、智能技术创新方面所取得的显著进步。但更多学者认为计算机与互联网革命带来的技术创新无论是创新强度还是增长潜力都无法与前两次工业革命相提并论(Gordon,2012)。计算机、互联网是20世纪40年代以后最伟大的发明,但是对经济增长的贡献还不显著(考恩,2015)。Acemoglu等(2014)指出,至少在美国制造业部门"索洛悖论"尚未消失。Mehmood与Azim(2014)建立了"人口-技术-全要素生产率"模型研究发现,人口因素和信息技术有着很强的互补性,仅靠信息技术本身并不能显著提升全要素生产率。信息经济与实体经济之间是"毛"与"皮"的关系(吕政,2009,2016)。当前信息技术革命的成果被过分夸大了。事实上,目前的技术创新还没有真正带来新产业和新的经济增长点。如果21世纪在基础科学和应用科学上没有重大突破,世界经济就有可能进入一个长周期的低速增长阶段。很多重大的技术变革也要经过一个持续的发明、改进、完善、传播过程才能获得广泛应用,才能产生具有市场潜力的新产品、新产业。技术创新的根本性突破存在很大不确定性,我们无法预知激进式创新何时出现,但只要致力于技术的持续创新和改进,就会越来越逼近新工业革命的爆发点(李晓华,2016)。

(三)乐观预期与技术进步的错位:危机的发生

当前经济发展缓慢的另一原因是对经济发展的乐观预期与技术进步的错位,在经济增长的同时并没有新技术创新的出现。经济增长分为两类:一种是技术创新推动的经济增长(比如有新发明、新产品、新产业),一种是金融创新推动的经济增长。每当技术进步缓慢以至于没有新的技术创新成果可以运用时,就容易发生金融创新引发的经济增长。而这种经济增长是不可持续的,就像肥皂泡,终究要破裂。长期以来,人们形成了对未来的乐观预期。一是乐观预期来源于历史总结。不管中间发生或小或大的各种经济危机,但最终都以再次增长而化解,正所谓"前途是光明的,道路是曲折的"。二是乐观预期来源于对技术进步的惯性信赖。我们从历史上得出经验发现,技术创新总能够力挽狂澜,每次危机都能化险为夷,增强了人们的乐观预期。1994年墨西哥金融危机、1997—1998年亚洲金融危机、2001年互联网泡沫破灭等都曾经给予经济重创。但是事后我们发现,这简直就是小菜一碟,不值一提。乐观预期的基础在于其与技术进步的同步性。然而,有理由相信,至少从2008年金融危机以来,乐观预期与技术进步出现了错位,预期并不那么乐观了。2008年金融危机是由金融创新导致虚假繁荣泡沫的破裂所引起。但更深层原因在于:一是有担当的政府更愿意经济增长带动就业、增加收入;二是技术创新缓慢导致技术成果寥寥无几。

四、中国的机遇:收紧的第一窗口与开启的第二窗口

当前,"美国的难题"就成了"中国的机遇"。一方面,中国与美国等发达经济体的新起点相同,即在技术创新前沿领域都站在了同一起跑线上。相同的起点为中国提供了经济赶超的机会,正是最好的"第二机会窗口"机遇期。另一方面,技术进步放缓强化了经济赶超的"第一机会窗口"。技术进步放缓意味着短期内在技术前沿难有突破;技术创新的渐进性决定了这是一个循序渐进而又长期的过程。中国就可以充分利用后发优势、比较优势缩小与发达经济体之间的差距,实现从数量赶超向技术赶超的转变。

(一) 新旧技术-经济范式转换:第二窗口已经开启

从技术史和经济史的长周期视角看,技术革命是产业升级的根本动力。而当前,旧技术经济范式下的产业结构格局已经确定,新技术经济范式下的产业格局尚未形成。新技术经济范式尚未形成的表现就是技术进步放缓、没有重大革命性突破。技术进步处于缓慢阶段的事实对发达国家和发展中国家产业升级具有不同的意义。发达国家比如美国本身已经处于世界技术前沿,只能通过研发获取技术创新来实现革命式的产业升级;而发展中国家比如中国,则具有产业追赶和超越的双重意义。在新一轮技术和产业革命来临之前,发展中国家与发达国家处于同一"起跑线"上,这使得后发国家追赶、超越成为可能。佩蕾丝和苏蒂(1988)认为,技术和产业演化在某一技术经济范式中是累积和连续的过程,而在范式之间则是不兼容和非连续的过程。由于在主导技术经济范式中存在产品生命周期,这就为后发国家提供了赶超的"机会窗口"。赶超的机会不在于"第一窗口",而在于"第二窗口",因为较早地进入新技术系统是实现跨越式发展的关键因素,技术能力是实现后发优势的基础。因此,

新技术经济范式成为世界发达国家和发展中国家产业竞争的焦点。美国实行再工业化战略、德国制定工业经济4.0计划、日本制定工业智能化战略,目的就在于占领后危机时代工业制高点,引领新一轮技术和产业革命。

姚俊梅、李卉(2001)认为美国新经济奇迹的发生得益于技术革命的支撑,亚洲金融危机的原因则是缺乏高技术产业支持。21世纪世界经济增长和产业结构升级的核心就在于新一轮技术革命。技术革命通过"蘑菇效应"和"绵羊效应"能引发产业革命,推动经济快速增长和重大转型(何传启,2011,2012,2015,2016)。在经历了五次技术革命和两次产业革命之后,世界正面临新一轮技术革命和产业革命的团聚式变革。任何一项技术的突破性原始创新都会为新的科学体系建立打开空间,引发新的科学革命;任何一个领域的重大技术突破,都有可能引发新的产业革命,为世界经济增长注入新的活力,引发新的社会变革,加速现代化和可持续发展进程(许正中,2013)。

邓久根、贾根良(2015),贾根良(2013,2014)在分析历次技术革命和产业革命历程后,探讨了英国丧失第二次工业革命的原因和美国抓住"机会窗口"的经验,论证了产业赶超的可能性。英国对自由主义的盲目信仰是其错过第二次工业革命的深层原因;同时,美国通过政府引领、内需主导型经济发展模式实现了"跳跃式"发展。政府在经济转型、产业升级阶段起着至关重要的作用。把握第二机会窗口这个战略机遇期,就要充分认识到前沿技术研发、战略性新兴产业的重要性。黄群慧、贺俊(2013)认为新一轮技术和产业革命具有"演进性"和"嵌入性"特征,中国产业发展战略和产业规划避免追求短期利益的"近视",注重规划部署的全面性和系统性。产业转型升级战略需要从"承接制造+产品创新"向"产品创新+过程创新"模式转变,协同推进战略性新兴产业与先进制造技术融合发展;既要注重在世界制造技术前沿领域寻求重大突破,又要加强通用制造技术、适用性先进制造技术的研究应用和扩散。

(二)后发优势与比较优势:第一窗口期的延伸

技术和产业追赶甚至超越来源于后发优势所提供的机会窗口。发展中国家在保持在前沿领域研发的同时,利用后发优势可实现技术和产业追赶,还可以利用比较优势为第二窗口提供经济支撑。发展中国家与发达国家存在技术落差、产业距离使得追赶成为可能。Dieter Ernst等(1998)提出了发展中国家从追赶、维持到跨越(领先)三阶段技术(能力)升级模型。他们认为技术追赶先从低廉劳动力成本入手,在确保产品质量的基础上,对国外技术、产品、工艺、组织等方面进行创造性模仿,建立初步的技术能力。当技术追赶达到与发达经济体极为接近的时候,进一步地追赶就变得极为艰难,由此进入维持阶段。此时,技术基础设施就日益重要。利用后发优势实现技术、产品、产业升级有两种方式:一是"蛙跳式",迅速缩短差距,实现技术、产业升级;二是渐进跨越式,即在技术前沿领域保持领先并扩大其应用,以实现产业升级。但这两种升级路径依赖于技术与制度的协调,特别是需要为新技术的出现、创新、扩散创造出良好的制度保障。

五、工业 4.0 视角下的产业升级:渐进式技术创新的具体应用

21 世纪初,世界形势发生了显著变化:一是世界经济发展缓慢;二是世界技术创新鲜有重大突破,即使出现了系列新兴技术但尚未形成重大经济效果;三是生产资源和可再生资源短缺;四是全球生态环境恶化。在此背景下,部分国家纷纷提出了相应对策,比如德国为了解决劳动力短缺和国际金融体系持续动荡的影响于 2013 年提出工业 4.0 计划。工业 4.0 方案旨在通过应用物联网、互联网、信息物理交融系统等最新技术的联结,达到振兴德国工业制造业和继续保持领先地位的目的。本质上,工业 4.0 是新兴技术和现有产业融合、提升产业整体竞争力的重要战略典范,是新兴技术的应用、扩散、产业化方案。工业 4.0 为渐进式技术创新推动产业升级提供了一个范例。中国此时正处于经济转型期间,转变经济体制、经济发展方式以及调整经济结构成为政府经济工作的首要目标。《中国制造 2025》战略就是借鉴工业 4.0 计划而制定的,旨在推动中国制造业转型、产业升级。

(一) 工业 4.0 战略

工业 4.0 是在工业 1.0、工业 2.0、工业 3.0 基础上运用新兴技术对现有生产制造方式的又一次变革(图 6-33)。它以"信息物理系统"(CPS)为依托形成新的制造方式,将产业发展推向智能工厂和智慧制造的时代。德国工业 4.0 战略的提出是基于两方面因素的考虑。第一,基于国内劳动力资源约束的考虑。人口构成老龄化和劳动力价格上升制约了德国产业竞争力,越来越受到新兴国家的挑战(比如中国是劳动人口大国,具有人口红利和资源优势)。第二,基于外部市场环境的考虑。一方面,以中国为代表的发展中国家制造业

高速发展,竞争力不断提升;另一方面,主要发达国家为占领工业制造的制高点纷纷出台复兴计划。

工业4.0的核心内容体现在三个方面。第一,构建信息物理系统,这是基础。其核心在于将物理设备连接到互联网上,使人、物、资源和信息互联互通,使实体物理系统与虚拟网络世界有效融合。第二,智能工厂和智慧制造,这是核心。第三,模块集成,这是技术架构模式。工业4.0由三大集成模式构成:一是横向集成,主要是指处于价值链网络上的不同生产环节、阶段和商业规划过程的IT系统集成;二是网络化制造系统的垂直集成,是工厂内部的集成,包括内部信息化系统以及信息化系统与生产设备间的集成,本质上是价值链的集成;三是贯穿整个价值链的端对端数字化集成,即在所有终端实现数字化的基础上整合价值链来最大限度地满足个性化定制需求。

从技术创新视角看,工业4.0战略是一种架构创新,就是以信息通信技术为链接,将物理产品、设备和从业人员有机无缝架构结合,形成数字化、个性化的智能制造组织模式;从而实现由集中型控制生产向分散增强型控制生产转变,由大规模同质性生产转变为个性化定制生产以及由部分用户参与转变为价值链全过程用户参与。

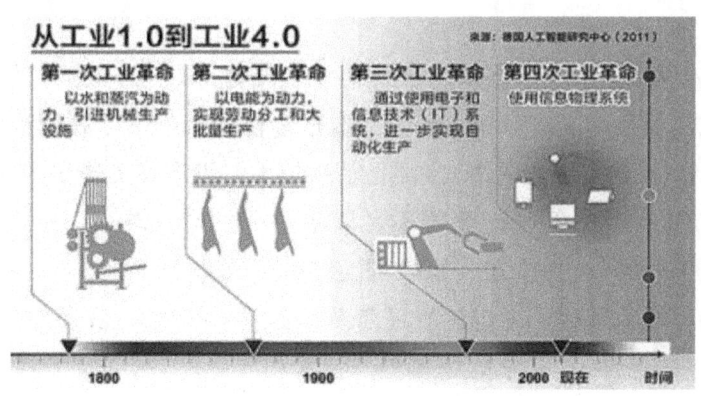

图6-33　工业1.0到4.0示意图

资料来源:乌尔里希·森德勒:《工业4.0》,机械工业出版社2014年版。

(二)工业4.0战略逻辑

工业4.0战略是新兴技术渐进式创新的必经之路。其基本逻辑就是将新兴技术在现有产业中的应用、扩散通过产业融合发挥渐进式技术创新在技进步和产业升级中的作用来实现新兴技术产业的领先地位,从而也推动了传统产业优化升级。新兴技术不能离开传统产业而单独存在,既需要在实践中进一步发展又需要传统产业为其提供强大的经济基础;传统产业改造升级也离不开新兴技术产业的支撑,需要新兴技术赋予其强大的技术生命力。新兴技术产业和传统产业在融合中共存、共生,以此夯实在新兴技术领域的领先优势,提升传统产业的竞争力。

从技术创新扩散角度看,产业升级就是新兴技术在传统产业进行扩散、改造的过程。水力和蒸汽机技术的出现和扩散使得产业生产进入工业 1.0 时代(即机械制造时代)。电力技术的出现和扩散使得产业生产进入工业 2.0 时代。工业 2.0 是指电气化与自动化时代(19 世纪后期至 20 世纪初),主要特征在于在劳动分工基础上采用电力驱动产品的大规模生产。电子信息技术(IT)的出现与扩散将产业生产带进以大规模、自动化生产为特征的电子信息化时代即工业 3.0 时代(20 世纪 70 年代至 21 世纪)。由于电子信息技术的广泛应用,制造过程自动化控制程度大幅提高。由于技术创新扩散的不均衡和经济体之间的自身差异,具有技术势差的工业 1.0、2.0 和 3.0 共存于这个世界上的不同经济体。然而,不同的工业生产方式代表着不同的技术水平,也表现出不同的产业竞争力。

进入 21 世纪后,技术进步的步伐似乎变得越来越慢,虽然在信息技术方面进步很快,但是却没有对世界经济造成根本性的影响。互联网泡沫于 21 世纪初破裂、2008 年金融危机爆发表明,新兴技术并没有撼动传统产业的重要地位。新兴技术支撑的新兴产业还不足以单独引发产业革命。然而,21 世纪,的确出现了一系列新兴技术。物联网、互联网、信息技术、自动化、大数据、数字化、云端等技术形成了一定的发展势头。这些技术在经济发展中并未发生重大影响,"信息悖论"依然处处可见。技术和产业发展历史业已表明,技术进步与创新只有运用到产业发展中、对生产范式进行变革才能真正提高生产力和竞争力。后金融危机时代,足以产生划时代意义的重大技术创新迟迟未现,世界经济发展陷入低迷,发达国家技术和产业升级举步维艰,发展中国家经济发展亦由高速转入中低速增长。世界经济发展的低迷,引发了对新技术的渴望,甚至将经济发展寄希望于新一轮技术革命的出现。工业 4.0 就是在这样的背景下应运而生,也得到了中国的极大重视。

工业4.0基于信息物理系统上的实体物理世界与虚拟网络世界融合,将产品生命周期、制造流程数字化和基于信息通信技术的模块高度集成。工业4.0是物联网、互联网、自动化、智能化、大数据等新兴技术的一次扩散,是对生产制造方式的一次变革。目前的新兴信息技术不能够离开传统产业,而恰恰需要在对现有产业的改造中焕发生命力。新兴技术产业与传统产业相互促进,共同推动着产业全面升级。

(三) 工业4.0与产业升级

当前,互联网、物联网、大数据、3D技术、智能化、机器人等技术已初步成形,但还没有对产业发展形成根本重塑。由新兴技术引发新一轮技术革命还需要相当长时间。当前最紧要的不是一味等待着革命性、原始性、颠覆性技术创新的出现,而是需要将现有新兴技术产业化并向现有产业融合扩散。中国与世界发达国家还存在较大的"技术势差",还处于工业2.0、3.0阶段,特别是中国广大农村、农业依然停留在小规模、低技术的状态。中国缺少的不是技术,而是缺少对现有技术成果的应用。现有产业需要运用新兴科学技术来改造,缩小"技术差距"。美国农业具有竞争优势的重要原因,在于其科学技术的应用和装备具有较高的技术含量;农业规模化也是其竞争优势的重要来源。中国存在严重的"二元分割"现象:拥有先进的军工技术,但军民融合不够;拥有先进的农业科学技术和大量成果,但还没有广泛推广,尚未形成规模化、产业化应用("三农"领域尤其突出);东部沿海地区技术资源丰富、相对发达,而中西部地区发展依然滞后。中国城乡之间、产业之间、地区之间都存在技术资源上的"二元分割"。

基于此,在《中国制造2025》战略背景下,中国产业升级应遵循两个方向:一是利用后发优势和比较优势缩小与发达经济体之间的"技术势差"和经济差距,逐渐进入发达经济行列,走向科学技术前沿;二是通过产业融合、技术扩散,加强新兴技术产业对现有传统产业的改造升级,打破技术层面上的"二元分割",缩小城乡之间、产业之间、区域之间的技术势差和经济差距,实现全面产业升级。

本章小结

本章利用计量实证和产业案例分析研究渐进式技术创新推动产业升级的机理。量化实证主要通过模型建构并运用计量软件进行定量分析。产业升级指标选择全球产业价值链地位指数。全球产业价值链地位指数(GVCP)总体上反映了各国各产业在世界分工体系中的地位以及随着技术创新体现出价值获取能力和劳动生产率变化。借用 Dietzenbacher、Los、Timmer(2013)统计的世界投入产出表的相关数据计算出口增加值的分布情况。根据 Koopman 等(2011)提出的某国各产业出口增加值在世界各经济体各产业的分配向量测算方法来计算全球产业价值链地位指数。选取技术创新投入和创新产出强度作为解释变量。通过计量分析表明,技术创新指标与产业升级正相关,且渐进式技术创新投入对传统非技术密集型制造产业升级的影响比对技术密集型制造业地位提升的影响要大;渐进式技术创新产出对技术密集型制造产业升级的影响比对传统非技术密集型制造业地位提升的影响要大。

案例分析主要选择集成电路、汽车、计算机等产业技术创新和产品升级换代的过程,论证渐进式创新与改进对产业转型升级的作用,证明了产业升级遵循着本章设定的 LASIS 过程发展模式;对泰勒·考恩在《大停滞》一书中提出的"大停滞:美国的难题,中国的机遇"这一判断做出论证,指出了当前和未来科技进步的态势、格局以及工业4.0的逻辑。不管是德国的工业4.0,还是美国的再工业化,还是中国制造2025,其本质都在于充分地将现有技术运用于具体产业之中;通过渐进式技术创新适应、引领新一轮技术革命,并期望占据产业发展的制高点。其基本逻辑就是将新兴技术运用到现有产业,通过产业融合发挥渐进式技术创新在技术进步和产业升级中的作用进而来实现新兴技术产业的领先地位,从而也推动了传统产业优化升级。新兴技术不能离开传统产业而单独存在,既需要在实践中进一步发展又需要传统产业为其提供强大的经济基础;传统产业改造升级也离不开新兴技术产业的支撑,需要新兴技术赋予其强大的技术生命力。新一轮技术革命初露端倪,处于范式转换阶段,通过把握技术进步与创新的前沿方向,采用渐进式技术创新实现最终的激进式创新是当前紧要任务。一是利用后发优势和比较优势缩小与发达经济体之间的"技术势差"和经济差距,逐渐进入发达经济行列,走向科学技术前沿。二是通过产业融合、技术扩散,加强新兴技术产业对现有传统产业的改造升级,打破技术层面上的"二元分割",缩小城乡之间、产业之间、区域之间的技术势差和经济差距,实现全面产业升级。

第七章
主要结论与研究展望

本章主要围绕技术创新的渐进性与产业升级这一研究主题,总结出主要结论,为政府机构制定产业政策和企业发展提供政策建议,并对下一步的研究方向和内容进行展望。

第一节 主要结论及政策建议

在相关研究文献梳理的基础上,本书提出技术创新的渐进性这一假设,并对渐进式技术创新这一概念进行了重新界定,阐述了其内在特征。然后,构建了技术创新的渐进性与产业升级的分析框架,界定了激进式与渐进式技术创新的边界。渐进式技术创新在推动产业升级的过程中遵循 LASIS 的逻辑过程,即首先是激进式技术创新的出现,然后按照主导设计竞争、主导产品形成、产品标准化、技术融合、范式转换的逻辑推动着产业不断升级。通过分析渐进式技术创新在产业升级的不同阶段和环节中的互动,阐述了渐进式技术创新与产业升级的内在机制和过程,并采用计量和案例实证等方法进行了验证。本书的主要结论和启示如下。

一、主要结论

(一)渐进式技术创新或技术创新的渐进性是技术创新的普遍规律

只有在宏观和微观层面同时符合技术不连续、产业不连续、市场不连续、产品不连续的创新才是激进式技术创新,其他类型都属于渐进式技术创新范畴,包括边际和融合技术创新与市场创新。激进式技术创新在坐标轴上表现为较短的一段,在这一段的前方、后方都是渐进式技术创新的范围。激进式技术创新具有不确定性、偶发性,不经常发生,是渐进式技术创新的结果,但又为渐进式技术创新开辟了新的领域和空间。

(二)技术创新的渐进性为后发经济体产业技术升级提供了更为广阔的空间

首先,技术创新的渐进性为后发经济体缩小与发达经济体之间的技术差距提供了追赶机会和空间,并最终接近、走进世界技术前沿;其次,后发经济体在技术前沿领域,再通过渐进式技术创新最终实现量变到质变的跳跃,即激进式技术创新的出现。

(三)渐进式技术创新在技术轨道演化、范式转换两个时期对产业升级发挥着重要作用,但特征不同

从范式转换视角看,产业升级有两种渠道。一是特定范式下的产业升级。由于技术轨道、路径依赖的制约,在特定范式下通过渐进式技术创新推动产业升级的门槛较高,最明显的就是在位者形成了先发优势门槛。一方面,通过激进式技术创新,在位者率先实现范式转换,掌握产业技术,并通过产权制度将核心技术牢牢地掌握在产业内部;另一方面,在位者通过渐进式技术创新从技术、产品、市场、组织创新等方面不断强化产业优势。当然,特定范式内,只要选择恰当的契入点和竞争策略,通过渐进式创新也可以实现产业升级,只是相对困难。二是范式转换中的产业升级。在范式转换时期,旧范式的自稳性、新范式的不确定性(比如激进式技术创新、组织范式、产业化的可行性等)使得发达经济体和发展中国家处于同一条起跑线上,从而使得弯道超车式产业升级成为可能。不论是既定轨道上的产业升级还是范式转换时期的产业升级,渐进式技术创新都发挥着重要作用。渐进式技术创新在主导与非主导技术范式、经济组织创新、制度环境创新、基础设施、市场创新等方面同时发挥作用,并在诸多因素彼此交叉、互动中演化,最终实现产业升级。

(四)渐进式和激进式技术创新的产业异质性和适用边界

产业与技术创新之间存在距离即技术距离异质性,产业创新能力与技术距离成正比。从新旧产业看,激进式技术创新适合新兴技术产业,渐进式技术创新适合传统产业;从新兴产业类型看,激进式技术创新适合科学研究产业和

创意产业,渐进式技术创新适合制造产业和服务产业;从具体产业特性看,激进式技术创新适合医疗、生物、航天、特种材料等产业,渐进式技术创新适合大中型的普通产业,比如围绕吃、穿、住、行等相关产业领域。

(五)新中国成立后尤其是改革开放后,产业升级过程属于典型的渐进式技术创新推动模式,充分利用了技术创新的渐进性这一特点

改革开放40年来,中国技术实力整体上得到极大提升,在部分领域已经进入世界前沿,比如高铁、量子通信等;经济实力跃升为世界第二大经济体,创造了"中国奇迹"。中国取得这样举世瞩目的伟大成就,归功于技术创新的渐进性特征。正是技术创新的渐进性特征为中国赶超提供了机会。纵观改革开放以来的中国发展历程可知,中国产业升级主要依靠技术引进、消化、吸收、扩散而开展,激进式技术创新成果非常少。中国产业技术与发达国家之间还存在很大差距。技术创新方面,在基础研究、技术研发投入、人才投入和人才质量、高水平论文、创新体系等方面与发达国家存在差距;产业发展方面,在经济发展水平、经济效率、产业高级化水平、产业发展环境及企业实力方面与发达国家存在差距,并且还受到制度建设不完善、技术扩散能力不足、能耗高、人力资本结构不平衡等多因素制约。特别是对经济发展具有关键作用的制造业依然与发达国家存在相当大的差距。不过,这种差距正在不断缩小,甚至在部分领域中国已经走向了世界前沿,处于并跑、领跑阶段。在新一轮科技革命和产业变革的背景下,中国仍需加快技术创新步伐,不断缩小差距,需要在科技前沿持续发力,攻克核心技术、突破"掐脖子"技术。

(六)渐进式技术创新推动产业升级遵循LASIS周期过程

技术创新驱动产业升级基本上按照设计竞争、主导产品定型、标准化、技术融合、范式转换的过程机制演化,进而实现技术创新并推动产业渐进式升级。在不同阶段,创新形式有所不同。主导设计竞争阶段主要以产品竞争为主、工艺创新为辅,并导致产品多样化;主导产品定型是设计竞争的结果,创新形式以工艺创新为主、产品创新为辅。标准化阶段,创新形式主要有组织创新、市场创新、工艺创新、功能创新等;通过连续改进和创新,规模经济效应、范围经济效应、干中学效应明显,产业效率、集中度提升。当某项激进式技术创新及其产品、产业到达成熟期后,市场需求饱和,利润微利化,渐进式技术创新效果已经不甚明显,从而产生对新技术的需求,要么在原有技术轨道上有所突

破,要么改变技术轨道以提振产业发展。技术融合就是指引进其他产业技术和原有产业技术相融合,实现技术改进或创新;往往是多个独立技术领域的渐进式技术创新,通过技术之间的互补和合作实现原有产业产品改进或者创造出新产品、新产业,以非线性的方式实现市场上的技术升级。技术创新的每一阶段都会形成相应的进入壁垒、竞争优势。因此,后发经济体就可以结合本国实际条件选择恰当的切入点嵌入到技术研发的进程中来形成自己的竞争优势。

(七)技术创新和产业发展的总体态势是上一轮科技和产业革命的动力在减弱,而新一轮技术创新和产业革命正在孕育

当代技术创新既不是突飞猛进,也不是停滞不前,而是处于渐进式的进步状态。传统产业在当前经济体系中依然占据主导地位,具有广泛而巨大的市场潜力。中国制造业与发达国家还存在较大的技术势差,不可能另起炉灶追求全新的产品和产业。缩小中外差距也是产业升级的重要内容。

二、政策建议

(一)根据技术创新的阶段化特征,制定有针对性的政策并加强引导

按照新技术导入、架构创新、标准化、融合创新和范式转换的演化过程,给予差别化政策引领,形成供给侧和需求侧的良性互动。这几个阶段不是孤立的,而是可以同时存在、相互联系的。因此,在制定政策时,需要提前谋划布局。导入阶段应重视基础和应用研究;架构创新阶段创造开放、多元、包容的创新环境;标准化阶段构建标准体系;融合阶段推进技术扩散、跨界交叉融合;范式转换阶段加强制度供给,形成与新要素相适应的制度体系。当前,新科技革命正处于新技术导入和架构创新并存阶段,因此,要特别重视前沿领域的技术研发和设计竞争,推动主导产品和主导范式的确立。

(二)加快新型基础设施供给

新型基建是我国经济转型升级的重要保障,包括服务新经济的基础设施和对传统基础设施的数字化、智能化改造。一方面,加快5G网络、人工智能、工业互联网、物联网等公共服务设施建设,为数字经济转型消除瓶颈;另一方面,推动数字技术扩散,加快对传统基础设施的数字化转型升级。最重要的是加快"补短板"进程,一是城乡设施供给均衡发展,补齐农村基础设施短板;二

是补齐制约新基建的短板，比如传统基建中的特高压、城际铁路和轨道交通等。

（三）需要坚持持续的创新投入推动技术创新，注重技术创新的系统性，提升创新与应用能力

技术创新的渐进性规律要求企业必须坚持长期持久的创新投入，在缩小中外差距的基础上加大技术创新力度，不断实现技术新突破；科技创新是新产品开发和产品迭代升级的关键因素，企业必须摒弃投机取巧的机会主义行为，不应追随少数依靠商业模式创新而暴富的企业家。事实已经证明，关键核心技术是要不来、买不来、讨不来的，中国也不可能寻求其他尚未出现的激进式技术创新实现技术跨越，企业仍需要坚持渐进式技术创新来实现技术突破。

当前正在发生的新一轮科技革命和产业变革不同于历史上的三次变革，对技术系统的要求更加系统化、复杂化，依赖多学科、跨领域的交叉架构融合创新。单一的科技创新越来越难以支撑新一轮的产业变革，更加依赖于科学突破和完备的技术系统簇群。一是推动新兴技术、新材料等的研发，推动形成完备的技术簇群体系；二是推进"新基建"建设；三是促进产业融合，推动新范式在新旧范式竞争中取得主导范式；四是规范数据、信息等新型生产要素的制度体系建设，促进要素产权明晰、合理配置；五是遵循技术创新演化规律和技术产业化市场运行规律，既要坚持自主创新又要加强与世界各国科技交流合作，夯实变革所需的科技基础。

技术创新供给不足是中国经济转型升级的重要制约因素。中国需要利用体制和市场规模优势，一方面，对照短板和差距逐一攻克"卡脖子"技术，一方面，提升创新能力，加强基础研究和应用研究，争取在新一代信息技术前沿取得突破。鼓励技术创新、融合、扩散，强调在创新中应用、在应用中创新。中国既要坚持渐进式创新推动新兴产业发展也要坚持渐进式创新推动传统产业的发展，加快新兴产业对传统产业的升级改造。

（四）需要遵循提高传统产业效率和发展新兴技术产业并重的方针

在《中国制造2025》战略背景下，中国产业升级应遵循两个方向：一是利用后发优势和比较优势缩小与发达经济体之间的"技术势差"和经济差距，逐渐进入发达经济行列，走向科学技术前沿；二是通过产业融合、技术扩散加强新兴技术产业对传统产业的改造以实现升级，打破技术层面上的"二元分割"，

缩小城乡之间、产业之间、区域之间的技术势差和经济差距,实现全面产业升级。

新经济不能完全取代传统经济,前者催生新产业、强化传统产业发展,后者则为前者提供升级基础和经济技术基础。因此,中国应采取传统产业和新兴产业并重的方针。传统产业升级应由主要依靠劳动力成本低的比较优势向提高产业竞争优势为主导转变,提升生产要素的配置效率,由注重数量规模的扩张向资源优化配置、精益生产转变;明确中外产业发展差距和制约产业发展的因素,有针对性地提出追赶目标和路径。这就需要全面梳理我国在国际分工价值链中的地位以及全要素生产率、市场绩效、科技创新能力(如"缺芯少魂"现象)等方面的差距。遵循市场竞争规律,推动内生性结构、组织优化,形成有竞争力的产业分工体系。加强新一轮科技创新成果向传统产业的扩散运用,提升信息化、网络化、智能化水平,化解要素成本压力。培育与现代化大工业相适应的工业文明,树立持之以恒、锲而不舍、精益求精的工匠精神。

加快培育和发展战略性新兴产业。战略性新兴技术产业的发展要准确把握当前技术创新的趋势,坚持在新兴技术领域前沿开展自主的渐进式探索创新并能在部分关键领域、关键环节掌握拥有自主知识产权的核心技术,促进新兴技术成果的产业化,形成完整的制造业配套能力和最优组织方式。加强新一代信息技术所需的基础设施建设(新基建),推动新兴技术产业化。在推动新兴战略产业发展的同时,加强新一代信息技术与传统产业的融合,推动传统产业技术升级和高质量发展。做好新兴技术产业发展示范性项目,培育新兴产业发展体系,提升配套能力。引进、培养高科技人才。

(五)双窗口互动提升生产要素质量

充分利用第一窗口和第二机会窗口。一是进一步释放第一窗口蕴含动能。随着中国生产要素成本的上升,第一窗口机遇空间虽然逐渐萎缩,但仍然是产业发展的重要经济基础和转型升级的重要载体对象。主要做法是:进一步加强供给侧改革,强化生产要素和产品质量;主动开展产业转移与承接优化产业结构和布局;吸收、消化新一轮科技革命成果,推动技术融合。二是紧跟新一轮科技演变方向,注重系统化创新,重视基础研究和工程创新。新范式的构建需要相关科学技术的支撑,因此需要注重技术簇群的完备性;加大科技前沿研发力度,力求有所突破。三是双窗口协调互动,第一窗口将为第二窗口提供物质保证和技术运用、扩散载体,第二窗口为第一窗口提供技术支撑。

(六) 发挥政府与市场的协同机制

技术经济范式转换需要有为政府和有效市场的协同。有为政府在理论和基础研究领域扮演重要角色,应协同市场构建国家创新体系,在技术前沿、关键技术、核心部件、新型材料等方面获得突破。同时,加大公共服务要素供给以适应新范式需求。市场是有效配置资源的重要主体,对市场变化、需求变化和存在问题具有高度敏感性。因此,政府与市场需要形成有效协同机制,发挥各自优势,以问题为导向,从供需两侧同时发力推动技术创新和经济转型,形成中国方案、中国标准。

第二节 研究展望

当前,从技术创新渐进性视角研究产业升级的相关文献非常少,这为本书研究带来不小的困难。尽管本书对渐进式技术创新的概念进行了系统概括,构建了分析框架并对渐进式技术创新推动产业升级的机制、原理进行了深入研究,但由于时间紧和研究能力有限,现有研究还比较粗浅,还存在诸多不足之处,需要进一步深入、严谨地研究。希望有兴趣的同人在今后的研究中对以下几个方面进行深入研究:

第一,技术创新渐进性的量化实证研究。基于技术和产业发展历史分析,本书认为渐进式技术创新推动产业升级是一条更加普遍的规律,并从具体技术和产业发展过程证实了这一点。由于激进式技术创新必须符合宏观、微观、产业、市场等维度方面非连续性的条件,再加上技术、产品等样本筛选困难,所以难以将技术创新的渐进性进行量化,在构建计量模型方面存在较大困难。技术创新渐进性的量化研究应该更多地从技术发展史和经济发展史的历史视角来展开,收集长时期、广泛的历史资料来进行模型构建并进行量化研究。然而,无论是从全面数据的收集还是对技术创新性的事前、事后判断方面都存在困难。

第二,需要进一步论证技术创新的渐进性与产业升级的内在机理。本书对既定范式、特定轨道下两者之间的机制进行了相对完整的阐述;完善了技术经济范式的结构体系,初步分析了渐进式技术创新在范式转换时期范式形成过程中的作用机制。今后有必要对范式转换的内涵、规律及其与渐进式创新的内在规律进行深入探讨。

第三,需要对新一轮技术和产业革命的发展态势进行深入研究。当前技术和产业发展的总体态势正如习近平总书记的判断:"上一轮技术进步带来的增长动能逐渐衰减,新一轮技术和产业革命尚未形成势头","以信息技术为代表的新一轮技术和产业革命正在萌发"。正确把握技术和产业革命的发展态势有助于我们选择恰当的切入点和针对性,有助于在范式转换中获得先发优势。本书对当前态势做了初步阐述和论证,但还不够深入。今后需要从基础研究、前沿领域、产业化等方面进一步研究。

第四,对中国与发达国家的技术需要进一步系统、全面地总结以明确差距,对新一轮技术革命的方向需要进一步研究以明确方向。明确差距是为了缩小差距,更好地、有针对性地利用后发优势实现赶超;明确方向是为了把握重点,实现突破,获得先发优势实现超越。

参考文献

中文文献

白春礼,2013.世界正处在新科技革命前夜[J].技术导报(07):15-17.

白春礼,2014.世界科技创新趋势与启示[J].科学发展(03):5-12.

保永文,2017.知识产权保护、技术引进与中国制造业技术创新:基于面板数据的实证检验[J].国际贸易问题(06):40-51.

蔡跃洲,李平,2014.技术-经济范式转换与可再生能源产业技术创新[J].财经研究(08):16-29.

曹东溟,关士续,2005.美国汽车产业技术创新史上的三个案例[J].科学技术哲学研究(02):105-108.

陈劲,赵晓婷,梁靓,2013.基于科学的创新[J].科学学与科学技术管理(06):3-7.

陈元志,2016.面向持续繁荣的创新经济:新兴技术商业化的系统观点[M].上海:上海交通大学出版社.

陈志,胡晓珍,2015.集成电路产业现状与发展前景[M].广州:广东经济出版社.

程恩富,陶友之,孙明泉,2004.第六次产业革命"预见"的内核、意义与不足[J].经济学家(06):24-32.

程华,李晓菲,李冬琴,等,2013.研发投入、技术能力与产出绩效关系的研究:基于帕维特产业分类的视角[J].中国科技论坛(01):37-42.

程鹏,柳卸林,陈傲,等,2011.基础研究与中国产业技术追赶:以高铁产业为案例[J].管理评论(12):46-55.

迟红刚,徐飞,2016.从技术创新到社会技术系统转型:工业革命先导产业创新驱动发展的历史启示[J].科技管理研究(24):1-7.

崔凤香,刘美芳,刘树富,1999.百年汽车回顾(三)汽车生产方式的变革[J].重型汽车(04):37-38.

崔小委,吴新年,2016.产业技术创新模式的发展脉络与演进分析[J].中国科技论坛(01):31-37.

达斯,2016.大停滞?全球经济的潜在危机与机遇[M].王志欣,王海,译.北京:机械工业出版社.

戴丹,2014.产业转型升级的影响因素研究[D].广州:广东省社会科学院:3-50.

戴觅,茅锐,2015.产业异质性、产业结构与中国省际经济收敛[J].管理世界(06):34-46.

戴吾三,2016.技术创新简史[M].北京:清华大学出版社.

党政军,陈宏伟,2012.基于全球生产网络视角的区域产业升级影响因素分析[J].特区经济(11):214-216.

邓久根,贾根良,2015.英国因何丧失了第二次工业革命的领先地位?[J].经济社会体制比较(04):32-41.

丁明磊,庞瑞芝,刘秉镰,2011.全球化与新技术经济范式下区域产业创新路径研究[J].技术管理研究(21):161-164.

董洁林,李晶,2013.企业技术创新模式的形成及演化:基于华为、思科和朗讯模式的跨案例研究[J].科学学与科学技术管理(03):3-12.

杜朝晖,2017.经济新常态下我国传统产业转型升级的原则与路径[J].经济纵横(05):61-68.

杜传忠,杜新建,2017.第四次工业革命背景下全球价值链重构对我国的影响及对策[J].经济纵横(04):116-121.

杜传忠,冯晶,李雅梦,2016.我国高技术制造业低端锁定及其突破路径实证分析[J].中国地质大学学报(社会科学版)(04):114-124.

杜传忠,郭美晨,2016.信息技术生产率悖论评析[J].经济学动态(04):

140-148.

杜传忠,郭美晨,2017. 第四次工业革命与要素生产率提升[J]. 广东社会科学(05):7-15.

杜传忠,郭树龙,2011. 中国产业结构升级的影响因素分析:兼论后金融危机时代中国产业结构升级的思路[J]. 广东社会科学(04):60-66.

杜传忠,景虹,2013. 现阶段中国产业结构优化升级的制约因素与升级方向分析[J]. 泰山学院学报(04):49-57.

杜传忠,杨志坤,2015. 德国工业4.0战略对中国制造业转型升级的借鉴[J]. 经济与管理研究(07):82-87.

杜因,1993. 经济长波与创新[M]. 刘守英,罗靖,译. 上海:上海译文出版社.

多西,弗里曼,1992. 技术进步与经济理论[M]. 钟学义,等,译. 北京:经济科学出版社:566-592.

方建中,2013. 产业转型升级的范式转换:从分立替代到耦合互动[J]. 江海学刊(06):71-77.

费尔普斯,2018. 大繁荣:大众创新如何带来国家繁荣[M]. 余江,译. 北京:中信出版社.

费洪平,2017. 当前我国产业转型升级的方向及路径[J]. 宏观经济研究(02):3-8.

冯梅,2014. 比较优势动态演化视角下的产业升级研究:内涵、动力和路径[J]. 经济问题探索(05):50-56.

弗里曼,卢桑,2007. 光阴似箭:从工业革命到信息革命[M]. 沈宏亮,译. 北京:中国人民大学出版社.

弗里曼,苏特,2004. 工业创新经济学[M]. 华宏勋,华宏慈,等,译. 北京:北京大学出版社.

付保宗,张鹏逸,2016. 我国产业迈向中高端阶段的技术创新特征与政策建议[J]. 经济纵横(12):82-91.

付书科,陈梓清,鲁庭婷,等,2017. 技术创新对中国制造业竞争力的影响研究[J]. 商业经济研究(12):166-168.

付玉秀,张洪石,2004. 突破性创新:概念界定与比较[J]. 数量经济技术经济研究(3):73-83.

干春晖,2016.新常态下中国经济转型与产业升级[J].南京财经大学学报(02):1-10.

高锡荣,黄娜,2014.产业自主创新能力差异与创新转型的产业类型选择[J].产经评论(03):5-16.

关权,2013.经济起飞的周期、等级与后发优势:中国引领新一轮产业革命的可能性探析[J].人民论坛·学术前沿(13):42-51.

郭炳南,黄太洋,2010.比较优势演化、全球价值链分工与中国产业升级[J].技术经济与管理研究(06):130-133.

郭平,2014.技术范式转换、新兴产业演化与金融资本角色转变:国际经验与我国政策选择[J].产经评论(06):17-26.

韩亚峰,2017.基于技术创新异质性视角的价值链升级研究[M].北京:中国经济出版社.

郝斌,任浩,2008.设计竞争与设计演进:以汽车产业为例[J].财贸研究(04):97-104.

何传启,2011.第6次科技革命的主要方向[J].中国科学基金(05):275-281.

何传启,2012.科技革命与世界现代化:第六次科技革命的方向和挑战[J].技术导报(30):15-19.

何传启,2014.第六次科技革命的三大猜想[J].科学与现代化(15):6-6.

何永芳,2009.从发达国家发展方式转变看中国产业结构调整[J].中国经济问题(05):54-59.

贺俊,姚祎,陈小宁,2015."第三次工业革命"的技术经济特征及其政策含义[J].中州学刊(09):30-35.

胡亚庄,2000.世界汽车工业发展简述[J].机械技术史(10):371-383.

黄莉,2012.创新与中国科技体制现状[J].文化纵横(04):103-105.

黄明,2011.模块化对产业不连续创新的影响研究[D].大连:大连理工大学:1-47.

黄庆,周贤永,杨智懿,2009.TRIZ技术进化理论及其应用研究述评与展望[J].科学学与科学技术管理(30):58-65.

黄卫,2017.加强我国面向世界科技强国的基础研究基本布局和若干思考[J].中国软科学(08):1-8.

黄先海,诸竹君,2015.新产业革命背景下中国产业升级的路径选择[J].国际经济评论(01):112-120.

黄阳华,2016.工业革命中生产组织方式变革的历史考察与展望:基于康德拉季耶夫长波的分析[J].中国人民大学学报(03):66-77.

霍尔,罗森伯格,2017.创新经济学手册[M].上海市科学学研究所,译.上海:上海交通大学出版社.

吉敏,2013.技术创新、网络演化与产业集群升级[M].北京:科学出版社.

贾根良,2003.后发工业化国家制度创新的三种境界:演化经济学假说并与杨小凯教授商榷[J].南开经济研究(05):3-8.

贾根良,2004a.后发优势的演化创新观[J].山西大学学报(哲学社会科学版)(01):70-75.

贾根良,2004b.理解演化经济学[J].中国社会科学(02):33-41.

贾根良,2009.评佩蕾斯的技术革命、金融危机与制度大转型[J].经济理论与经济管理(02):5-11.

贾根良,2010.保卫民族产业与内向型经济:中国崛起的唯一选择[J].当代财经(12):23-33.

贾根良,2013a.第三次工业革命与新型工业化道路的新思维:来自演化经济学和经济史的视角[J].中国人民大学学报(02):43-52.

贾根良,2013b.迎接第三次工业革命的关键在于发展模式的革命:我国光伏产业和机器人产业的案例研究与反思[J].经济理论与经济管理(05):13-22.

贾根良,2013c.第三次工业革命带来了什么?[J].求是(06):23-24.

贾根良,2013d.美国崛起为何能抓住"机会窗口":第二次工业革命时期美国经验借鉴[J].人民论坛(06):26-27.

贾根良,杨威,2012.战略性新兴产业与美国经济的崛起:19世纪下半叶美国钢铁业发展的历史经验及对我国的启示[J].经济理论与经济管理(01):97-110.

姜红,陆晓芳,2010.基于产业技术创新视角的产业分类与选择模型研究[J].中国工业经济(09):47-56.

姜泽华,白艳,2006.产业结构升级的内涵与影响因素分析[J].当代经济研究(10):53-56.

蒋艳,2003.科技企业孵化器:技术范式转换的催化剂[J].科学学与科学技术管理(11):22-25.

金碚,李鹏飞,廖建辉,2013.中国产业国际竞争力现状及演变趋势:基于出口商品的分析[J].中国工业经济(05):5-17.

景维民,倪沙,2015.当前中国产业结构调整现状及其理论争论[J].人民论坛(35):25-28.

坎特纳,马雷尔巴,2013.创新、产业动态与结构变迁[M].肖兴志,郭晓丹,郑明,等,译.北京:经济科学出版社.

考恩,2015.大停滞?——科技高原下的经济困境:美国的难题与中国的机遇[M].王颖,译.上海:上海人民出版社.

库恩,2012.科学革命的结构[M].金吾伦,胡新和,译.北京:北京大学出版社.

黎明,黄如,2018.后摩尔时代大规模集成电路器件与集成技术[J].中国科学:信息科学(08):963-977.

李国杰,2015.新一代信息技术产业培育与发展研究报告[M].北京:科学出版社:46-59.

李京文,郑友敬,1989.技术进步与产业结构[M].北京:经济科学出版社.

李鹏飞,2017.促进传统产业转型升级的政策转型研究:基于产业技术经济特征的分析[J].当代经济管理(10):44-48.

李晓华,2016a."互联网+"改造传统产业的理论基础[J].经济纵横(03):57-63.

李晓华,2016b.信息技术推动下的分散式创新及其治理[J].财经问题研究(11):3-10.

李晓华,2016c.产业变革是新经济发展的核心[N].中国经济时报.

李晓华,2017.中国制造业国际竞争力的转变与重构[J].青海社会科学(02):1-12.

李晓华,2018."新经济"与产业的颠覆性变革[J].财经问题研究(03):3-13.

李晓华,李雯轩,2018.改革开放40年中国制造业竞争优势的转变[J].东南学术(05):97-108.

李新功,2018.中国制造业技术创新和产业升级演变[M].北京:中国经济出版社.

李悦,2018.产业经济学[M].大连:东北财经大学出版社.

李占强,2018.突破性技术创新机制案例研究:基于中国制造业[M].北京:科学技术文献出版社.

李政,任妍,2005.中国高铁产业赶超型自主创新模式与成功因素[J].社会科学辑刊(02):85-91.

李佐军,2014.第三次大转型:新一轮改革如何改变中国[M].北京:中信出版社.

里夫金,2012.第三次工业革命:新经济模式如何改变世界[M].张体伟,孙豫宁,译.北京:中信出版社.

梁树广,2014.产业结构升级影响因素作用机理研究[J].商业研究(07):26-33.

林季红,2009.模块化生产方式的影响:以汽车业模块化生产网络发展为例[J].中国经济问题(04):37-42.

林毅夫,2014.新结构经济学[M].北京:北京大学出版社.

凌丹,张小云,2018.技术创新与全球价值链升级[J].中国科技论坛(10):3-61.

刘兰剑,2010.渐进、突破与破坏性技术创新研究述评[J].软科学(03):10-13.

刘璐琳,2016.产业异质性、技术创新与企业价值的关系研究[J].技术经济与管理研究(05):8-15.

刘浏,昝廷全,2018.企业技术创新影响因素的系统经济学分析[J].中国传媒大学学报(12):69-75.

刘友金,黄鲁成,2001.技术创新与产业的跨越式发展:A-U模型的改进及其应用[J].中国软科学(02):37-41.

刘友金,吕政,2012.梯度陷阱、升级阻滞与承接产业转移模式创新[J].经济学动态(11):21-27.

柳献初,2016.汽车130年与中国汽车业的历史使命(一)[J].商用汽车(01):43-46.

柳卸林,2000.不连续创新的第四代研究开发:兼论跨越发展[J].中国工业经济(09):53-58.

柳卸林,2014.技术创新经济学[M].北京:清华大学出版社.

柳卸林,高伟,吕萍,等,2012.从光伏产业看中国战略性新兴产业的发展模式[J].科学学与科学技术管理(33):116-125.

柳卸林,何郁冰,2017.从科技投入到产业创新[M].北京:科学出版社.

卢玫,2006.美、欧、日汽车工业发展的历史回顾与借鉴[J].交通世界(运输.车辆)(11):58-60.

鲁美辰,2017.跨越"中等收入陷阱"挑战:中国人力资本现状及其与经济增长的关系[D].西安:西北大学:40-50.

吕政,2000a.正确认识知识经济与传统产业的关系[N].光明日报.

吕政,2000b.知识经济与传统产业改造[J].经济管理(08):4-5.

吕政,2005.工业技术创新体制与政策分析[J].吉林大学社会科学学报(02):55-61.

吕政,2007.中国工业结构的调整与产业升级[J].开发研究(01):1-5.

吕政,2009.论科技创新的理论与政策[J].开发研究,140(1):1-5.

吕政,2010a.产业技术创新的途径[J].管理工程学报(01):57-59.

吕政,2010b.结构调整切忌高不成低不就[N].光明日报.

吕政,2012.对我国经济增长速度趋缓的分析[J].中国流通经济(11):8-10.

吕政,2013.我国工业结构调整的九大任务[J].经济研究参考(46):67-70.

吕政,2014.我国工业经济步入新常态[N].人民日报.

吕政,2015.中国经济新常态与制造业升级[J].财经问题研究(10):3-8.

吕政,2017.对中国经济增长动力问题的探讨[J].中国井冈山干部学院学报(04):5-11.

罗伯特·戈登,2018.美国增长的起落[M].张林山,刘现伟,孙凤仪,等,译.北京:中信出版社.

罗利元,高亮华,刘晓星,2012.技术创新与经济增长[M].太原:山西教育出版社.

罗斯,2016.新一轮产业革命[M].何玲,译.北京:中信出版社.

罗仲伟,任国良,焦豪,等,2014.动态能力、技术范式转变与创新战略:基于腾讯微信"整合"与"迭代"微创新的纵向案例分析[J].管理世界(08):152-168.

玛丽·乔·奈,2014.剑桥科学史(第五卷)[M].刘兵,江晓原,杨舰,译.郑州:大象出版社:519-530.

毛蕴诗,温思雅,2012.基于产品功能拓展的企业升级研究[J].学术研究(05):75-82.

毛蕴诗,温思雅,2014.企业渐进式升级、竞争优势与驱动因素研究[J].东南大学学报(哲学社会科学版)(02):31-40.

梅亮,陈劲,刘洋,2014.创新生态系统:源起、知识演进和理论框架[J].科学学研究(12):1771-1780.

苗敬毅,景蕾,王炜晴,2014.技术创新影响因素研究文献综述[J].企业改革与管理(13):18-19.

诺曼,韦尔甘蒂,辛向阳,等,2016.渐进性与激进性创新:设计研究与技术及意义变革[J].创意与设计(02):4-14.

潘教峰,谭宗颖,2010.从中国与美日德法英科技比较看中国科技发展[J].中国科学院院刊(01):71-77.

潘明明,王艳,龚新蜀,2017.技术进步与产业结构升级:制度环境的门槛效应[J].财经论丛(浙江财经大学学报)(10):11-17.

佩蕾丝,2007.技术革命与金融资本:泡沫与黄金时代的动力学[M].田方萌,等,译.北京:中国人民大学出版社.

彭薇,冯邦彦,2013.经济学关于空间异质性的研究综述[J].华东经济管理(03):155-160.

钱时惕,2007.科技革命的历史、现状与未来[M].广州:广东教育出版社.

秦辉,傅梅烂,2005.渐进性创新与激进性创新:技术型中小企业的选择策略[J].软科学(03):78-80.

森德勒,2014.工业4.0[M].邓敏,李现民,译.北京:机械工业出版社.

尚勇,2010.当今世界科技创新趋势[J].科学咨询(11):5-9.

邵军,冯伟,2013.异质性企业贸易理论研究进展综述[J].国际贸易问题(03):167-176.

申俊喜,等,2014.技术创新引领产业升级的路径研究[M].南京:南京大学出版社.

盛济川,吉敏,朱晓东,2013.内向和外向开放式创新组织模式研究:基于技术路线图视角[J].科学学研究(08):1268-1274.

斯旺,2013.创新经济学[M].韦倩,译.上海:格致出版社.

眭纪刚,2014.结构调整、范式转换与"第三次工业革命"[J].中国科学院院刊(06):723-732.

隋映辉,2018.科技产业经济学[M].北京:当代中国出版社.

孙冰,徐晓菲,田胜男,等,2018.制造业企业技术创新生态系统的创新扩散及其演化机理[M].北京:科学出版社.

孙睿,蒲勇健,2006.产业绩效偏好与网络型产业的竞争化治理[J].产业经济研究(05):14-20.

孙晓华,2012.技术创新与产业演化:理论及实证[M].北京:中国人民大学出版社.

孙晓华,郭少蓉,2014.新技术、异质性偏好与产业演化[J].系统工程学报(03):334-343.

孙早,宋炜,2013.中国工业的创新模式与绩效:基于2003—2011年间行业面板数据的经验分析[J].中国工业经济(06):44-56.

孙兆刚,2014.渐进性创新的过程模型建构[C]//中国科学学与科技政策研究会.第十届中国科技政策与管理学术年会论文集——分4:创新与创业(Ⅰ).长春:中国科学学与科技政策研究会.

谭黎阳,2002.论科技进步对产业结构变迁的作用[J].产业经济研究(01):52-58.

唐未兵,傅元海,王展祥,2014.技术创新、技术引进与经济增长方式转变[J].经济研究(07):31-43.

陶忠元,王晓晴,薛晨,2016.技术创新与标准化协同对我国制造业价值链内升级影响的实证研究:以七个细分产业为例[J].工业技术经济(03):64-

72.

梯若尔,2015.产业组织理论[M].张维迎,译.北京:中国人民大学出版社.

万军,2015.技术创新与产业升级[M].天津:南开大学出版社.

汪彩君,邱梦,2017.技术异质性与集聚经济:基于中国工业企业数据的实证分析[J].税务与经济(03):24-31.

王纯旭,2018.产业技术创新生态系统运行研究[M].北京:人民日报出版社.

王德培,2016.中国经济2017:寻找经济"新大陆"[M].北京:中国友谊出版公司.

王煌,张秀英,2017.技术创新、产业结构升级与国际贸易效应的实证分析[J].统计与决策(09):124-128.

王佳,张林,2017.技术创新动态能力形成机制与影响因素研究[J].技术经济与管理研究(10):40-43.

王京安,何菲,2017.基于演化经济学的技术范式转换研究[J].南京工业大学学报(社会科学版)(03):100-108.

王开科,2013.我国战略性新兴产业"阶梯式"发展路径选择:基于马克思资源配置理论视角的分析[J].经济学家(06):21-29.

王立新,2005.科学范式的价值规范及其能动作用[J].社会科学辑刊(03):16-18.

王丽莉,文一,2017.中国能跨越中等收入陷阱吗?:基于工业化路径的跨国比较[J].经济评论(03):31-69.

王龙兴,2014a.集成电路的过去、现在和将来(一)世界集成电路的发展历史[J].集成电路应用(01):40-41.

王龙兴,2014b.集成电路的过去、现在和将来(三)技术创新造就了当前集成电路产业基础[J].集成电路应用(03):34-40.

王龙兴,2014c.集成电路的过去、现在和将来(四)集成电路技术更有绚丽多彩的将来[J].集成电路应用(04):38-40.

王晟,陈松,2010.从渐进型创新到突破型创新:温州技术创新转型研究[J].华东经济管理(06):4-6.

王文华,张卓,孙杨,2017.外部技术相对异质性影响企业绩效研究:二元内部研发的调节作用[J].研究与发展管理(03):110-119.

王晓蓉,贾根良,2001."新熊彼特"技术变迁理论评述[J].南开经济研究(01):49-53.

王学鸿,1999.试析技术创新、扩散与产业绩效的关系[J].云南财经大学学报(01):38-40.

王阳元,2003.微电子科学技术和集成电路产业[J].中国集成电路(01):89-94.

王云平,2005.产业技术升级对产业结构调整的影响[J].经济研究参考(40):2-6.

魏江,冯军政,2010.国外不连续创新研究现状评介与研究框架构建[J].外国经济与管理(06):9-16.

文一,2016.伟大的中国工业革命:"发展政治经济学"一般原理批判纲要[M].北京:清华大学出版社.

巫景飞,郝亮,2016.产业升级的制度基础:微观视角下的理论分析与实证研究[J].经济问题探索(10):57-65.

吴定玉,张治觉,2006.主导设计:市场进入壁垒理论新范式[J].华东经济管理(04):126-129.

吴绍波,顾新,2014.战略性新兴产业创新生态系统协同创新的治理模式选择研究[J].研究与发展管理(01):13-21.

吴晓波,刘雪锋,许冠南,2006.技术范式转换期的企业动态能力匹配研究:以三星公司为例[J].重庆大学学报(社会科学版)(04):40-45.

希林,2005.技术创新的战略管理[M].谢伟,等,译.北京:清华大学出版社.

向吉英,2007.产业成长及其阶段特征:基于"S"型曲线的分析[J].学术论坛(05):83-87.

谢志峰,陈大明,2018.芯事[M].上海:上海科学技术出版社.

熊彼特,2017.经济发展理论[M].上海:立信会计出版社.

熊胜绪,方晓波,2010.互补资产对企业技术创新的影响:基于中国上市公司的实证研究[J].经济管理(06):78-85.

许泽浩,张光宇,2018.基于技术进化理论的颠覆性技术创新方向选择研究:以电动汽车技术为例[J].中国科技论坛(7):37-44.

严成樑,龚六堂,2009.熊彼特增长理论:一个文献综述[J].经济学(季刊)(08):1163-1196.

姚德文,2011.基于制度分析的产业结构升级机理与对策[J].社会科学(03):44-52.

易纲,樊纲,李岩,2003.关于中国经济增长与全要素生产率的理论思考[J].经济研究(08):13-20.

于燮康,2015.集成电路产业技术发展趋势与突破路径[J].中国工业评论(08):52-60.

余金成,2014.当代科技革命与社会主义发展新趋势[J].当代世界与社会主义(02):11-18.

约翰·霍根,2018.科学的终结[M].孙雍君,张武军,译.北京:清华大学出版社.

张诚,蒙大斌,2012.技术创新、行业特征与生产率绩效:基于中国工业行业的实证分析[J].当代经济科学(04):49-55.

张翠莉,2006.浅论产业结构优化与技术进步的互动关系[J].中共太原市委党校学报(05):34-36.

张国胜,2013.技术变革、范式转换与我国产业技术赶超[J].中国软科学(03):53-65.

张国胜,王远洋,陈明明,2017.长波中技术变革、范式转换与中国供给侧结构性改革[J].经济学家(07):16-26.

张其仔,2008.比较优势的演化与中国产业升级路径的选择[J].中国工业经济(09):58-68.

张庆芝,段勇倩,雷家骕,2015.基于科学的创新研究:以诺贝尔奖科学成果到商业产品为例[J].科学学研究(12):1770-1778.

张小蒂,王中兴,2008.中国R&D投入与高技术产业研发产出的相关性分析[J].科学学研究(03):526-529.

张银银,黄彬,2015.创新驱动产业结构升级的路径研究[J].经济问题探索(03):107-112.

张永成,郝冬冬,王希,2015.国外开放式创新理论研究11年:回顾、评述与展望[J].科学学与科学技术管理(03):13-22.

张永凯,2018.企业技术创新模式演化分析:以苹果、三星和华为为例[J].广东财经大学学报(02):54-62.

张永伟,2011.从追赶到前沿:技术创新与产业升级之路[M].北京:中信出版社.

张振刚,陈志明,李云健,2015.开放式创新、吸收能力与创新绩效关系[J].南华大学学报(社会科学版)(03):36-36.

张宗庆,2003.A-U模型与技术创新过程分析[J].东南大学学报哲学社会科学版(5):48-52.

赵放,曾国屏,2014.多重视角下的创新生态系统[J].科学学研究(12):1781-1788.

赵伟,2013.新新贸易理论难以构成贸易理论演化新阶段[J].中国社会科学报(11):90-92.

赵伟,2017.产业异质性与中国环境拐点:一个空间经济学分析框架[J].社会科学战线(03):32-41.

赵英,2011.大国崛起与科技创新[J].中国税务(01):11-13.

郑秋锦,孔德议,许安心,2017.技术创新与产业升级:基于福建省先进制造业的实证研究[J].东南学术(02):161-167.

周方,1997."科技进步"及其对经济增长贡献的测算方法[J].数量经济技术经济研究(01):36-40.

周叔莲,王伟光,2001.技术创新与产业结构优化升级[J].管理世界(5):70-78.

周四军,廖芳芳,李丹玉,2017.考虑行业异质性的我国工业能源效率分析[J].产经评论(01):31-44.

周燕,2010.南北贸易对发展中国家技术进步的两面性效应探讨:一个文献综述[J].国际贸易问题(12):28-33.

邹坦永,2017a.激进式技术进步的内涵与过程[J].技术经济与管理研究(9):42-47.

邹坦永,2017b.渐进式技术创新推动产业升级:文献述评及展望[J].西部论坛,27(06):17-26.

邹坦永,2018. 技术经济范式转换、动力及制约因素[J]. 现代管理科学(09):31-33.

邹坦永,2020a. 技术创新分类述评:兼论技术创新分类的一个新视角[J]. 河南工程学院学报(社会科学版),132(02):24-30.

邹坦永,2020b. 新一代信息技术与制造业融合机制研究[J]. 改革与战略,36(10):77-84.

邹坦永,2020c. 集成电路技术与产业的发展演变及启示[J]. 中国集成电路,259(12):38-46+48.

邹坦永,2021a. 论渐进式技术创新驱动中国产业高质量发展[J]. 郑州航空工业管理学院学报,39(02):45-52.

邹坦永,2021b. 新科技革命与产业转型升级:技术创新的演化视角[J]. 企业经济,40(05):22-32.

英文文献

ABERNATHY W J,CLARK K B,1985. Innovation:Mapping the winds of creative destruction[J]. Research Policy,22(1):3-22.

ABERNATHY W J,UTTERBAK J M,1978. Patterns of Industrial Innovation[J]. Technology Review,80(7):40-47.

ABRAMOWITZ M,1956. Resource and Output trends in the United States Since 1870[J]. American Economic Review,46(2):5-23.

ABRUNHOSA A,SÁ P M E,2008. Are TQM principles supporting innovation in Portuguese footwear industry? [J]. Journal of Technovation,28(4):208-221.

ACEMOGLU D,AUTOR D H,DORN D,et al. ,2014. Return of the Solow Paradox? IT, Productivity, and Employment in U. S. Manufacturing[J]. Social Science Electronic Publishing,104(5):394-399.

ALCACER J,CHUNG W,2007. Location Strategies and Knowledge Spillovers[J]. Management Science,53(5):760-776.

ANDERSON P,TUSHMAN M L,1990. Technological Discontinuities and Dominant Designs:A Cyclical Model of Technological Change[J]. Administrative

Science Quarterly,35(4):604-633.

ARROW K J, 1962. The Economic Implications of Learning – by – Doing [J]. Review of Economic Studies, 29(12):155-173.

ASHKANASY N M, 2004. The Future of Competition: Co-Creating Unique Value with Customers, by C. K. Prahalad; Venkat Ramaswamy[J]. Academy of Management Executive,18(5):155-157.

BARBIERI J C, ÁLVARES A C T, et al., 2016. Sixth generation innovation model: description of a success model[J]. RAI Revista de Administration Inovation,13(2):116-127.

BARKER V, DUHAIME I M, 1997. Strategic Change in the Turnaround Process:Theory and Empirical Evidence [J]. Strategic Management Journal, 18(1):13-38.

BLOOM N A, JONES C I, REENEN J V, et al., 2017. Are Ideas Getting Harder to Find? [J]. Research Papers,12(2):145-160.

BOS J W B, ECONOMIDOU C, SANDERS M, 2013. Innovation over the industry life-cycle: Evidence from EU manufacturing[J]. Journal of Economic Behavior & Organization,86(1):78-91.

BROOKS D,2011. Where are the Jobs? [N]. New York Times,Oct. 7.

BRYAN K A, LEMUS J, 2017. The direction of innovation[J]. Journal of Economic Theory,172(11):247-272.

BYUN S K, OH J M, XIA H, 2017. Incremental versus Breakthrough Innovation:The Role of Technology Spillovers[J]. Social Science Electronic Publishing, 6(5):51-60.

CASPER S, WAARDEN F V, 2005. Innovation and Institutions: A Multidisciplinary Review of Study of Innovation Systems[M]. UK:Edward Elgar Publishing Limited.

CHANDY R K, TELLIS G J, 2000. The Incumbent's Curse? Incumbency, Size, and Radical Product Innovation[J]. Journal of Marketing,64(3):1-17.

CHARLES A, O'REILLY III, TUSHMAN M L, 2008. Ambidexterity as a dynamic capability:Resolving the innovator's dilemma[J]. Research in Organizational

Behavior, 28:185-206.

CHRISTENSEN C M, 1997. The Innovator's Dilemma: When New Technologies Cause Great Firms to Fail[M]. Boston: Massachusetts, Harvard Business Review Press.

COHEN W M, LEVINTHAL D A, 1989. Innovation and learning: two faces of R&D[J]. The Economic Joural, 99(9):569-596.

COLE R E, 2002. From continuous improvement to continuous innovation [J]. Total Quality Management, 13(8):1051-1056.

COLOMBO M G, FRANZONI C, VEUGELERS R, 2015. Going radical: producing and transferring disruptive innovation[J]. The Journal of Technology Transfer, 40(4):1-7.

COLOMBO M G, PRIVA E, 2008. Strengths and Weaknesses of Academic Startups: A Conceptual Model[J]. IEEE Transactions on Engineering Management, 55(1):37-49.

CORIAT B, ORSI F, WEINSTEIN O, 2003. Does Biotech Reflect a New Science-based Innovation Regime? [J]. Industry & Innovation, 10(3):231-253.

COWEN T, 2011. The Great Stagnation[M]. New York: Dutton Books (Penguin Group).

DAHLIN K B, BEHRENS D M, 2005. When is an invention really radical?: Defining and measuring technological radicalness[J]. Research Policy, 34(5):717-737.

DAIM T U, 2005. Sectoral systems of innovation: Concepts, issues and analyses of six major sectors in Europe[J]. Technological Forecasting & Social Change, 72(9):1153-1154.

DEVEZAS T, 2012. The struggle for space: Past and future of the space race [J]. Technological Forecasting & Social Change, 79(12):414-416.

DEWAR R D, DUTTON J E, 1986. The adoption of radical and incremental innovations: An empirical analysis[J]. Management Science, 32(11):1422-1433.

DIETZENBACHER E, LOS B, TIMMER M, 2013. The World Input-Output

Tables in the WIOD Database[J]. Psychother Psych Med,64(06):214-223.

DOLATA U,2009. Technological innovations and sectoral change:Transformative capacity, adaptability, patterns of change: An analytical framework[J]. Research Policy,38(6):1066-1076.

DOSI G, 1982. Technological Paradigms and Technological Trajectories [J]. Research Policy,11(3):147-162.

ERNST D, 2001. Global Production Networks and Industrial Upgrading – A Knowledge-Centered Approach[EB/OL]. EastWest Center Working Paper[2016-07-07]. http://hdl.handle.net/10125/3724.

FISCHHOFF B,1982. Judgment under uncertainty: For those condemned to study the past: Heuristics and biases in hindsight[M]//KAHNEMAN D,SLOVIC P. Judgment under uncertainty:Heuristics and biases. New York:Cambridge University Press.

FOSTER R N,1985. Timing technological transitions[J]. Technology in Society, 7(3):127-141.

FREEMAN C, 1996. The greening of technology and models of innovation [J]. Technological Forecasting and Social Change,53(1):27-39.

FREEMAN C,CLARK J,SOETE L,1982. Unemployment and technical innovation[M]. London:Frances Pinter.

GARCIA R, CALANTONE R, LEVINE R, 2003. The Role of Knowledge in Resource Allocation to Exploration Versus Exploitation in Technologically Oriented Organizations[J]. Decision Sciences,34(2):323-349.

GEREFFI G,1999. International trade and industrial upgrading in the apparel commodity chain[J]. Journal of International Economics,48(1):37-70.

GHOSH A,KATO T,MORITA H,2017. Incremental innovation and competitive pressure in the presence of discrete innovation[J]. Journal of Economic Behavior & Organization,135(3):1-14.

GOLDER P N, TELLIS G J, 1996. Pioneer Advantage: Marketing Logic or Marketing Legend? [J]. Social Science Electronic Publishing,15(2):158-170.

GORDON R J, 2012. Is U. S. Economic Growth Over? Faltering Innovation Confronts The Six Headwinds [EB/OL]. NBER Working Papers [2016-07-

06]. http://www.nber.org/papers/w18315.

GRININ L, KOROTAYEV A, TAUSCH A, 2016a. Kondratieff Waves in the World System Perspective[J]. Springer International Publishing(10):23-64.

GRININ L, KOROTAYEV A, TAUSCH A, 2016b. Kondratieff Waves and Technological Revolutions[J]. Springer International Publishing(10):143-162.

GRININ L, TAUSCH A, KOROTAYEV A, 2016. Economic Cycles, Crises, and the Global Periphery[M]. London: Springer International Publishing AG Switzerland.

GUISADO-GONZALEZ M, VILA-ALONSO M, et al., 2016. Radical innovation, incremental innovation and training: Analysis of complementarity[J]. Technology in Society, 44(2):48-54.

HATTEN K J, DAN E S, 1977. Heterogeneity Within an Industry: Firm Conduct in the U.S. Brewing Industry, 1952-1971[J]. Journal of Industrial Economics, 26(2):97-113.

HAUSMAN J, HALL B H, GRILICHES Z, 1984. Econometric Models for Count Data with an Application to the Patents-R&D Relationship[J]. Econometrica, 52(4):909-938.

HAUSMAN R, KLINGER B, 2007. The Structure of The Product Space and The Evolution of Comparative Advantage[EB/OL]. CID Working Paper [2016-07-06]. https://www.researchgate.net/publication/242563879.

HELPMAN E, TRAJTENBERG M, 1994. A Time to Sow and a Time to Reap: Growth Based on General Purpose, Technologies[EB/OL]. CEPR Discussion Papers [2016-07-06]. http://www.nber.org/papers/w4854.

HENDERSON R W, CLARK K B, 1990. Architectural innovation: The reconfiguration of existing product technologies and the failure of established firms [J]. Administrative Science Quarterly, 35(N1):9-30.

HERRMANN D K, 1999. Tracking systems as a catalyst for incremental innovation[J]. Management Decision, 37(10):786-791.

HICKS J R, 1963. The Theory of Wages[M]. London: Macmillan.

HORGAN J, 2004. The End of Science Revisited[J]. Computer, 37(1):37-

43.

HULT K J, 2015. Incremental innovation and pharmaceutical productivity [D]. The University of Chicago.

HUMPHREY J, SCHMITZ H, 2000. Governance and upgrading: Linking industrial cluster and global value chain research [EB/OL]. IDS Working Paper [2016-07-06]. https://www.researchgate.net/publication/320809220.

HUMPHREY J, SCHMITZ H, 2002. How does insertion in global value chains affect upgrading in industrial clusters? [J]. Regional Studies, 36(9): 1017-1027.

HURMELINNA-LAUKKANEN P, SAINIO L M, et al., 2008. Appropriability regime for radical and incremental innovations[J]. R&D Management, 38(3): 278-289.

JAFFE A, 1986. Technological Opportunity and Spillovers of R&D: Evidence from Firms' Patents, Profits and Market Value[J]. The American Economic Review, 76(5): 984-1001.

JEON J, HONG S, YANG T, et al., 2016. How technological innovation affects the structure of an industry: entrepreneurship evolution in the biotechnology and pharmaceutical industry since 1980[J]. Technology Analysis & Strategic Management, 28(6): 1-22.

JUNIOR W F S, 2014. Standardisation for incremental innovation: a case study in the Brazilian automobile industry[J]. International Journal of Lean Enterprise Research, 1(1): 81-93.

KAPLINSKY R, 2000. Globalisation and Unequalisation: What Can Be Learned from Value Chain Analysis? [J]. The Journal of Development Studies, 37(2): 117-146.

KIM L, 1994. Pros and Cons of International Technology Transfer: A Developing Country's view in Tamir Agmon[M]. New York: Oxford University Press: 530-546.

KLIBANOFF P, MORDUCH J, 1995. Decentralization, Externalities, and Efficiency[J]. The Review of Economic Studies, 62(2): 223-247.

KONDO M,1999. R&D dynamics of creating patents in the Japanese industry[J]. Research Policy,28(6):587-600.

KOOPMAN R,POWERS W,WANG Z,et al. ,2011. Give Credit Where Credit is Due: Tracing Value Added in Global Production Chains[EB/OL]. NBER Working Papers [2016-07-06]. https://www. nber. org/papers/w16426.

KOROTAYEV A,ZINKINA J J,2011. Kondratieff waves in global invention activity(1900 - 2008)[J]. Technological Forecasting&Social Change,78(7): 1280-1284.

LEIFER R,DERMOTT C M,et al. ,2000. Radical Innovation:How Mature Companies Can Outsmart Upstarts[J]. Research - Technology Management, 43(10):706-707.

LEIPONEN A,DREJER I,2007. What exactly are technological regimes?:Intra-industry heterogeneity in the organization of innovation activities[J]. Research Policy,36(8):1221-1238.

LEONHARDT D, 2011. The Depression: If only things were that good[N]. New York Times,Oct. 9.

LIN C Y,CHEN M Y,2013. Does innovation lead to performance? An empirical study of SMEs in Taiwan[J]. Management Research News,30(2):115-132.

LINSTONE H A,DEVEZAS T,2012. Technological innovation and the long wave theory revisited[J]. Technological Forecasting & Social Change,79(2):414-416.

LUCAS R E,1988. On the Mechanics of Economic Development[J]. Journal of Monetary Economics,22(5):3-42.

MALERBA F,ORSENIGOM L,2000. Knowledge,innovative activities and industrial evolution[J]. Industrial and Corporate Change,9(2):289-313.

MANDEL M,2009. Innovation Interrupted[J]. Business week,41(35):36-40.

MANSFIELD E,1998. Academic research and industrial innovation[J]. Social Science Electronic Publishing, 20(3):295-296.

MARCH J G,1991. Exploration and exploitation in organizational learning

[J]. Organizational Science,12(2):71-87.

MARSILI O,2001. The Anatomy and Evolution of Industries: Technological Change and Industrial Dynamics [M]. U. K. : Elgar Publishing, Incorporated Edward.

MARTINI A,NICHOLAS J,LEDWITH A,et al. ,2015. Searching for radical new product ideas: Exploratory and confirmatory factor analysis for construct validation[J]. International Journal of Technology Management,68(1):70-98.

MELITZ M J,2003. The Impact of Trade on Intra-Industry Reallocations and Aggregate Industry Productivity[J]. Econometrica,71(6):1695-1725.

MINDRUTA D,2013. Value creation in university-firm research collaborations: A matching approach[J]. Strategic Management Journal,34(6):644-665.

MROCZKOWSKI T,2014. From Breakthrough to Incremental Innovation Leadership: Lessons from Germany[J]. Journal of the Knowledge Economy,5(2):409-426.

NELSON R R, WINTER S G, 1982. An Evolutionary Theory of Economic Change[M]. New York: Belknap Press of Harvard University Press.

NELSON R R, WINTER S G, 2002. Evolutionary theorizing in economics[J]. Journal of Economic Perspectives,15(3):121-143.

NELSON R, 2010. National innovation systems: A comparative analysis[J]. R&D Management,26(2):191-192.

NORDHAUS W D,1969. Invention, growth and welfare. A theoretical treatment of technological change[M]. MA:MIT Press.

O'CONNOR G C,DEMARTINO R,2006. Organizing for Radical Innovation: An Exploratory Study of the Structural Aspects of RI Management Systems in Large Established Firms[J]. Journal of Product Innovation Management,23(6):475-497.

O'CONNOR G C,MCDERMOTT C M,2004. The human side of radical innovation[J]. Journal of Engineering & Technology Management,21(1):11-30.

PALMER R,BROOKES R,2002. Incremental innovation:A case study analysis[J]. Journal of Database Marketing & Customer Strategy Management,10(1):

71-83.

PATEL P,PAVITT K,1994. The continuing,widespread(and neglected) importance of improvements in mechanical technologies[J]. Research Policy,23(5):111-127.

PAVITT K,1987. Sectoral patterns of technical change:Towards a taxonomy and a theory[J]. Journal of Science Policy & Research Management,13(6):343-373.

PAVITT K,1990. What We Know about the Strategic Management of Technology[J]. California Management Review,32(3):17-26.

PEREZ C,1983. Structural change and assimilation of new technologies in the economic and social systems[J]. Futures,15(5):357-375.

PEREZ C,2004. Technological revolutions,paradigm shifts and socio-institutional change[J]. Globalization, Economic Development and Inequality,6(15):217-242.

PEREZ C,2010. Technological revolutions and techno-economic paradigms[J]. Cambridge Journal of Economics,34(1):185-202.

PEREZ C,2012. Technological Revolutions and the Role of Government in Unleashing Golden Ages[J]. Journal of Globalization Studies,3(2):211-217.

PEREZ C,2013. Unleashing a golden age after the financial collapse:Drawing lessons from history[J]. Environmental Innovation & Societal Transitions,6(2):9-23.

PEREZ C,2015. Capitalism,Technology and a Green Global Golden Age:The Role of History in Helping to Shape the Future[J]. The Political Quarterly,86(Supplement):191-217.

PERNICK R,WILDER C,2007. The Clean Tech Revolution:Discover the Top Trends,Technologies,and Companies to Watch[M]. New York:Collins Business, An Imprint of Harper Collins Pulishers.

POEL I V D,2003. The transformation of technological regimes[J]. Research Policy,32(1):49-68.

POSNER M V,1961. International Trade and Technical Change[J]. Oxford

Economic Papers,13(3):323-341.

PRATALI P,2003. Strategic management of technological innovations in the small to medium enterprise[J]. European Journal of Innovation Management,6(1):18-31.

PUGA D,TREFLER D,2010. Wake Up and Smell the Ginseng:The Rise of Incremental Innovation in Low-Wage Countries[J]. Journal of Development Economics,91(1):1-76.

RAYNA T,STRIUKOVA L,2009. The Curse of the First-Mover:When Incremental Innovation Leads to Radical Change[J]. Social Science Electronic Publishin,1(1):5-23.

ROMER P M,1986. Increasing Return and Long-run Growth[J]. Journal of Political Economy,94(5):1002-1037.

ROMER P M,1989. Endogenous Technological Change[EB/OL]. NBER Working papers,98(5):71-102[2016-07-06]. https://www.jstor.org/stable/2937632?origin=JSTOR-pdf.

ROSENZWEIG S,2017. The effects of diversified technology and country knowledge on the impact of technological innovation[J]. The Journal of Technology Transfer,42(3):564-584.

RYO O,2017. Importance of tacit knowledge in incremental innovation[J]. Journal of Strategy and Management,10(1):118-130.

SAHAL D,1983. Patterns of technological innovation[J]. American Journal of Sociology,89(3):741-743.

SALGE J O,FARCHI T,et al.,2013. When Does Search Openness Really Matter? A Contingency Study of Health-Care Innovation Projects[J]. Journal of Product Innovation Management,30(4):659-676.

SAVIOTTI P P,PEREZ C,2004. Review of technological revolutions and financial capital:the dynamics of bubbles and golden ages[J]. Journal of Evolutionary Economics,8(5):20-23.

SCANNELL J W,BLANCKLEY A,BOLDON H,et al.,2012. Diagnosing the decline in pharmaceutical R&D efficiency[J]. Nature Reviews Drug Discovery,

11(3):191-200.

SCHUMPETER J A,1934. The theory of economics development[J]. Journal of Political Economy, 1(2):170-172.

SMITH B,BARFIELD C,1998. Technology,R&D,and the economy[J]. Eastern Economic Journal,24(2):235-238.

SOLOW R M, 1956. A Contribution to the Theory of Economic Growth [J]. The Quarterly Journal of Economics,70(1):65-94.

SONG X M,MONTOYA-WEISS M M,1998. Critical Development Activities for Really New versus Incremental Products[J]. Journal of Product Innovation Management,15(2):124-135.

STEPHENSON N, 2011. Innovation Starvation [J]. World Policy Journal, 28(3):11-16.

THURSBY J G, THURSBY M C, 2002. Who is Selling the Ivory Tower? Sources of Growth in University Licensing[J]. Management Science,48(1):90-104.

TIMMER M P,ERUMBAN A A,GOUMA R, et al. ,2012. The world input-output database(WIOD):contents,sources and methods[EB/OL]. IIDE discussion papers[2016-07-06]. https://www.researchgate.net/publication/287208987.

TRAJTENBERG M,1993. Economic Analysis of Product Innovation:The Case of CT Scanners[J]. Small Business Economics,5(1):78-79.

TSAI K H, WANG J C, 2005. Does R&D performance decline with firm size? —A re-examination in terms of elasticity[J]. Research Policy,34(6):966-976.

TUSHMAN M,ANDERSON P,1986. Technological discontinuities and organization environments[J]. Administrative Science Quarterly,5(31):439-465.

UTTERBACK J M, 1994. Mastering the dynamics of innovation: how companies can seize opportunities in the face of technological change[M]. Massachusetts:Harvard Business School Press.

VERYZER R W,1998. Discontinuous Innovation and New Product Development Process[J]. Journal of Product Innovation Management,15(4):304-321.

VÁZQUEZ R, et al., 2001. Market orientation, innovation and competitive strategies in industrial firms[J]. Journal of Strategic Marketing,9(1):69-90.

WADHWA V, 2012. Why it's China's turn to worry about manufacturing [N]. Washington Post.

WHEELWRIGHT S, BURGELMAN R, CHRISTENSEN C, 1996. Strategic Management of Technology and Innovation [M]. NEW YORK: Irwin/McGraw-Hill.

YAO X F, LIN Y Z, 2016. Emerging manufacturing paradigm shifts for the incoming industrial revolution[J]. International Journal of Advanced Manufacturing Technology,85(5):1665-1676.

后　记

一

　　建党 100 年来,中国在共产党的正确领导下取得了举世瞩目的成就。特别是改革开放以来,中国在社会各领域更是全面开花,硕果累累。我出生于 1978 年,可以说是沐浴着改革开放的春风而成长。我很骄傲,从小就沐浴在改革开放的春天里,见证了中国奇迹发生的过程。我出生在农村,成长于农村,见证了农村的发展变迁。我是幸运的,富饶的农村土壤给予我成长的营养,让我变得坚强、勤劳,对农村和中国传统文化情有独钟;快速的社会发展给予我成长的空间,让我由农村走进了城市,感受到了中国的强大。我出生在一个再普通不过的五口之家。爸爸小学文化,妈妈没有上过一天学,依靠 5 亩土地支撑了这个家。在农闲的时候,爸爸就外出做些苦力活,妈妈则在家照顾我们兄妹三人。小时候,最开心的有两件事:一件是期盼爸爸回家,因为爸爸回来总能带回来几块糖,我感觉这是最好的礼物,糖含在嘴里,好甜;二是期盼过年,因为过年就可以吃上猪肉水饺,能够吃上平时吃不到的东西。这就是我童年最美好的记忆。

　　爸爸和妈妈经历过最为艰难的三年困苦生活。据爸爸讲,他小时候基本没有吃饱过,全身浮肿;妈妈一直认为自己在兄妹中身高最低就是小时候干了太多的体力活儿而吃得太少所致。他们艰苦的成长经历赋予了他们坚毅、朴素的品格。虽然收入微薄,但是他们在对孩子教育投入上从来不吝啬。只要是我们学习需要购买的东西,在条件允许的情况下,他们总能爽快答应。他们坚信知识会改变命运,会改变面朝黄土背朝天的劳苦生活。爸爸妈妈经常说,靠种地永远不能改变命运,而读书是改变命运的重要途径。在当时,如果没有技术和文化,找到一份工作简直无法想象。他们自己没有上学,但决不能再让孩子不能上学而遗憾。所以,他们竭尽全力供应我们三个读书上学。即使农忙的时候,他们也宁愿让我们在家看书、学习。

在家人的全力支持下,1998年我考上了大学,成为我村里第一位本科生。拿到大学录取通知书的那一刻,我心潮澎湃;爸爸则一夜未眠,想着三千多块钱的学费从哪里借。大学生活注定是艰苦的,经常为了学费、生活费发愁。为此,我做过家教、兼职零工。生活上的困难在我继续深造的道路上设置了一道门槛。我急需毕业工作挣钱来养活自己,并不想继续考研。而哥哥和爸妈非常支持我继续考研。虽然不是很情愿,但最后,我还是参加了研究生考试并被录取,成为我村第一位硕士研究生。拿到硕士研究生录取通知书后,我的确开心了一天。当我想到上学还需要交学费和生活费时,我犹豫了。痛定思痛,我决定放弃上学,选择去工作。当时,做出这个决定的时候,我特意到张许颖老师家征求他的意见。我特别感谢张老师,他是我大学期间最为信任、最为敬佩的老师。经过交谈,张老师同意我先就业,并向学校申请给我保留一年学籍。如果第二年回来,学校会给我一个公费研究生的指标。工作的一年,锻炼了我的业务能力,也使我认识到了知识和学历的重要性。后来证明,我返校攻读硕士研究生的选择是正确的。硕士毕业后,我到一所大学担任一名光荣的教师。师者,传道授业解惑也。工作中,我一直兢兢业业、认真负责。由于学生工作事务繁杂、工作量大,严重影响了我的学术研究。在解决了生活困难后,我重新燃起了学术追求之火。再也不能这样下去,必须让自己进一步提高,走在研究领域的前沿。经过两年的努力与准备,我考上了向往已久的中国社会科学院研究生院,成为一名博士研究生。

二

在本书的选题、撰写过程中,中国社会科学院学部委员、博士生导师吕政教授提供了大量帮助。吕老师和蔼可亲,博闻强识。每次与吕老师交流,他总能热情接待,并提出建设性的意见。经过与吕老师多次沟通,最终确定了从技术创新的渐进性角度来阐述产业升级这一主题。之所以选择这个方向,原因有二:一是当时世界经济发展疲软,国内理论界和产业界将产业升级寄希望于激进式技术创新、技术革命、原始性创新,严重忽视了技术创新的渐进性特征,即使是技术革命和产业革命也是渐进式发展的结果,不可能一蹴而就;二是关于技术创新态势是激进还是停滞的争论给予了我灵感。技术创新的突飞猛进观点认为,当前出现了重大技术创新,技术革命已经来临,要依靠激进式技术创新来推动产业升级;技术停滞观点认为,当前技术进步已经陷入停滞,并没有什么真正意义上的技术创新,所以世界经济发展才这么困难。吕政老师认为,技术创新既不是突飞猛进也不是停滞,而是处于渐进式前行的过程,只是技术创新的步伐放缓而已。产业升级要坚持新兴技术产业和传统产业两条腿走路,充分运用新兴技术产业来改造传统产业扩大内涵式再生产,进而实现全面产业升级。正是技术创新的渐进性,为以中国为代表的后发经济体追赶甚至超越发达经济体提供了广阔空间和机遇。吕老师的思路启发了我,让我真有一种"柳暗花明又一村"的感觉,我坚信这一选题具有较强的理论和实践意义。

确定这一选题之后,如何论证又成为一道屏障横在我面前。技术创新渐进性的理论基础在哪里?技术创新的渐进性与产业升级的内在机制是什么?很长一段时间,我都毫无头绪,不知道从哪里入手。后来,我读到了 Abernathy 和 Utterback 的一篇关于技术创新类型的文章,这篇文章给予了我重要启发。文章中提到技术创新包括激进式技术创新和渐进式技术创新的概念。渐进式技术创新与技术创新的渐进性具有较强的关联性。于是,我就按照渐进式技术创新的概念来阐述其与产业升级的内在规律与机制。但是,关于渐进式技术创新的文献很少。主流文献都是围绕激进式创新、颠覆式创新、原始性创新、突破式创新等概念来阐述。真正从技术创新渐进性视角来研究产业升级的文献凤毛麟角。大多文献主要从宏观上来强调技术创新、创新驱动与产业升级的关系。即使很多文献暗含着技术创新的渐进性这一假设,但是都没有形成系统的框架。关于激进式与渐进式的区分都非常模糊。研究思路也就此打开。技术创新与产业升级具有内在一致性,前者是后者最为根本性的动力。技术创新的规律符合渐进—激进—再渐进—再激进—再渐进的循环往复过程。渐进式技术创新占据着主导地位,是普遍规律;激进式技术创新也是渐进式技术创新的结果。那么,渐进式技术创新推动产业升级的渠道是什么?这又是一个必答问题。既然技术创新是产业升级的根本动力,那么,深入研究技术创新的规律就非常有必要。技术创新的阶段、特征直接影响着产业发展演化。

三

本书的撰写是艰难的过程,就像一个人在一条漆黑泥泞的路上走路。只有经历过才会深切体会到其中的酸甜苦辣;局外人是永远体会不到其中滋味的。我曾经一度绝望,一度想放弃;也体会过绝望过后的希望,每当解决一个难题之后的那种喜悦让我又重新收获信心。在科研、家庭、工作三重压力下,我也曾经一度抑郁。我也曾经一度昼夜不分,夜深人静的时候突然灵光闪现,就赶紧打开电脑敲打文字;白天工作的时候,我常常会遇到"断片"、工作与论文相互交叉的现象。我写作的过程可以说是绝望—希望—再绝望—重燃希望的循环过程。不管如何,我坚持了下来,最终完成了本书的撰写。我自己认为,本书非常不完美,存在诸多问题。比如,在计量模型成为主流研究范式的背景下,我却找不到恰当的技术创新渐进性量化指标和手段,甚至我认为根本不可能通过量化指标来计量技术创新的渐进性。即使能够设计出定量指标来描述,也是片面的。即使如此,技术创新渐进性的量化也成了我心头之痛。论文虽然有诸多缺陷,但研究设计框架至少能够反映出技术创新推动产业升级的一般规律,能够阐述我想要表达的观点。撰写本书,让我变得更加坚强,也让我变得更加务实。

在此我要感谢所有帮助过我的人。

我要感谢我的恩师吕政教授。吕政老师是一位经济学家、思想家,更是一位关心国家前途命运的爱国者。吕老师把我从曲折的小道拉到了学术大道上,并且让我看到了经济学发展的前方,真正让我理解了做学术的严谨、务实与辛劳。吕老师又是一位和蔼可亲的长者,让我领略到了大家风范和风骨。感谢吕老师对我的耐心指导与帮助。我自认为是一位愚钝的人,但不管我提出多么微不足道甚至愚蠢的问题,吕老师总能够耐心地给我讲解,从不批评我,永远都是传道授业解惑,不断鼓励我、引导我。

我还要感谢大学老师张许颖在我人生关键点上给予的指点和帮助;感谢我的同事们对我工作的理解与支持。

我要感谢我的家人。没有父母,我不可能上学至今。父母实属不易,一辈子面朝黄土背朝天。如今,我已过四十不惑之年,但是却没有能够让父母过上幸福的生活。我要感谢我的哥哥。哥哥比我大四岁,他是我真正意义上的启蒙老师。没有他,我不会这么顺利地考上高中、大学和硕士研究生。哥哥工作后,一直在精神上和经济上帮助我。我要感谢我的妹妹。妹妹很聪明,学习好,也很努力。遗憾的是,妹妹初中毕业就务农了,而至今,我也没能够帮助过她什么。我要感谢妻子为这个家庭付出的努力,没有妻子的大力支持,本书是难以完成的;我要感谢乖巧、懂事的女儿为我枯燥的生活带来欢乐和惊喜。

我还要感谢那些在本书撰写的过程中给予我建设性意见的老师与同学。感谢包龙飞博士毫无保留的指点与建议。韩宝山博士专业基本功扎实,科研能力非常突出,而且还是一位实干企业家。感谢他对我学业上的耐心帮助。我要感谢多才多艺、乐于助人的王罗汉博士。他懂中医,通周易,精茶道,对我影响很大。感谢朱怀奇博士、张能鲲博士、刘玉洪博士经常组织研讨会。感谢所有帮助过我的人,希望他们一生幸福,一生平安。

谨以此书,献给我美丽的妻子和乖巧的女儿。

2021 年 8 月 28 日于郑州